El burlador de Sevilla
o
El convidado de piedra

Letras Hispánicas

Andrés de Claramonte

El burlador de Sevilla
o
El convidado de piedra

Edición de Alfredo Rodríguez López-Vázquez

SEGUNDA EDICIÓN

CÁTEDRA
LETRAS HISPÁNICAS

1.ª edición, 2022
2.ª edición, 2022

Ilustración de cubierta: Alexandre Fragonard, *Don Juan y la estatua del Comendador* (h. 1830-1835)

Reservados todos los derechos. El contenido de esta obra está protegido por la Ley, que establece penas de prisión y/o multas, además de las correspondientes indemnizaciones por daños y perjuicios, para quienes reprodujeren, plagiaren, distribuyeren o comunicaren públicamente, en todo o en parte, una obra literaria, artística o científica, o su transformación, interpretación o ejecución artística fijada en cualquier tipo de soporte o comunicada a través de cualquier medio, sin la preceptiva autorización.

© De la introducción y notas: Alfredo Rodríguez López-Vázquez, 2022
© Ediciones Cátedra (Grupo Anaya, S. A.), 1989, 2022
Juan Ignacio Luca de Tena, 15. 28027 Madrid
Depósito legal: M. 33.504-2021
ISBN: 978-84-376-4382-3
Printed in Spain

Índice

Prólogo a la edición de 2016 9

Introducción 55

  El estado de la cuestión y el problema de la autoría 57
  La evolución del texto: de la escritura a la escena 67
  Mito y leyenda de Don Juan 91
  Estructura e interpretación de la obra 109
  La dramaturgia de *El convidado de piedra* 112
  Tipología de las escenas 122
  Los personajes 127
  La métrica de la comedia y los indicios onomatológicos 144
  Porcentajes métricos 148
  Anejo documental 149
  Las fuentes inmediatas de composición de la obra 152
  Anejo a la nueva edición: una nota acerca de la aclaración
    de la autoría 163

Esta edición 171

Bibliografía 173

El burlador de Sevilla o El convidado de piedra 179

  Loa con que empezó en la corte Roque de Figueroa 181
  Jornada primera 191
  Jornada segunda 235
  Jornada tercera 267
  Entremés cantado «El doctor» 313

Prólogo a la edición de 2016

La creación del mito de Don Juan

En los últimos veinticinco años, el debate sobre la autoría de la obra que genera el mito de Don Juan ha permitido aclarar algunos puntos: el más importante de ellos, la prueba documental que sitúa la versión *Tan largo me lo fiáis* (representada en 1617 en Córdoba e impresa a nombre de Calderón en 1635) como anterior cronológicamente a la variante *El burlador de Sevilla* (impresa a nombre de Tirso en un volumen de *Doze comedias de Lope de Vega,* 1630). Esta aportación documental ha llevado a los defensores de la atribución tirsiana de la obra a retrotraer la conjetura de un original perdido previo al período 1612-1615, poniéndolo en relación con la trilogía de *La Santa Juana, La Dama del Olivar, Los lagos de San Vicente* y *Don Gil de las Calzas Verdes,* obras escritas todas ellas antes de la efímera visita a Sevilla de fray Gabriel Téllez, con vistas a embarcar para las Indias. El hecho de que Jerónimo Sánchez, cuya compañía representa *Tan largo me lo fiáis,* represente también *El secreto en la mujer,* una obra de Claramonte con indudables parentescos con el tema de Don Juan, obliga a retrasar la conjetura tirsiana a esos años en que fray Gabriel Téllez está en tierras toledanas y en el monasterio de Estercuel. La atribución del primer Don Juan a Tirso se encuentra, de este modo, apoyada tan sólo por una *conjetura ad hoc,* que no puede probarse y que es necesaria para seguir defendiendo la hipótesis tradicionalista de una obra de supuesto carácter teológico que habría sido escrita por un fraile mercedario.

Esta conjetura tropieza con muy serios problemas, ya evocados en su día por Gerald E. Wade, y que tienen que ver con la evidencia crítica de que hay al menos una obra de Claramonte, *Deste agua no beberé,* que es lingüísticamente mucho más afín al estilo y contenidos del primer *Don Juan* que cualquier obra que haya escrito Tirso de Molina. Además de ello, en el repertorio de Claramonte, desde 1604 hasta 1622 disponemos de media docena de comedias en donde aparecen temas y motivos estructurales típicos del *mito de Don Juan* y elementos de estilo que coinciden con otros análogos presentes en las dos versiones de la obra, *Tan largo me lo fiáis* y *El burlador de Sevilla.*

La *conjetura ad hoc* de situar el hipotético texto tirsiano perdido en el período 1612-1615, procedente de Blanca de los Ríos y Gerald E. Wade y retomada por Arellano, Dolfi y Lamari tropieza además con un escollo suplementario, que hasta ahora no se ha utilizado en este debate: la cantidad de índices de autor que aparecen ya en la *Letanía Moral,* obra de Claramonte que cuenta ya con aprobaciones en 1610. Dado que ningún estudioso tirsiano ha indagado sobre esta obra, convendrá detallar aquí ese conjunto de índices autorales y cotejarlos con las obras de Tirso de ese período y con la obra de Claramonte. Utilizaré para las citas tres ediciones distintas, la de Carmen Romero, Barcelona, Círculo de Lectores, 1990, la de Ignacio Arellano, Madrid, Austral, 1991, y la que se ha editado a nombre de William F. Hunter por el GRISO de la Universidad de Navarra. Junto a estas tres ediciones, me referiré también a los dos textos, *Burlador* y *Tan largo,* en la edición facsimilar preparada por Xavier A. Fernández y fray Luis Vázquez[1], que añade numeración de versos a la reproducción fotostática de las dos variantes de la comedia.

---

[1] *Las dos versiones / dramáticas primitivas / del Don Juan. / El burlador de Sevilla / y / Tan largo me lo fiáis,* reproducción del facsímil de las ediciones *princeps,* numeración y prólogo de Xavier A. Fernández, Revista *Estudios,* Madrid, 1988.

A) La *Letanía Moral* y los veinte índices de autoría respecto a *Tan largo/Burlador*.

1) *Racimos de estrellas.* En la tercera jornada Don Juan Tenorio se dispone a rematar la seducción de Arminta y reflexiona muy brevemente sobre el amparo que le ofrece la noche: «La noche en negro silencio / se extiende y ya las cabrillas / entre *racimos de estrellas* / el polo más alto pisan». En su edición, Arellano pone una nota a pie de página explicando: «*cabrillas:* constelación de estrellas que también llaman Pléyades» (pág. 159). Y pasa por alto la imagen 'racimos de estrellas'. Sin embargo, esta metáfora es llamativa porque en el CORDE (30/12/2014) tan sólo se registran dos ejemplos: el del texto del *Burlador* y otro más en *Deste agua no beberé,* de Andrés de Claramonte[2]. Parece un índice de autoría interesante y que, en el caso de la conjetura tirsiana sólo podría tener una explicación: Tirso habría escrito el texto entre 1612 y 1615 y a Claramonte le habría llamado tanto la atención que lo habría incorporado para su obra, representada, como *Tan largo me lo fiáis,* en 1617. Llama la atención que ni Arellano ni Romero se detengan a explicar esta coincidencia estilística. Con todo, la *conjetura ad hoc* tirsiana se refuta fácilmente en este caso, porque Claramonte ya ha utilizado esta expresión en la *Letanía Moral:* «y él, de racimos de estrellas» (pág. 220). En ocasiones la asociación 'racimos + estrellas' aparece ligeramente modificada: «*racimos de* bordaduras / entre recamos de *estrellas*» (pág. 263).

2) *Aspado lino.* En la tercera jornada volvemos a ver a la pescadora Tisbea (nombre que también utiliza Claramonte para *Deste agua no beberé)* en un comienzo lírico imprecatorio en sextina alirada:

---

[2] Andrés de Claramonte, *Tan largo me lo fiáis. Deste agua no beberé,* Madrid, Cátedra, 2008.

> ¡Maldito el leño sea
> que a tu amargo cristal halló camino,
> antojo de Medea,
> tu cáñamo primero o primer *lino*
> *aspado* de los vientos
> para telas de engaños e instrumentos (vv. 2163-2168)

De nuevo en la edición de I. Arellano sólo se anota la explicación de que Medea era una hechicera, a la que Jasón sedujo y, ya en el reino de Tesalia, abandonó. La edición de C. Romero añade también la alusión al 'cáñamo' como metáfora del material que sirve para jarcias, cordeles y velas. Sin embargo, lo que realmente importa en este pasaje es la expresión 'lino aspado', relacionada con un pasaje de la *Eneida* de Virgilio y que no se encuentra en ningún autor registrado en el CORDE en el período 1600-1635. La expresión ya la utiliza Claramonte en la *Letanía Moral*[3] al hablar de San Andrés, crucificado en aspa, como se sabe. Se completa con el uso del verbo 'aspar' para la tarea de 'aspar la vela del barco'. El pasaje es inequívoco:

> Dexad Apostol diuino
> el aspa sangrienta y bella
> que quiere, pues della es digno,
> verse *aspado lino* en ella
> por lo que tiene de lino.
>   Emulo al humano ser
> la muger os quiso dar
> el aspa para aprender,
> que quiere hasta en el aspar
> santo parecer muger (pág. 100)

La consulta al CORDE nos confirma que Tirso de Molina no usó nunca el participio 'aspado' ni el verbo 'aspar' en toda su obra, no sólo en el período 1612-1615. Si *El burlador de Sevilla* fuera obra suya este uso sería una excepción.

---

[3] Andrŕés de Claramonte, *Letanía Moral,* Sevilla, Imprenta de Matías Clavijo, 1613.

3) *El bocado de Adán*. En la segunda jornada, Don Juan se encuentra con el Marqués de la Mota. El pasaje de réplica del marqués explicando la vida prostibularia de Sevilla es éste:

> MOTA: En la calle
> de la Sierpe, donde ves
> a Adán, vuelto en portugués,
> que en aqueste amargo valle
> con bocados solicitan
> mil Evas, que aunque dorados,
> en efeto, son bocados
> con que el dinero nos quitan (vv. 1509-1516)

Arellano precisa en nota: «*Sierpe:* calle sevillana: la serpiente del Paraíso causó la caída de Adán y Eva (...) Eva se refiere a las rameras y *bocados* juega con la alusión a la manzana del Paraíso, al bocado o freno que sujeta las caballerías (aquí a los hombres: estos frenos podrían ser dorados) y al bocado de la codicia femenina» (pág. 139). Romero anota de la misma forma el pasaje, por lo que hay que suponer que el sintagma 'bocado de Adán' tiene raíz y explicación en el pasaje del Génesis. En cualquier caso ese sintagma aparece en la *Letanía Moral*, explicado en tres versos: «que sacáis, por ser galán / de la garganta *el bocado* / que comisteis con *Adán*» (págs. 223-224). En otro de los poemas de la misma *Letanía Moral* encontramos el sintagma en su formulación idéntica al pasaje del *Burlador*: «que ha de costaros más caro / que no el bocado de Adan» (pág. 159).

4) *Por mil modos*. En la primera jornada, Don Pedro Tenorio va a explicarle al Duque Octavio los recientes sucesos de palacio y al final resume: «lo que tan claro se sabe: que Isabela, por mil modos...» (vv. 313-314). La expresión 'por mil modos' no aparece en ninguna obra segura de Tirso, que sí usa la variante 'por diversos modos'. Claramonte, ya en la *Letanía Moral*, usa indistintamente 'por diversos modos', 'por varios modos' y 'por mil modos': «salga el alma por mil modos / de aquestas entrañas crudas» *(Letanía Moral,* pág. 156). Más adelante volvemos a encontrar la expresión «el que seguís por mil mo-

dos» (pág. 159) y «tormenta an fabricado / los Demonios por mil modos» (pág. 332). Parece notable que una expresión que Tirso no utiliza nunca aparezca en Claramonte por tres veces en una fecha anterior a 1612. También en *El inobediente* aparece la misma expresión: «Todo el pueblo, por mil modos / confiesa» (pág. 165).

5) *Langosta* de las mujeres. En el *Burlador* se compara, por dos veces, la actitud de Don Juan con las mujeres con la plaga bíblica de la langosta. El término 'langosta' no aparece en el CORDE en el período 1600-1636 en el repertorio léxico de Tirso, ni en singular ni en plural. Cosa sorprendente para alguien que supuestamente ha repetido esa concentración de sentido en cuanto a la actitud donjuanesca. Sin embargo, está ya en Claramonte en la *Letanía Moral*, en este caso aludiendo a otro Juan famoso, el Bautista: «vos os comeys las langostas / porque no coman el pan» (pág. 77). Volverá a reaparecer en varias obras posteriores, con el valor inequívoco de 'plaga bíblica de langosta'. Es el caso de *El ataúd para el vivo y tálamo para el muerto*[4]:

> escuadrones de langostas
> los talen y los derriben (vv. 417-418)

6) 'La *astronómica* aguja'. En la imprecación que Catalinón dirige al «vil sastre que cosió el mar», detalla la alusión haciendo un juego de palabras sobre la 'aguja de marear' que es 'astronómica aguja'. «Maldito sea el vil sastre / que cosió el mar, que dibuja / con astronómica aguja» (vv. 546-548). El adjetivo es muy poco frecuente en la época y no está en el repertorio de Tirso. Pero sí en el de Claramonte, ya en la *Letanía Moral*: «Proseguid vuestro camino / pues es el que el Norte os da, / Astronomico diuino» (pág. 57). La alusión al arte de marear es evidente pues habla en la quintilla anterior de «el gouierno de essa naue».

---

[4] Andrés de Claramonte, *El ataúd para el vivo y tálamo para el muerto*, ed. de Alfredo Rodríguez López-Vázquez, Londres, Tamesis Books, 1993.

7) *La barba cana*. En el enfrentamiento entre el Comendador Ulloa y Don Juan Tenorio, cuando Don Juan pregunta «¿Quién está ahí?», don Gonzalo se dirige al burlador con estos versos: «La barbacana caída / de la torre de mi honor», donde es evidente el juego de palabras entre 'barba cana' y 'barbacana'. Ninguna de las dos expresiones aparece en obras indisputadas de Tirso. Sin embargo, está ya en la *Letanía Moral* de Claramonte, precisamente con el mismo juego de palabras a partir de la 'torre': *«torre de Dios soberana / por cuyo balor eterno / essa vieja barba cana / respecta y tiembla el infierno»* (pág. 329).

8) *Celos, relox de cuidados*. Uno de los índices estudiados por Gerald E. Wade para hacer ver la dependencia entre *Deste agua no beberé* y *El burlador de Sevilla* era la redondilla inicial del tercer acto, que en el texto editado por Lyra y Sande en 1629-1630 contenía errores de rima y de sentido. En efecto, el texto de 1630 dice así:

> Celos, relox y cuidado,
> que a todas las horas days
> tormentos con que matays,
> aunque days desconcertados (vv. 1764-1767)

Como puede verse, el primer y cuarto versos no hacen rima consonante, hay una repetición 'days... days' que parece error de transmisión y, sobre todo, hay incongruencia semántica proponiendo el plural 'celos' como unión de los singulares 'relox' y 'cuydado'. Para paliar este desastre estético todos los editores sustituyen estos versos por los que Claramonte escribe en el monólogo de Juana Tenorio en *Deste agua no beberé*, donde la redondilla es perfecta:

> Celos, reloj de cuidados
> que a todas las horas dais
> tormentos con que matáis
> aunque andáis desconcertados.

Ésta es la lectura de la edición Romero, 1991. Arellano, tratando de ajustarse al texto del *Burlador*, mantiene la duplicidad 'dais desconcertados' repitiendo 'dais' en los versos 2 y 4. Lo curioso es que ninguno de los dos editores anota en pie de página que esos versos proceden del pasaje de Claramonte en *Deste agua no beberé,* donde aparecen personajes como Diego Tenorio, Juana Tenorio y Tisbea y la acción transcurre también en Sevilla a mediados del siglo XIV. De nuevo para defender la *conjetura ad hoc* tirsiana hay que presuponer que la redondilla correcta estaba en el hipotético texto perdido de Tirso y Claramonte la habría copiado para su obra. Sin embargo, la consulta de la *Letanía Moral* deja claro que la imagen del reloj concertado estaba ya en Claramonte en 1610, en el poema a San Nicolás:

> De dar con tantos extremos
> son vuestras manos autoras
> que por relox os tenemos,
> y dando todas las oras
> Nicolás diuino os vemos.
> Y ansi como os à labrado
> el gran relogero Christo,
> en todo vuestro Obispado
> dando, jamas no se à visto
> relox tan bien concertado (págs. 289-290)

El reloj bien concertado es imagen de la serenidad. El reloj desconcertado lo es de los celos, como se evidencia a todo lo largo de la obra de Claramonte, sin necesidad de recurrir a *Deste agua no beberé,* donde está la misma redondilla que encontramos en el *Burlador.* Pero las concordancias no terminan aquí. En la segunda jornada de *El inobediente* tenemos, en boca de Lansiro, un personaje anecdótico, la misma imagen, con un verso final que coincide con mucha aproximación con los dos últimos del *Burlador:*

> Quédate, reloj formado
> de malicia, y los que están
> en ti, a todas horas dan,
> aunque están desconcertados.

La *conjetura ad hoc* de un texto perdido de Tirso, escrito hacia 1612-1615 es insostenible. *El inobediente* se puede fechar por métrica hacia 1610, lo que coincide con el hecho de que la historia bíblica de Jonás aparece también en la *Letanía Moral*.

9) *El toro y la capa*. Todo el episodio de la segunda jornada en Sevilla entre el Marqués de la Mota y Don Juan está simbólicamente concentrado en la explicación que Don Juan le da a Catalinón:

> Cat.: Echaste la capa al toro?
> D. Iu.: No, el toro me echó la capa (vv. 1543-1544)

Esto según el texto transmitido por la edición sevillana a nombre de Tirso. La variante del *Tan largo* parece netamente mejor: «Escapeme por la capa» (v. 1612). Arellano edita según el *Burlador* y C. Romero según *Tan largo*. Dejando aparte la dificultad rítmica y métrica del verso del *Burlador,* parece claro que el verso de *Tan largo* está introduciendo una paronomasia evidente en Es*cape*me, como derivación fonética de 'es*capa*r' a partir de 'capa'. Todo este juego de panonomasias a partir de la semántica del toreo, explícita en 'toro' y 'capa' está ya en la *Letanía Moral*. Por ejemplo, en el poema a San Bartolomé:

> Con maliciosos antojos
> *Toro* al mundo contemplays,
> y porque no os cause enojos,
> en vez de *capa* le days
> con el pellejo en los ojos (pág. 122)

En este mismo poema se usa el verbo *almagrar,* que también aparece en boca de Catalinón aludiendo a las actividades donjuanescas: «Cat.: Almagrar y echar a estremo. / Con esta quatro serán» (vv. 1779-1780). En la *Letanía Moral*: «Quiere el mundo claro espejo / que Dios la piel no os almagre» (pág. 123). En toda la obra de Tirso, en cambio, no se usa nunca el infinitivo 'almagrar' y tan sólo una vez, ya en *Los cigarrales de Toledo* (1624) el sustantivo 'almagre'. Claramonte usa la configuración íntegra {toro-capa-almagrar} que encontramos en el *Burlador,* ya en una fecha tan temprana como 1610.

10) *Los ecos roncos*. En la primera jornada, en la relación que Don Pedro Tenorio le hace al Duque Octavio encontramos este verso: «cuyos *ecos* menos *roncos*» (v. 288) . El sintagma 'ecos roncos' o su forma inversa 'roncos ecos', no se encuentran en el repertorio léxico de Tirso. En *Tan largo me lo fiáis* hay una variante 'cuyos ecos medio roncos'. En todo caso, está claro que el sintagma en ambas versiones coincide en asociar 'ecos' y 'roncos'. Pues bien, esto ya está en la *Letanía Moral:* «Siempre formáis *roncos ecos*» (pág. 512). Un ejemplo más de que el estilo metafórico del *Tan largo/Burlador* está ya configurado en la obra de Claramonte anterior a 1610. La evidencia de que ese estilo metafórico subsiste la vemos en *El valiente negro en Flandes,* la obra más tardía por métrica, en donde Leonor, aludiendo a la fuga de Agustín de Estrada comenta: «Que de Mérida salió / la compañía, aunque apenas / los *roncos ecos* he oído» (pág. 494).

11) *Jazmín y rosa*. En la primera intervención de Tisbea en la obra, en romancillo heptasílabo, hay una asociación visual y olorosa especialmente brillante: «Yo de cuantas el mar / pies de jazmín y rosa» (vv. 375-376). Esta asociación de 'jazmín' y 'rosa' para aludir a la sensualidad y sensorialidad de los pies femeninos no aparece en el CORDE en ningún autor entre 1600 y 1636. Sin embargo, está ya en la *Letanía Moral* en el poema que Claramonte le dedica a María Magdalena, lo que guarda evidente lógica, dadas las connotaciones que la Magdalena tiene en la cultura hagiográfica europea. El texto de Claramonte es, sin duda, todavía más sensual: «pechos de jazmín y rosa». La misma asociación 'rosa + jazmín', con la misma capacidad evocadora, la volvemos a encontrar en el poema a Santa Agnes: «flor de marfil olorosa, / aunque siendo en el jazmin / pareceys sangrienta rosa». Otro ejemplo de asociación inmediata entre 'rosa' y 'jazmín', en un entorno oloroso lo tenemos en esta secuencia:

> Y pues entre *rosas* tíricas
> pisas *jazmines* y sándalos,
> premia, Tomás, mis ilíricas
> voces, ya risas y escándalos
> de humanas lenguas satíricas (pág. 356)

La expresión 'rosas tíricas' se refiere al rojo púrpura intenso de las tinturas de Tiro y obviamente es un adjetivo inventado por Claramonte para rimar en esdrújulo. En el *Burlador* reaparece una variante de este adjetivo, modificado por la mala transmisión de la compañía de Figueroa: «Cuando con sus labios tirres». Dado que esto está en una décima cuyo verso anterior es: «No hay más sones en los Kiries» parece claro que hay que leer 'tiries' como variante de 'tíricos'. La referencia a la púrpura de Tiro está en el verso siguiente: «buelue en púrpura los labios» (v. 1686). En todo caso, esta constancia de uso en la asociación 'jazmín' y 'rosa' refuerza la atribución a Claramonte de la primera versión del mito de Don Juan. Y al hablar de 'rosa' se apunta a la rosa de color púrpura intenso y evidente connotación erótica. En *El inobediente* tenemos la otra variante: «huirme quiero a la provincia tiria» (pág. 166), refiriénddose a Sidón.

12) *Anquises*. Se ha estudiado suficientemente el hipotexto virgiliano en la historia de este primer Don Juan, heredero de Eneas, seductor de la reina Dido. En principio se supone que el episodio del *pío Eneas* llevando en hombros a su viejo padre Anquises en la huida de Troya debería ser común a todos los escritores de la época. Sin embargo, no está en Tirso de Molina. Tirso no cita nunca a Anquises en ninguna obra suya en la que no haya disputa de autoría. Sin embargo, en *El burlador de Sevilla* la imagen es difícil de olvidar: Don Juan sacado en brazos por Catalinón tras naufragar en las costas españolas es parte de una configuración cultural muy clara que aparece en filigrana a todo lo largo de la primera jornada:

> Anchises le haze Eneas
> si el mar está hecho Troya (vv. 503-504)

Anquises es aquí Catalinón y Don Juan, en consecuencia, es Eneas. El pasaje es idéntico en *Tan largo me lo fiáis*. Pues bien, no sólo Tirso no alude nunca a Anquises en su obra; resulta que Claramonte lo cita ya desde la *Letanía Moral*:

> Hasta a Francisco engrandecen
> las Lices, diuino Anquises (pág. 398)

Esto está en el poema dedicado a San Luis, pero un poco antes, en el poema a San Juan de Sahagún, ya se había mencionado a Virgilio:

> y aunque Troya se abrasara
> quien se acordara de Eneas
> si Virgilio no cantara (pág. 382)

Y en varios otros poemas se vuelve a aludir a la reina Dido y su desastrado fin tras el abandono de Eneas. Tema que Claramonte repite en casi todas sus obras, lo cual confirma que dentro de la matriz mítica del personaje de Don Juan Tenorio, su creador tiene muy presente la historia de Dido y Eneas. Recordemos que Eneas abandona por mar a la reina Dido, como el pérfido Duque Vireno en la obra de Ariosto, autor también citado por Claramonte en la *Letanía* y en la obra antes mencionada, *El secreto en la mujer.*

13) *Qué flema*. En el momento culminante de la obra, en el tercer acto y ya cerca de la entrada del Comendador, aparecen en escena los criados que ponen la mesa para la cena. El criado 1 dice los versos siguientes: «Puestas las mesas estan, / que flema tiene si empieza» (2257-2258). El pasaje presenta problemas de puntuación, pero el sintagma '¡Qué flema!' es inequívoco. Esto es llamativo porque Tirso jamás utiliza esta expresión (CORDE, 30/12/2014), que en cualquier caso es muy poco frecuente entre 1600 y 1635. El CORDE sólo registra 6 casos repartidos entre Guillén de Castro (3), Salas Barbadillo (2) y un entremés anónimo de 1609. Sin embargo, la expresión está también en la *Letanía Moral,* en el poema a San Sebastián: «¿Qué flema es ésta?» (pág. 193).

14) *Homicida del honor.* Como se sabe, la transmisión del texto original tiene dos vías: la que lleva a editar a nombre de Tirso *El burlador de Sevilla* parece tener una intervención múltiple en los cinco años anteriores al impreso facticio de 1630:

en 1625 ya se representa en Nápoles con el nombre *El convidado de piedra* a cargo de la compañía de Pedro Osorio y un año después, también en Nápoles, por la compañía de Francisco Hernández Galindo, antiguo actor de una compañía de Andrés de Claramonte. En la edición de 1630 se informa de que la obra la representó la compañía de Roque de Figueroa, que sabemos que en 1624 no la tiene en su repertorio. A cambio, la transmisión de *Tan largo me lo fiáis,* desde la representación en Córdoba en 1617 hasta la edición en 1634-1635 en Sevilla, a nombre de Calderón, no ha dejado rastro. En todo caso hay dos versos difíciles de olvidar en el episodio en que Don Jun Tenorio mata al Comendador, al final del segundo acto. Doña Ana de Ulloa exclama: «¿No hay quien mate este traidor / homicida de mi honor?» (vv. 1555-1556). Los versos son idénticos en ambas variantes, por lo que es seguro que la poderosa metáfora 'homicida de mi honor' es cosa del creador de la obra y no ha sido introducida por los avatares de la transmisión textual. La secuencia 'homicida de mi honor' no aparece en ninguna obra indisputada de Tirso. En la *Letanía Moral* tenemos un adelanto con el sintagma 'fiero homicida' (pág. 461). Habrá que esperar a la obra *El honrado con su sangre,* representada en 1622, para ver en Claramonte esta metáfora. En un párrafo especialmente atractivo por las homologías que tiene con distintos pasajes del *Burlador/Tan largo.*

>   Noche de estrellas vestida,
> de luceros coronada,
> del silencio madre amada
> *y del honor homicida,*
> fiero contrario a la vida,
> pues que su fin solicitas
> en los gustos que limitas,
> pues eres del cuerpo dueño:
> las horas que das al sueño,
> esas de vivir nos quitas,
>   favorece mi cautela,
> pues eres capa de engaños (vv. 347-358)

Como se ve, el sintagma 'fiero homicida' que veíamos en la *Letanía Moral* está aquí repartido en dos versos: 'del honor homicida' y 'fiero contrario a la vida'. La variante 'del honor homicida' frente al uso 'homicida de mi honor' corresponde a que en *El honrado con su sangre* se está increpando a la Noche, mientras que en *Tan largo/Burlador* es la propia Doña Ana la que es la víctima. Nótese, de nuevo, la idea de 'capa de engaños', en donde en filigrana está la 'capa' con la que se engaña al toro. Sobre la que ya hemos hablado en el epígrafe 9.

15) *Por la punta de esta espada*. En todo el período 1600-1636 el CORDE sólo registra un caso de la secuencia 'la punta de esta espada', en una comedia de Góngora, *Las firmezas de Isabela*. No la registra en *El burlador de Sevilla* porque, en efecto, no está. Pero sí está en *Tan largo me lo fiáis,* en el episodio inicial de Nápoles, cuando Don Pedro Tenorio conmina al embozado caballero a que se rinda, es decir, que entregue su espada. La estrategia dramática para fijar la figura y personalidad de Don Juan está estupendamente concentrada. El verso con el que Don Juan se opone a Don Pedro y a los soldados es una acotación escénica implícita. Vemos a Don Juan oponiendo su espada amenazadora, como se lo hemos visto hacer a Errol Flynn o a Douglas Fairbanks Jr. La escena, breve y rotunda, es inseparable de la arrogancia donjuanesca:

    D. P<small>ED</small>.: Daos a prisión, caballero.
    D. I<small>U</small>.: No llegue ninguno a mí
           si morir no quiere aquí.
    D. P<small>ED</small>.: Matadle.
    D. I<small>U</small>.:   La muerte espero
       por *la punta de esta espada* (vv. 53-57)

El verso es llamativo porque vuelve a reaparecer en el enfrentamiento del segundo acto entre el Comendador y Don Juan. Don Gonzalo de Ulloa trata de detenerle y se produce el siguiente diálogo:

    D. I<small>U</small>.: Dexame pasar.
    D. G<small>ON</small>.:   Passar?
           Por la punta de esta espada (vv. 1566-1567)

En un irónico juego de referencias es ahora Don Juan Tenorio el que oye el mismo verso que él usó para oponerse al otro embajador, a Don Pedro Tenorio. El pasaje es idéntico en ambas versiones.

Ese gesto teatral y esa réplica que lo acompaña reaparecen en la misma obra de Claramonte que hemos visto antes, *El honrado con su sangre*. En este caso la escena es entre Hipólita y Jofre:

> JOFRE: Antes en esta ocasión
> me partiré el corazón
> con *la punta de esta espada* (vv. 438-440)

La escena está resuelta en décimas, a diferencia de la escena de *Tan largo me lo fiáis,* que está construida en redondillas. La variante del *Burlador,* transmitida por la compañía de Roque de Figueroa en su última fase, suaviza el texto sustituyendo 'Matadle' por 'Prendedle' y modifica el resto de la redondilla, omitiendo 'por la punta de esta espada'. No es cosa de discutir qué solución es mejor escénicamente; basta con recordar que *Tan largo me lo fiáis* ya fue representada en 1617, trece años antes de la edición facticia a nombre de Tirso.

16) *Extrañas provincias*. En la escena en que Don Pedro Tenorio le cuenta al Duque Octavio los sucesos de Nápoles, Octavio decide embarcar para España. Dice entonces, previendo su marcha: «y estrañas provincias toco / huyendo de esta cautela» (vv. 371-372). El verso no tiene correlato en *Tan largo me lo fiáis,* por lo que, para quienes creen que *Tan largo* es una refundición, el sintagma 'extrañas provincias' ha de considerarse específico del autor del texto primitivo. El rastreo en la obra entera de Tirso nos da un resultado negativo. Tirso nunca utilizó el sintagma 'extrañas provincias' y tampoco el inverso 'provincias extrañas'. Sin embargo, este sintagma se encuentra ya en la *Letanía Moral,* en el verso inicial del poema a San Eugenio: «Aunque en provincias extrañas» (pág. 213).

17) *Descalabrado*. Otro ejemplo de un adjetivo que Tirso nunca usa (CORDE, 30/12/2014) y que es común al *Tan largo*

y el *Burlador*. En la tercera jornada, Catalinón contesta a Don Juan: «dejarme descalabrado». El adjetivo no lo usa Tirso ni en masculino, ni en femenino, ni en singular, ni en plural. No está en su repertorio léxico. Pero sí en el de Claramonte, en donde ya aparece en la *Letanía Moral:* «aunque en la postrer pelea / os vimos descalabrado» (pág. 226).

18) *El mar alterado*. En el episodio de la tercera jornada en el que Fabio le explica a la Duquesa Isabela la situación, en la variante del *Burlador* aparece el verso «El mar está alterado». El sintagma 'mar alterado' no aparece nunca en Tirso. De hecho, el adjetivo 'alterado' aparece muy pocas veces, pero siempre refiriéndose a la situación anímica de personas. En Claramonte el sintagma 'mar alterado' está en el poema a San Andrés: «Y si del mar alterado / el Verbo puro os aleja» (pág. 98). En *El inobediente,* la idea aparece ya en los primeros versos: «Plega a Dios que el mar se altere» (pág. 1).

19) *Sagitario*. En el *Burlador,* Catalinón hace un maligno juego de palabras sobre los signos del zodíaco aludiendo al Duque Octavio como 'sagitario' y 'capricornio':

> Cat.:   Señor, detente,
> que aquí está el Duque inocente
> *sagitario* de Isabela,
> aunque mejor le dijera
> Capricornio (vv. 1149-1153)

La base de la malicia está en que 'sagitario', además de ser un signo del Zodíaco, se puede entender, según apunta Ignacio Arellano, como «un chiste más obsceno sobre el símbolo fálico de la flecha, muy frecuente en la literatura burlesca del siglo XVII» (Arellano, pág. 125, nota 1152). Si esto es así llama la atención el que el CORDE no registre ningún uso de 'Sagitario' en la obra de Tirso. En cambio, en *El inobediente* tenemos dos versos homólogos a los del *Burlador:* «Escorpión la gran crueldad / de mis celos; Sagitario / las flechas de tu beldad. / Capricornio los antojos». No podemos aseverar, como hace Arellano, que haya un uso alusivo a lo fálico, pero es evidente que Claramonte usa de forma simbólica el signo Sagitario e inmediatamente el de Capricornio, como pasa en el *Burlador* y como pasaba también en la *Letanía Moral*.

20) *Homicida de mi honor*. En el crucial episodio del enfrentamiento entre Don Juan y el Comendador se oyen desde el interior de la casa las voces de Doña Ana de Ulloa, clamando:

> D. ANA: No ay quien mate este tryador
> homicida de mi honor? (vv. 1555-1556).

La imagen es brillante, en tanto que el homicidio se perpetra contra algo mental y espiritual. Tirso utiliza varias veces el término 'homicida', pero siempre teniendo como término una víctima física, corporal, concreta. No aparece nunca una idea abstracta como 'homicida del honor' o bien 'homicida del alma'. Estas dos ideas están en Claramonte en el pasaje final de *El inobediente*[5]. Lisbeo trae atado a Iberio y explica: «A tu presencia, Señor / traigo el *homicida* fiero / de tu vida y *de tu honor*» (pág. 178b). Y más adelante se insiste en la misma idea, esta vez expresada por medio de Fenisa:

> ò mano fiera! *Homicida*
> *del alma* que me mataste;
> mi muerte el cielo te pida,
> pues que de un golpe quitaste
> dos vidas en una vida (pág. 179)

El pasaje podría haber sido suscrito también por Doña Ana en el *Burlador*. De nuevo la idea aparece en Claramonte, mientras que no aparece en ninguna obra de Tirso.

---

[5] Conocemos dos versiones y dos títulos de esta obra: *El inobediente,* de Andrés de Claramonte, editada en la *Parte segunda* de *Varios* (págs. 169-180) y una copia manuscrita con letras del siglo XIX y el título *La ciudad sin Dios* y la atribución a Lope de Vega. Hemos utilizado ambas y cuando hay paginación nos referimos al impreso a nombre de Claramonte. En la segunda lista de *El peregrino en su patria* (1618), Lope no tiene ninguna comedia con esos nombres. Los análisis métricos de Morley y Bruerton confirman que la obra no es suya por métrica.

B) Los cinco componentes de mito de Don Juan y la obra de Andrés de Claramonte.

La conjetura tirsiana que supone un original perdido, hipotéticamente escrito por Tirso en el período 1612-1615, propone como argumento central el que algunos personajes de *La Santa Juana, La Dama del Olivar* y *Los lagos de San Vicente* serían 'prefiguraciones' del carácter de Don Juan. Esta idea procede de Blanca de los Ríos y ha vuelto a ser defendida recientemente por ilustres tirsianos como Fray Luis Vázquez, Ignacio Arellano o Laura Dolfi[6]. Para aceptar esta conjetura habría que admitir que el carácter esencial que configura el mito de Don Juan es el mismo que aparece en las comedias de Comendadores: el deseo erótico por una mujer y el aprovechamiento del estatus de comendador o de infanzón para cumplir ese deseo. Si este argumento es válido tiene que ser válido también para defender la atribución del *Burlador* a Lope de Vega (como ya entreveía Menéndez Pelayo), a Luis Vélez de Guevara (por ejemplo, en *La luna de la sierra,* cuyo estilo se acerca más al del autor del *Burlador),* a Mira de Amescua y en realidad a cualquier dramaturgo del Siglo de Oro que haya escrito una comedia de comendadores. Es decir, a todos. Es un rasgo tan general que es muy fácil encontrarlo en Tirso porque es muy fácil encontrarlo en cualquier otro autor.

Pero el mito de Don Juan es mucho más complejo. Consta, al menos, de *cinco rasgos míticos* que no aparecen en las comedias de Tirso y sí están, íntegros, en las de Claramonte.

a) *Don Juan, suplantador nocturno.* En la primera versión del mito de Don Juan hay cuatro seducciones, pero esas cuatro seducciones corresponden a dos modelos diferentes, diurno y nocturno; la seducción diurna se basa en la palabra y en la promesa de matrimonio. La seducción nocturna (episodios de la Duquesa Isabela en Nápoles y de Ana de Ulloa en Sevilla) se basa en la suplantación de personalidad al amparo de la noche. Por eso la invocación a la noche como 'capa de enga-

---

[6] Laura Dolfi, *Tirso e Don Giovanni,* Roma, Bulzoni, 2008.

ños' es esencial. Don Juan suplanta primero al Duque Octavio y luego al Marqués de la Mota. Este principio de suplantación nocturna está en la obra de Claramonte *El secreto en la mujer*[7], representada el mismo año que *Tan largo me lo fiáis* y por la misma compañía de Jerónimo Sánchez. La situación es ésta: Clavela, solicitada por tres hombres distintos, sólo desea entregarse a Ursino, y desdeña a Antonio y a Lelio. Pero Lelio se presenta de noche, haciéndose pasar por Ursino, y goza de Clavela:

> CLAVELA: ¿Eres Ursino?
> LELIO: Sí soy.
> CLAVELA: A ti tu esposa se entrega;
> tuya soy, tuya es mi alma.
> LELIO: Mi bien, la terneza deja,
> porque en mejor ocasión
> tendrán lugar las ternezas (pág. 7)

Una vez acordado el trato, Lelio, feliz por su empresa, invoca a la noche con acentos que hubiera firmado también Don Juan Tenorio:

> LELIO: (¡Hay tal engaño!
> ¡Oh, noche obscura, tercera
> de sucesos prodigiosos,
> cierra tus ojos de estrellas!)

Lelio va acompañado de su criado Pánfilo, como Don Juan Tenorio de Catalinón. Y le pregunta qué le parece la aventura, a lo que el criado contesta:

> PÁNFILO: Que imagino
> que por la encantada selva
> voy con Amadís. El cielo
> quiera, señor, que no venga
> algún gigante encantado
> que en la mazmorra nos meta (pág. 7)

---

[7] Andrés de Claramonte, *El secreto en la mujer*, ed. de Alfredo Rodríguez López-Vázquez, Londres, Tamesis Books, 1991.

Pánfilo, personaje inspirado en *El eunuco* de Terencio (autor mencionado por Claramonte) comparte algunos rasgos de Catalinón, pero también de Don Juan.

b) *Don Juan pone agua de por medio.* Tras la primera seducción en Nápoles, Don Juan abandona el lugar y pone agua de por medio. Su estrategia es la huida, pero, dado que ha cometido un crimen, huye por mar. Después, una vez consumada la seducción de la pescadora Tisbea, vuelve a huir por mar, emulando así al Duque Vireno, del que se ocupa Ariosto en los cantos IX y X de su *Orlando furioso.* La popularidad de la seducción de Olimpa por Vireno fue notable en el *Cancionero nuevo*: uno de los romances más conocidos lo integra Cervantes en el capítulo LVII de la segunda parte del *Quijote,* en que Altisidora recita melancólicamente el romance cuyo *leitmotiv* es el verso «Cruel Vireno, fugitivo Eneas». Este episodio de Vireno y Olimpa es la matriz de composición del modelo 'seductor cruel fugitivo de una isla' y ya en 1604 está tratado por Lope en una de sus mejores obras, *La fuerza lastimosa,* que la compañía de Baltasar de Pinedo representó en Salamanca en la época en que Claramonte formaba parte de dicha compañía. Precisamente en esa fecha la compañía de Pinedo representa también una obra de Claramonte, *El nuevo rey Gallinato,* en la que el protagonista seduce a una dama y la abandona en España para irse a América. La idea es repetitiva en las obras del dramaturgo murciano, ya que en *El valiente negro en Flandes* el capitán Agustín de Estrada engaña, seduce y abandona a Leonor en Mérida, embarcando él inmediatamente para Flandes. La seducción donjuanesca diurna se hace con promesa de matrimonio y tiene como inmediata consecuencia la huida, si puede ser, por mar.

En realidad el Duque Vireno es tan sólo el último y más reciente seductor de toda una dinastía de donjuanes que huyen por mar: Ulises abandona a Circe, Calipso y a Nausícaa; Jasón, jefe de los Argonautas, seducirá a Medea; y Eneas, tras huir de Troya, a la reina Dido. En todo el episodio de la pescadora Tisbea se alude a todos estos seductores que abandonan a sus mozas por vía marítima. Recordemos la secuencia, según el texto del *Burlador:*

1) ¡Maldito sea Jasón / y Tifis maldito sea! (vv. 549-550)
2) Pues el Palacio Real / que el Tajo sus ojos besa / es edificio de Ulises (vv. 813-815)
3) ¡Necio! Lo mismo hizo Eneas / con la Reina de Cartago! (vv. 898-899)

La primera y la tercera de estas alusiones son idénticas a las que aparecen en *Tan largo me lo fiáis*. La segunda está en el parlamento del Comendador ante el rey de Castilla, lo que se conoce como «loa a Lisboa». En *Tan largo me lo fiáis* esta loa de la primera jornada ha sido sustituida por una loa a Sevilla en la segunda. Lo interesante es que la alusión a Ulises es todavía más clara en la loa a Sevilla: «Y en su margen más sirenas / que engendra el mar en sus Sirtes / con quien no hay sordas orejas / ni hay ingeniosos Ulises» (vv. 1058-1061).

Todos estos personajes, Jasón, Eneas y Ulises están mencionados repetidamente ya en la *Letanía Moral*, lo cual es muy llamativo porque esta obra es de índole doctrinal y bíblica. El duque Vireno está mencionado explícitamente en *El secreto en la mujer*.

c) *La ofensa al anciano*. La segunda seducción nocturna va a desencadenar la muerte del Comendador Ulloa, casi al final de la segunda jornada. Tal y como se expone en ambas versiones, la ofensa al honor está simbolizada en la ofensa a la 'barba cana', homófono de la 'barbacana', simbolizada por la torre del honor. No es una ofensa entre iguales, sino una ofensa a todo el linaje, a la sangre de los antepasados. Un tipo de ofensa que Claramonte explota en varias comedias, de las que sólo entresacaré dos: *El honrado con su sangre*[8] y *La infelice Dorotea*. En el caso de *El honrado con su sangre* la ofensa se hace de forma inequívoca asiendo la barba del viejo:

---

[8] Andrés de Claramonte, *El honrado con su sangre*, ed. de Erasmo Hernández González, Kassel, Reichenberger, 1995.

> Un pariente nuestro (viendo
> su arrogancia jactanciosa,
> en el traidor tan ajena
> como en los leales la propia)
> *le asió por la barba blanca,*
> rica, larga, crespa, hermosa,
> pretendiendo con su nieve
> tapar su arrogante boca (vv. 117-124)

Se trata de una ofensa que sólo tiene una reparación posible: la muerte del infractor:

> sacando el bruñido acero
> con que ganó mil victorias,
> partió la altiva cabeza
> de las manos que le tocan (vv. 129-132)

Otro tanto sucede en *La infelice Dorotea,* pero aquí, como pasa en la historia de Don Juan, la ofensa se le hace a la estatua del muerto. Es el propio Fernando el que cuenta su pasada fechoría:

> Llego a su sepulcro un día,
> cuyos alabastros quiebro,
> que no le temo por piedra
> ni por bulto le respeto.
> Llego donde reposaba
> ya su embalsamado cuerpo,
> porque siempre fue el agravio
> autor de los sacrilegios.
> La iglesia no le valió
> al traidor después de muerto,
> ni la hermosa arquitectura
> de los alabastros tersos.
> Salgo con él a la plaza
> donde, a un encendido fuego,
> pirámides de humo y llamas
> hizo sus pálidos huesos (vv. 900-915)

La ofensa al muerto, y más si es a la estatua o al cuerpo embalsamado del muerto, es la ofensa al reposo después de la muerte; es un acto de osadía y de insolencia que no puede dejarse sin castigo. En esta obra, Claramonte encuentra una solución cruel para que la venganza del muerto ofendido sea más dolorosa: Fernando matará por error a su propia esposa, Dorotea, de quien está profundamente enamorado. Queda claro, en cualquier caso, que la idea de ofensa al anciano tiene consecuencias mortales, sea en el mismo que la hace, sea en la persona a la que ama el infractor. Es la venganza del muerto que vuelve.

d) *El juramento capcioso.* La primera seducción con promesa de matrimonio en el *Tan largo /Burlador* es la de Tisbea. La segunda, dentro de la mecánica dramática, es diferente, porque Don Juan ya ha matado al Comendador. Con Tisbea, Don Juan jura a «esos ojos bellos / que mirando me matáis», lo cual no compromete a nada. Pero en la segunda promesa de matrimonio, a Arminta, hay un elemento nuevo. El juramento es esencialmente *capcioso:* Don Juan jura sólo en función de una cláusula que imagina que no puede cumplirse: jura a Dios, no a 'esos ojos bellos', pero se burla de su omnipotencia por medio de un aparte:

> AMIN.: Pues jura que cumplirás
> la palabra prometida.
> D. IU.: Iuro a esta mano, señora,
> infierno de nieve fría,
> de cumplirte la palabra.
> AMIN.: Iura a Dios, que te maldiga
> sino la cumples.
> D. IU.:   Si à caso
> la palabra, y la fe mia
> te faltare, ruego a Dios,
> que a traycion y alevosia
> me dé muerte un hombre
> (muerto, que vivo Dios no permita).

Don Juan ha completado el mecanismo que lo llevará al 'infierno de nieve fría'. Ha hecho un juramento capcioso. Esto es exactamente lo mismo que Claramonte hace en su comedia *El gran rey de los desiertos*[9] (representada en Sevilla en 1620). En este caso será la intervención divina, haciendo resucitar a San Onofre, lo que hace que el anacoreta abandone su juramento capcioso.

e) *El regreso del muerto vengador*. ¿Qué es lo que hace distinta la historia de Don Juan Tenorio respecto a las leyendas de comendadores o a los personajes engañosos y seductores, desde Eneas hasta el infame Duque Vireno? ¿Qué es lo que hace diferente la historia del Comendador Ulloa de las demás historias de sombras, espectros o estatuas animadas? En primer lugar, la articulación implacable de todos los elementos; en segundo lugar, el tiempo escénico de la Estatua/Sombra. Un ejemplo perfecto de la función premonitoria de la Sombra y su corporeización escénica lo tenemos en la segunda parte de la obra de Lope de Vega *El príncipe perfecto*. En este caso se trata del rey Juan II de Portugal, a quien le visita la Sombra de un sacerdote a quien el príncipe Juan había matado y que regresa ahora de ultratumba para hablar con él mientras le conduce por el castillo y le anuncia que debe arrepentirse. Está claro que una escena de conversación entre un ser de ultratumba y un personaje vivo es una escena que incide en las emociones del público. Y si la Sombra habla y dialoga, está claro que hay un actor que está incorporando al personaje. La obra de Lope es de 1615 y parece muy probable que haya servido para crear la escena del banquete macabro entre el Comendador y Don Juan. En todo caso, esa escena parece también un precedente claro de la homóloga de *Deste agua no beberé* (representada también en 1617). Dado que los estudiosos tirsianos no muestran excesivo interés en aludir a estos aspectos tal vez sea bueno recordar cómo trata Claramonte este episodio:

---

[9] Andrés de Claramonte, *La estrella de Sevilla. El gran rey de los desiertos,* ed. de Alfredo Rodríguez López-Vázquez, Madrid, Cátedra, 2010.

(Sale el Rey Don Pedro, *con la espada desnuda, tras una* Sombra.*)*

Sombra: Esto, Pedro, te conviene.
Rey: ¿Yo, huir de mi hermano?
Sombra: Calla,
porque tu vida no tiene
otro remedio.
Rey: Villano,
¿quién eres?
Sombra   La sombra triste
de tu muerte. Que este llano
dejes tu vida consiste.
Rey: Embeleco de mi hermano
eres tú, sombra. Si vienes
a espantarme de su parte
para que deje a Montiel,
de mí puedes espantarte.
Sombra: No vengo, Pedro, por él,
que por Dios vengo a avisarte.
Si crédito no me das,
oye esta voz, que te avisa
de lo que ignorante estás.
Rey: El cabello se me eriza.
Sombra: Escucha, tu fin sabrás. *(Vase.)*

(Cantan dentro.)

Voces: *Tendido en el duro suelo,*
el alma a Dios cuenta dando,
muerto yace el rey don Pedro,
en su sangre revolcado.

Tenemos, como en el *Burlador,* una canción premonitoria, que alude al final trágico del personaje. Este primer pasaje de diálogo entre la Sombra y el Rey tiene un total de 19 versos, seguidos de la canción premonitoria. Luego el rey se encontrará con Gutierre y tras el diálogo entre ambos antagonistas, la Sombra reaparece. El efecto teatral es homólogo al que vemos en el *Burlador:* la estatua del Comendador aparece para cenar en casa de Don Juan y le ofrece luego el segundo y definitivo banquete en la iglesia, lugar de la profanación a la estatua. En *Deste agua no beberé,* la segunda escena sobrenatural es ésta:

(Sale la Sombra.)

Sombra: ¿Qué dices?
Rey: Que no me espantas,
que eres de la vida engaños.
Sombra: Mira, rey, que es el infierno
lugar de los temerarios.
Mira no tientes a Dios,
que el huir en tales casos
es la mayor valentía.
Rey: ¿Yo huir? Vive Dios que en vano
son tus asombros y miedos.

(Quítale la Sombra *la espada.)*

La espada me habéis quitado;
venid a mis brazos, Sombra.

(Abrázase con ella.)

¡Muerto soy! ¡Gente, soldados,
socorred al Rey Don Pedro!

En ese momento llega Gutierre, el marido de Mencía, la mujer a la que el rey intentó seducir y a la que ordenó matar, y la escena sobrenatural termina. La premonición se va a cumplir inexorablemente al día siguiente en Montiel, en que el rey morirá apuñalado por su hermano. Como se ve, sea en forma de Sombra o de Estatua animada estamos hablando siempre de una presencia sobrenatural que trae un mensaje del mundo del más allá. La idea del muerto que vuelve está expresada aquí físicamente por el renacimiento de una persona (Mencía) a la que se daba por muerta y que reaparece al final de la obra. Eso está también en *El ataúd para el vivo y tálamo para el muerto*, obra en la que Jorge de Ataíde hace correr la noticia de que ha sido asesinado en la India y al final de la obra se presenta para vengarse de quien encargó su muerte. En otro orden de cosas se hace lo mismo en *El secreto en la mujer,* en este caso con el halcón que supuestamente había sido cocinado, pero que reaparece al final para evitar la ejecución de Lelio gracias a que Pánfilo no había cumplido la orden que se le dio. En todo caso, la idea de la estatua animada, del doble convite y del muerto que vuelve está en otras dos obras de Claramonte para las que se ha hipotetizado una obra perdida de Lope que habría dado origen a la de Claramonte: *Dineros son calidad* y *El Rey Don Pedro en Madrid*. Metodológicamente excluimos estas dos obras de nuestro análisis, pero tal vez no sea ocioso recordar que los dos manuscritos más antiguos, el primero de 1626, tres meses después de la muerte de Claramonte, lo dan como autor, frente a una *suelta* que lo edita a nombre de Lope de Vega, una edición tardía que lo atribuye a Calderón y una propuesta del siglo XIX en que se edita a nombre de Tirso de Molina por el enorme parecido que guarda con *El burlador de Sevilla*. Tampoco hemos hecho entrar en el cotejo de obras otra comedia, *Púsoseme el sol, saliome la luna,* que, como tantas otras, también se editó a nombre de Lope de Vega. Pero con esto entramos ya en el terreno de las conclusiones y de las reflexiones metodológicas sobre las bases de atribución del *Burlador/Tan largo*.

Empezaré por una observación crítica que afecta a la transmisión de las dos variantes de la obra. El parlamento de la Duquesa Isabela en el tercer acto, antes de la llegada de Tisbea, empieza así en la versión que da el *Burlador:*

> ISAB.: Que me robasse el dueño,
> la prenda que estimaua, y mas queria,
> o riguroso empeño
> de la verdad, o mascara del dia,
> noche al fin tenebrosa,
> antipoda del sol, el sueño esposa (vv. 2083-2088)

Hasta que no se conoció la versión del *Tan largo* estos versos no presentaban ningún problema crítico. Pero en *Tan largo* hay una variante esencial, ya que el primer verso es: «que me robasse el sueño».

¿Quién roba la prenda que más estimaba Isabela, es decir, su honor? ¿El sueño o el dueño? Dado que el resto de la sextina alirada es idéntico en ambas versiones, la diferencia es sólo de un grafema, cosa que se puede atribuir a una distracción de cajista. El análisis interno de tipo estético resulta indecidible: la repetición de 'sueño' en el 1.º y 6.º verso en *Tan largo* parece avalar un error producido por prolepsis, pero es harto difícil que un cajista tenga en el componedor los tipos gráficos de seis versos completos. Es cierto que el texto del *Burlador* transmitido por la compañía de Roque de Figueroa contiene numerosas irregularidades, métricas y de sentido, pero en el texto del *Tan largo* también hay errores. Las variantes de los nombres Arminta/Aminta y Tisbea/Trisbea tampoco son decisorias. Sabemos por la *Letanía Moral,* que Claramonte escribe el nombre de su esposa como *Beatrís,* con seseo, tal y como aparece en un verso del *Burlador* («decid Beatris y entrad») y que Trisbea es inversión silábica de Beatris, como Isabel lo es de Belisa, la criada de Arminta/Aminta. Unos editores prefieren 'que me robase el sueño' (C. Romero) y otros 'que me robase el dueño' (Arellano). Esto tiene que ver con la apreciación de la prioridad textual de *Tan Largo* o del *Burlador.* Sin embargo, en las anotaciones a pie de página hay editores que no mencionan este problema crítico. Es el caso de la nota que pone I. Arellano en su edición: «*robase:* el sujeto de *robase,* según A. Castro, es don Juan; para Wade y Hesse, la noche (v. 2119). Ambos *creen* que el *dueño* es objeto directo y se refiere a Octavio, dueño de Isabela y prenda querida de ésta (de quien priva la traición de Don Juan). Otros editores *interpretan* que lo robado es la honra y Don Juan (dueño de Isabela porque la van a casar con él), el ladrón que la robó sin necesidad» (pág. 164). El subrayado de *creen* y de *interpretan* es mío, no de Arellano. Llama la atención la ausencia, en este nota a pie de página, de cualquier alusión a la transmisión textual de *Tan largo* y del *Burlador* y el uso de los verbos 'creer' e 'interpretar'. El problema crítico no tiene que ver con cómo se *interpreta* el pasaje, ni con las *creencias* previas acerca del autor de la obra, sino con la prioridad textual de una versión sobre otra. Y omitir este punto no parece la mejor idea para el análisis del texto. A cambio nos ilumina sobre uno de los problemas críticos del estudio de la obra: la prioridad que conceden algunos editores a las creencias previas y a las interpretaciones basadas en esas creencias. En la edición atribuida a William F. Hunter se edita 'el dueño', sin poner ni siquiera una nota aclaratoria de la existencia de ese problema ecdótico. Lo mismo sucede con la traducción al italiano a cargo de Laura Dolfi.

Como hemos visto, tras la evidencia de que *Tan largo me lo fiáis,* documentado en 1617, es prioritario cronológicamente, la *conjetura ad hoc* para seguir proponiendo a Tirso como autor del primer Don Juan se apoya en la hipotética redacción de un original perdido anterior a esa fecha. Se trata de una *creencia* procedente de la tradición recibida. Frente a la evidencia documental, la postura crítica tirsiana, expresada por el académico F. Rico, introduce una interesante suposición: «ni siquiera podemos asegurar que la comedia que subió a las tablas en Nápoles no fuera *Tan largo me lo fiáis* y la que vieron los cordobeses *El burlador de Sevilla*» (edición William F. Hunter, pág. VII). Como no se puede asegurar, se concluye que tal vez la prioridad cronológica del *Tan largo* no se refiera en realidad al texto del *Burlador.* Dado que no se puede asegurar que no sea así, el ilustre académico apunta que «incluso si se demostrara que el *Burlador* es una versión del *Tan largo,* o viceversa, no sería lícito corregir, completar o cercenar la una de acuerdo con la otra» (F. Rico, *ibidem).* Esto apunta a que un editor cualquiera, basado en la autoridad de Rico puede permitirse omitir las variantes entre ambas versiones y puede eludir el problema de la autoría de la obra. En el caso de la edición atribuida[10] a William F. Hunter este punto de vista queda reforzado por el hecho de que el propio Rico alude a sí mismo como autoridad: «Personalmente aprecio la destreza con que el editor echa mano con frecuencia de la *ratio typografica* para explicar las lecciones de la *princeps* (y me permito remitir a F. Rico, 2000 y 2005)» *(ibidem,* pág. VIII).

---

[10] Resulta complicado atribuir esta edición a W. F. Hunter. Por un lado, F. Rico, su prologuista, nos informa de que «en nuestro caso, el prólogo y las notas a *El burlador de Sevilla,* de acuerdo con el texto del profesor Hunter, irán a cargo de Miguel Zugasti» (pág. VIII). Pero, consultado el profesor Zugasti sobre esta aseveración de Rico, me ha informado, para expresarlo de forma educada, que eso no corresponde exactamente a la verdad y que él se desvinculó de ese proyecto al no estar de acuerdo con sus planteamientos. De tal forma que tanto las notas a pie de página como el prólogo y la bibliografía han de atribuirse a un editor clandestino que no desea hacerse cargo de los numerosos errores críticos, filológicos y ecdóticos de esta edición. Por no aludir a la inexistencia de normas deontológicas. Desgraciadamente el fallecimiento del profesor Hunter el 20 de abril de 2010 le priva del derecho de réplica sobre esta edición atribuida.

Es interesante observar cómo la bibliografía que el propio Rico pone como referente es anterior a la fecha del documento que sitúa *Tan largo me lo fiáis* como cronológicamente doce años anterior a la edición del *Burlador* a nombre de Tirso. En todo caso F. Rico se apoya en la autoridad del propio y modesto F. Rico.

De un tenor diferente son los planteamientos críticos de Laura Dolfi, que asume la autoría de Tirso para situarse en los personajes de Jorge y Luis «antecedenti o echi di Don Giovanni (...) i due cavalieri seduttori presenti nella II e III parte della *Santa Juana*. Entrambi, come noto, decidiono di pentirse: il primo dopo essere stato informato della fine imminente, il secondo dopo essere stato ammonito da un amico defunto di aver provato, dandogli la mano, il calore delle flamme del purgatorio» (Dolfi, pág. 105). Dolfi precisa en todo caso que «già Blanca de los Ríos aveva osservato la parziale analogia tra le due commedie rilevando che nella "tercera *Santa Juana* están ya todos los elementos que integran *El Burlador,* los tres personajes capitales que constituyen el núcleo del drama definitivo: el padre amante y condescendiente; el hijo mozo, libertino y espadachín, menospreciador del Cielo y de su padre; y el criado cómplice y predicador"» (Dolfi, pág. 105, nota 1). Para apoyar esta idea, Dolfi alude también a la obra de atribución dudosa *El condenado por desconfiado* y a la obra en disputa de autoría con Vélez de Guevara, *La Ninfa del Cielo*. Parece obvio que apoyar una atribución dudosa por medio de otras dos obras de atribución discutida no es el mejor método para sustentar una hipótesis que se basa en un *conjetura ad hoc.* En todo caso, Dolfi recupera los planteamientos de Blanca de los Ríos y Xavier A. Fernández, editor de la trilogía de *La Santa Juana*. Como señala la estudiosa italiana: «Nostro obiettivo fu perciò, anche a conferma dell' allusa discussa paternità della commedia, quello di dimostrare che *Il burlador de Sevilla* s'inseriva a pieno titolo in qui procedimenti di reiterazione e commutaziones (e cioè in quel mecanismo di *ars combinatoria)* che avevamo già commentato a proposito di altre opere del mercedario» (Dolfi, pág. 13).

El planteamiento, como se ve, descansa en el concepto crítico de la homología estructural entre obras del mercedario y el texto de *El burlador de Sevilla* (Dolfi excluye siempre las variantes del *Tan largo*), centrándose en el período 1613-1614, lo que es compatible con la *conjetura ad hoc* de una obra tirsiana desaparecida en esas fechas. Metodológicamente, Dolfi excluye también la comparación de esas obras indisputadas de Téllez con otras de Mira de Amescua, Claramonte, Vélez de Guevara, Lope de Vega o Luis de Belmonte, con lo que, al descartar los cotejos con otros autores posibles, el estudio es, consecuentemente, parcial. Se presupone que la obra es de Tirso y sólo se va a buscar lo que coincide con lo que previamente ya se ha establecido. Este planteamiento es de difícil refutación al eliminar del corpus analizado lo que realmente podría refutar la hipótesis de Blanca de los Ríos. Más fácil es refutarlo acudiendo a elementos objetivos, es decir, a índices autorales del propio texto comparado con esas dos obras tirsianas y con otras dos de la misma época de Lope, Claramonte, Vélez o Mira de Amescua. Incluso descartando las variantes del *Tan largo me lo fiáis,* que los tirsianos consideran refundición hecha por Claramonte a partir de esa obra desaparecida de Tirso. El fragmento que vamos a utilizar es el monólogo inicial de Tisbea, que tiene especial interés porque es el pasaje más largo que tiene una mujer en *El burlador de Sevilla,* pero además de ello es el pasaje en donde hay más divergencia cuantitativa entre *Tan largo* y el *Burlador.* En el texto transmitido por la compañía de Roque de Figueroa, el monólogo consta de 142 versos, mientras que en el *Tan largo* tan sólo tiene 62, menos de la mitad de extensión. Según la *conjetura ad hoc* tirsiana de un texto perdido remodelado tardíamente por Claramonte en el texto de *Tan largo,* lo que el dramaturgo murciano habría hecho es básicamente suprimir la mitad del monólogo y mejorar los numerosos errores del texto. Según la hipótesis alternativa, el texto de *Tan largo* sería el original y el del *Burlador* una ampliación para poner de relieve el papel de la primera actriz. En cualquier caso seguimos el texto largo, que supuestamente, correspondería al texto perdido de Tirso, escrito entre 1612 y 1615 y, conforme a la propuesta de Laura Dolfi, respondería a la tipología de personajes femeninos tirsianos.

Hay algo especialmente interesante en el cotejo entre las dos transmisiones del primer Don Juan en lo que atañe al célebre monólogo de Tisbea. Si aislamos el estilema N + ADJ, es decir, el modelo 'matizadas alfombras', 'pequeñuelo esquife', 'cabeza espumosa' nos encontramos con que en los 142 versos de la variante DS hay exactamente 28 casos de este tipo de sintagma (sólo contamos el modelo en que al nombre le acompaña un adjetivo calificativo, no un cuantificador, un demostrativo o un artículo. Es decir, un estilema N + ADJ cada 5 versos en un pasaje de romancillo heptasílabo. Lo interesante es que el fragmento homólogo de *Tan largo,* con 64 versos y 13 casos de N + ADJ, tiene exactamente el mismo promedio, uno de cada cinco versos. El repertorio de *Tan largo* es el siguiente: {matizadas alfombras, pequeñuelo esquife, cabeza espumosa, sutil caña, débil peso, tierno pececillo, prisiones locas, juveniles años, condición propia, pajizos umbrales, heladas noches, necio discurso, gallarda bizarría}. Parece que estos 13 índices, coincidentes entre *Tan largo* y el *Burlador* son un buen corpus para indagar en la autoría. En concreto para verificar si Tirso puede ser presentado como autor a partir de una muestra objetiva, constituida por esos 13 índices, más su modificación de orden; es decir, además de 'cabeza espumosa' o 'juveniles años' rastreamos también el uso de 'espumosa cabeza' o 'años juveniles', lo que nos da un total de 26 índices. Aplicando los registros del CORDE (29/12/2014) a todo el repertorio tirsiano, de 1610 a 1636, y comparando con los usos de otros autores coetáneos, los resultados son estos: de los 13 ejemplos, ninguno aparece en Tirso, ni en la forma de *Tan largo/Burlador* ni en el modelo inverso. Hay 2 de ellos, 'juveniles años' y 'condición propia', que aparecen en varios autores: Gómez de Tejada, Bernardo de Balbuena, Quevedo, Polo de Medina, Bartolomé de Argensola, Céspedes o Cairasco de Figueroa. Casi todos ellos usan sólo uno de los dos, excepto Bernardo de Balbuena que usa los dos y además repetidos. Se podría pensar que la ausencia de concordancia con la obra de Tirso (no sólo las 60 comedias de atribución segura, también la prosa de *Los cigarrales de Toledo* y *El bandolero*) se debe a que *Tan largo me lo fiáis* es un texto deturpado por Claramonte, y que lo que hay que buscar es el resto de los ejemplos, que sólo aparecen en *Burlador*. En este caso tenemos este otro repertorio, con 15 ejemplos: {fugitivas olas, menuda arena, quejas amorosas, combates dulces, mar salado, moradas hondas, tortolillas locas, fruta sabrosa, argentada costa, mano poderosa, ramos verdes, vigüelas dulces, sutiles zampoñas, tirano imperio, hermoso pavón}. Los resultados del análisis no varían mucho de los anteriores: el conjunto {fugitivas olas, combates dulces, moradas hondas, tortolillas locas, argentada costa, vihuelas/vigüelas dulces, sutiles zampoñas, hermoso pavón} no aparecen ni en Tirso ni en ningún otro autor en esa época. El sintagma 'menudas arenas' no aparece en Tirso, pero sí en Cervantes, Balbuena, Céspedes, Villaviciosa, Robles, Nájera y Tamayo de Vargas. En cuanto a 'quejas amorosas' y su inversa, 'amorosas quejas' aparece en Tirso en *El vergonzoso en palacio* y también en Matías de los Reyes, Luis de la Plaza, Lope de Vega, Luis de Belmonte y diversos autores más. En cuanto a 'mar salado' o 'salado mar' no aparece en ninguna obra indisputada de Tirso, pero sí en Castillo Solórzano y en *El condenado por desconfiado,* obra cuya autoría se disputan varios candidatos con más argumentos que Tirso. Tampoco el CORDE recoge la aparición de este sintagma en *El inobediente:* «sus arenas / las combate el mar salado» (pág. 1b). En este pasaje de Claramonte, la idea de 'combate' en el mismo verso trasluce además lo que dice Tisbea del «combate dulce / del agua entre las rocas». En cuanto a la fórmula 'fruta sabrosa', o su inversa, aparece en Nájera, Diego López y Silva y Figueroa, pero no en Tirso. El sintagma más general es 'mano poderosa', que tiene 61 registros y su inversa 'poderosa mano', que tiene 43. Lo usa Gómez de Tejada, en su dos formas, 5 veces, y También Lope, Mira de Amescua, Ruiz de Alarcón, Tirso y Claramonte. En cuanto a 'ramos verdes' o 'verdes ramos' lo usa Lope de Vega varias veces, y también Góngora, Castillo Solórzano y Bramón, pero no aparece en Tirso. Y por fin, 'tirano imperio' está en el repertorio de Lope, de Alarcón y de Hurtado de Mendoza.

El resultado es concluyente contra Tirso: de los 56 posibles índices sólo usa dos, 'quejas amorosas' y 'mano poderosa', que también usan varios otros escritores. Dicho de otro modo: en cuanto a ese repertorio hay varios autores que presentan más índices: Lope de Vega, Ruiz de Alarcón, Mira de Amescua o Castillo Solórzano.

A esto hay que añadir una observación de métrica: un pasaje lírico como el Tisbea en el *Burlador,* de 142 versos heptasílabos, es completamente ajeno a los usos tirsianos y más todavía si nos atenemos a la comedia de comendadores que se ha presentado, desde Banca de los Ríos hasta Laura Dolfi, como ejemplo de homología estructural con las mujeres de Don Juan. Mari Pascuala, la zagala brutalmente seducida por el Comendador Don Jorge, tiene un parlamento en donde hay, en efecto, una coincidencia llamativa con un *leitmotiv* que también usa Tisbea en el *Burlador* en la tercera jornada al encontrarse con la Duquesa Isabela. La recurrencia es el verso «¡Malhaya la mujer que en hombres fía!». Que viene siendo una variante inversa de la idea expresada en *El inobediente:*

> Dixo a Socrates un dia
> vn hombre, en cuyo poder
> el engaño hallar podria
> y el respondio: *en la muger*
> *de quien el hombre se fia* (171a).

En el pasaje del *Burlador,* por encima de la coincidencia del verso, que tal vez corresponda a un tema de moda en el período 1614-1616, hay enormes diferencias entre la forma de abordar el parlamento en el caso de la Mari Pascuala de Tirso y en la solución del pasaje de Tisbea, diferencias que van más allá de la diferencia de la estrofa escogida, sextinas aliradas en el *Burlador/Tan largo* y romance en *i-a* en *La Santa Juana*[11]. Veamos los doce versos iniciales:

Burlador	*Santa Juana II*
Robusto mar de España,	¡Aqueste pago da el mundo
ondas de fuego, fugitiuas ondas,	a deudas tan merecidas,
Troya de mi cabaña,	como son deudas de honor
que ya el fuego por mares y por ondas	cuando se acercan su ditas!
en sus abismos fragua	¿Así se cumplen promesas
y el mar forma por las llamas agua.	con lágrimas ofrecidas,

---

[11] Tirso de Molina, *La Santa Juana. Segunda Parte,* ed. del manuscrito, introducción y notas por Xavier A. Fernández, Kassel, Reichenberger, 1988.

> Maldito el leño sea
> que a tu amargo cristal hallò carrera,
> antojo de Medea,
> tu cañamo primero primer lino
> aspado de los vientos,
> para telas de engaños e instrumentos?
> con palabras intimadas,
> con ansias encarecidas?
>   ¿Aquesto es ser caballero?
> ¿En esta nobleza estriba
> el valor que España ensalza
> y ha engañado mis desdichas?

El texto del *Burlador* está, como es habitual, transmitido con errores graves de rima y de medida. La enmienda *ope ingenii* 'halló camino', por 'halló carrera', ideada por Hartzenbusch, salva el problema de la rima, aunque no todos los editores anotan que la enmienda es de Hartzenbusch y que el texto original está corrupto. En otros casos, el verso «y el mar forma por las llamas agua», que es incorrecto, pues sólo tiene 10 sílabas y acentos en 2.ª y 3.ª, algunos editores, como I. Arellano, lo mantienen sin ningún tipo de nota. A cambio, el texto del *Tan largo,* que tiene el mismo verso inicial, nos propone dos sextinas impecables en medida y en rima:

> Robusto mar de España,
> ondas del fuego en fugitivas olas,
> cuya costa el mar baña,
> dandole por tributo conchas solas,
> aunque a vezes preñadas
> de trayciones en ti medio anegadas,
>   pues conoces mis quexas
> y de ti mis tormentos han nacido,
> a sus sordas orejas
> quiero dar vozes, pues la causa has sido
> de que el honor perdiera
> la que siempre cruel con hombres era.

No es momento de discutir la diferencia de contenido dramático entre las dos versiones, pero sí vale la pena observar que en el *Burlador* se repite por tres veces el sustantivo 'ondas' en tan sólo tres versos, haciendo autorrima en uno de ellos. En la segunda sextina está claro que 'carrera' y 'lino' no riman de ninguna manera. A cambio, la versión de *Tan largo* es impecable. Pero tanto la variante de *Tan largo* como la del *Burlador* son del mismo tipo: basadas ambas en el episodio de Virgilio, estamos ante una reelaboración del episodio clásico en tono lírico-dramático: se trata de un *treno* para el que se ha elegido una estrofa típica de tensión lírica, contraponiendo heptasílabos y endecasílabos, versos de arte menor y de arte mayor. En cambio, el tratamiento de Tirso, conforme a sus usos habituales, es de tipo reflexivo, con indagación psicológica a partir del momento. Tirso actúa aquí conforme a su técnica dramática, caracterizada por los análisis del alma humana, especialmente femenina, a partir de la introspección moral. El autor del *Burlador/Tan largo* corresponde a otra estética diferente. Tirso es dramaturgo de ingenio y el autor del primer Don Juan es dramaturgo de cuerpo. Son estrategias teatrales muy distintas para el tratamiento de las mismas situaciones. Sin duda el público de la época prefería la acción a la reflexión y la exposición de las peripecias y desórdenes físicos al análisis introspectivo de las conductas de los personajes. Por otra parte, la estructura de contenido de *La Santa Juana* corresponde a una comedia de santos, como su título sugiere, en donde la acción milagrosa de Juana de la Cruz, el *exemplum* que garantiza que estamos ante una santa, se verifica a través de una comedia de Comendadores. Hasta tal punto esa estructura es palpable que la escena inicial de la obra es una larga tirada de tercetos (181 versos) en donde dialogan el Ángel y la Santa. Los cuatro primeros tercetos, a cargo del Ángel, dan el tono doctrinal de la obra y vale la pena conocerlos, ya que quienes proponen esta obra como homóloga de *El burlador de Sevilla* omiten este aspecto de la estructura. La segunda parte de *La Santa Juana* comienza así:

> Esposa cara del monarca eterno,
> contra cuyo poder no prevalecen
> las puertas tristes del tartáreo infierno,
>   las entrañas de Dios, que se enternecen
> con el agua sabrosa de tu llanto,
> remedio al mundo por tu ruego ofrecen.
>   Delante de tu altar, tálamo santo,
> llorando estabas el estrago horrible
> que al mundo anuncia confusión y espanto
>   por la ponzoña del dragón terrible
> de las siete cabezas, que en Sajonia
> niega la fe católica infalible (vv. 1-12)

La exposición doctrinal del Ángel continúa hasta el verso 32, a lo que le sigue un parlamento de la Santa hasta el verso 58. Los primeros 176 versos se reparten en 12 réplicas, lo que da una media de 15 versos por réplica, en tercetos de una construcción sintáctica muy compleja y un filtro ideológico de tono doctrinal muy claro. La comparación con el comienzo del *Burlador* es instructiva: en los 20 versos iniciales don Juan e Isabela cruzan 15 réplicas, lo que da una media de diálogos de 1,33 versos por réplica. Y la interpretación teológica del pasaje debe proceder del estudioso que aplique a ese fragmento sus prejuicios ideológicos previos, porque en los personajes no hay más que diálogos de situación. El comienzo del *Burlador* se puede comparar, por ejemplo, al de una comedia de Luis de Belmonte[12] que empieza así:

(Sale Don Luis *huyendo, sin ferreruelo, con vestido de camino. Sale* Elvira *por otra puerta y encuentra con él y llévasele y sale luego* Clara *a medio vestir, con un ferreruelo en la mano, con hábito de Santiago.)*

Clara *(dice dentro):* Espera, traidor, espera,
aguarda, cobarde, ingrato;
sombra aleve, espera, espera,
que no has de mover un paso
sin saber primero quién
eres, cómo has entrado
a profanar el honor
que guardo tanto recato.

(Sale Don Luis. *Sale* Elvira.*)*

Elvira: Sígueme y calla, don Juan.
Don Luis: Ya te sigo.
Elvira: Habla paso,
que quien ha hecho lo más
te sabrá poner en salvo.

---

[12] Luis de Belmonte Bermúdez, *El acierto en el engaño y robador de su honra,* ed. de Antonio Cortijo Ocaña, Pamplona, EUNSA, 1998.

Don Luis:	Todo es engaño esta noche.
	El ferreruelo he trocado
	en la pendencia y aquí
	en don Juan han confirmado
	mi nombre. Y ésta se queda
	con el que troqué en las manos.

Como se ve, son 18 versos en los que la situación es homóloga a la de Don Juan con la Duquesa Isabela, con el añadido de una criada cómplice. Don Luis ha suplantado a Don Juan para gozar de Clara y al amparo de la noche huye del escenario de su crimen. Es, como dice el subtítulo de la obra, «el robador de su honra». Y la proporción de versos por réplica (5 réplicas en 18 versos) es de 3,6, muy cercana a la que tenemos en *Tan largo me lo fiáis,* en donde la Duquesa Isabela tiene una réplica de 5 versos, omitida en la transmisión de la compañía de Roque de Figueroa para el *Burlador.* Es un comienzo electrizante, sin duda, hecho de acción, réplicas breves y manifestación de lo que el título de la obra anuncia: *El acierto en el engaño.* Nada que ver con la dramaturgia de Tirso de Molina. Es el mismo tipo de dramaturgia que desarrolla Claramonte en bastantes obras: un comienzo impactante, que deja a los personajes en situación límite y obliga al espectador a imaginarse las posibles peripecias. La resolución de la escena inicial implica réplicas breves y movimiento escénico. Es lo que sucede en *El inobediente,* que en principio trata sobre la historia de Jonás y la ballena, pero que se contrapesa en otra historia de abandonos y celos en Nínive. El comienzo es así:

(Lirno, Delio y Mario, *soldados; atados,* Fenicia e Iberio.)

Lir.:	Perezcan entre estos montes
	y vuelva el esquife al mar.
Fen.:	¡Amigos!
Del.:	Quédense a dar
	leyes a estos horizontes.
Iber.:	¿Es posible que queréis
	dejarnos de aquesta suerte
	en las manos de la muerte?
	Mario, Lirno...
Del.:	No os canséis,
	vaya el esquife a la mar.

>   Boga, boga.
> Fen.:   ¡Ah, gente ingrata!
> ¿Así a vuestro rey se trata?
> Aguardad.
> Lir.   ¿Qué es aguardar?   *(Vanse.)*
> Iber.: ¿Cómo es posible, enemigos,
> que os mostréis sordos y mudos
> a las voces de dos tristes?
> ¿No hay ley, no hay Dios en el mundo?

A las tres redondillas iniciales les sigue el cambio a romance en *u-o,* que dará pie al relato de cómo se ha llegado a esta situación. El conjunto son 16 versos repartidos en 8 réplicas, una media de 2 versos por réplica, similar a la del comienzo del *Burlador* y con la misma estructura de comienzo en redondilla y paso a romance narrativo. Esta escena inicial, en ámbito marino, tiene también notables concomitancias léxicas con el episodio de presentación de Tisbea. El término 'esquife' es común a ambos episodios y tal vez no sea casual; el 'pequeñuelo esquife' que está relatando Tisbea corresponde seguramente a un elemento escenográfico que reaparecerá en el tercer acto del *Burlador* y que aquí, en *El inobediente,* sin duda se usa, como revela el verso 'vaya el esquife a la mar', que completa el inicial 'y vuelva el esquife al mar'. La continuación de la escena, con la llegada de Lisbeo en el esquife, y el uso del posesivo «mas en mi esquife sabréis / en la provincia en que estáis». Además del esquife coincide también la expresión de Tisbea 'que el mar salado azota', con la de Iberio 'las combate el mar salado'. Es homóloga también la escena en la que Tisbea ve a lo lejos el naufragio de Don Juan y Catalinón y la escena en la que Fenisa, ya sin Iberio, ve cómo llega un «esquife» que a «la mar le peina los cabellos», usando la misma metáfora de Tisbea: «tal vez al mar le peino / la cabeza espumosa». Hay homología léxica y, sin duda, también la hay escenográfica y eso tiene que ver con algo muy sencillo: con la infraestructura teatral de la que dispone Andrés de Claramonte en su compañía. Se hacen escenas marinas porque se dispone de la base material que lo permite. Y se alude a Eneas, a Jasón y a Ulises, porque, como sucede en la *Letanía Moral,* ese mundo literario forma parte del imaginario cultural del autor.

Ya hemos dicho antes que en *El secreto en la mujer* aparece el modelo de seductor que suplanta la personalidad de un rival para gozar de su dama, lo cual es uno de los rasgos típicos de Don Juan. Además de eso esta obra presenta el soporte clásico grecolatino de la ristra de burladores que huyen por mar: Ulises, Jasón, Eneas y Vireno. Para reforzar la alusión al Ulises engañador, aparece también Sinón, el actor que engaña a los troyanos con una representación teatral respecto al caballo ideado por Ulises. La secuencia de citas de burladores clásico es ésta:

> Llegad para que sea
> esta noche el Jasón de esta Medea (vv. 608-609)
>
> pasaré el mar, navegando
> como otro Jasón a Colcos (vv. 1427-1428)
>
> En mi pecho ha de arder Troya
> si mis celos perseveran (vv. 1270-1271)
>
> Tuyos serán los despojos
> de esta casa donde ha entrado
> Sinón a causar enojos (vv. 2060-2062)
>
> y del troyano Eneas valeroso (v. 737)

LELIO: ¿Cómo os llamáis?
URSINO: ¿Yo? Vireno.
LELIO: ¿A Olimpa robar queréis? (vv. 2265-2266)

Como hemos dicho anteriormente, *El secreto en la mujer* es representada en 1617 por la compañía de Jerónimo Sánchez, que también representa *Tan largo me lo fiáis*. Esta coincidencia entre ambas obras en lo que atañe al soporte cultural grecolatino parece una buena prueba para refutar la propuesta de Laura Dolfi, según la cual la obra de Tirso *La villana de Vallecas* es la que más se asemeja a la estructura del Don Juan, que Dolfi compara con el Gabriel de Herrera de *La villana* (por otra parte una de las mejores comedias escritas por Tirso). Lo único que hay que constatar aquí es que en esta obra no hay ninguna mención ni cita de Eneas, de Ulises, de Jasón, ni de Vireno. Constatación que no me parece banal y que ciertamente no avala la conjetura de Laura Dolfi.

Un último dato, esta vez documental, que estrecha la relación entre la biografía de Claramonte y la historia de *El burlador de Sevilla* está en la propia dedicatoria de la *Letanía Moral*. La dedicatoria, en el frontispicio, se hace a Don Fernando de Ulloa, Veinticuatro de Sevilla, a quien luego se dedica una composición poética. Pero mucho más interés tiene el prólogo, en el que Claramonte señala: «Qvando comencé este trabajo, fue con intento de ponerle en el amparo de don Iuan de Vlloa mi señor, primer Conde de Villalonso; que fue un príncipe mecenas de las letras, de quien recibí mil mercedes. Pero como en lo mejor de sus años nos le quitó la muerte de entre las manos eché de la mía la pluma y no pasé adelante, hasta que en V. merced resucitaron sus favores y mercedes con la sangre, mostrando bien tener la suya, hasta en la condición y liberalidad» *(Letanía,* pág. 4).

Hasta aquí queda el documento que demuestra que Claramonte está en Sevilla y que ha sido protegido, de la familia Ulloa: primero de Don Juan de Ulloa, primer Conde de Villalonso, y luego de su hijo Fernando, Veinticuatro de Sevilla, a quien no se menciona como Conde de Villalonso porque ese título lo heredó su hermano Diego de Ulloa. Son dos datos de interés, pero no pueden considerarse definitivos.

Hay más. El Marqués de la Mota, que, según el texto del *Burlador* es, en efecto, primo de Doña Ana de Ulloa, hija de Don Gonzalo, corresponde a un título de la familia Ulloa, que primero fue Señorío, con Rodrigo de Ulloa y Juan de Ulloa, en el siglo xv, y luego, ya en el xvi, es transformado en marquesado, siendo el primer Marqués don Rodrigo de Ulloa, casado con María Ana Pardo Tavera, de la familia del cardenal Tavera (elogiado por Claramonte en la *Letanía Moral)*; su hija Mariana de Ulloa es Marquesa de la Mota, y el hijo de ésta, Don Luis de Ulloa, hereda ese marquesado. Este Luis de Ulloa, Marqués de la Mota, es primo segundo de Don Juan de Ulloa, primer Conde de Villalonso y padre de Fernando de Ulloa, Veinticuatro de Sevilla. Por lo tanto, el dato de que el Marqués de la Mota, Don Luis de Ulloa, hijo de Mariana de Ulloa y nieto de María Ana Pardo Tavera, es primo de Ana de Ulloa, es muy exacto en el siglo xvi. Tan exacto como que el fundador de la dinastía Ulloa de Toro, Villalonso y Mota es un Gonzalo Sánchez de Ulloa, mencionado ya en la *Crónica* del Canciller Ayala como seguidot de los Trastamara, frente a sus enemigos los Tenorio, de los que forman parte el arzobispo Pedro Tenorio y el almirante Jufré Tenorio, además de un Juan Tenorio y un Alfonso Tenorio, caballeros de la Banda en el reinado de Alfonso XI y de su hijo Pedro I. La estrecha relación de Andrés de Claramonte con la familia Ulloa le permite tener acceso a todos estos datos y poner en *Tan largo me lo fiáis* al Comendador Ulloa y a su familia, como héroes y a los Tenorio como villanos. No sólo en *Tan largo/Burlador,* sino en su comedia *Deste agua no beberé,* escrita y estrenada por las mismas fechas y ambientada en la Sevilla de Pedro I. Parece que Andrés de Claramonte no tiene ninguna necesidad de que los estudiosos adopten la conjetura tirsiana de que Tirso «habría oído alguna leyenda sevillana sobre los Tenorio» y más tarde, una vez escrita la primera versión del mito de Don Juan, la obra habría llegado a manos de Claramonte y éste se habría inspirado en la obra perdida de Tirso para idear los personajes de Juana y Diego Tenorio. Claramonte no necesitaba salir de Sevilla y de la familia Ulloa para tener acceso a todos esos datos, así como para saber que el sepulcro de los Ulloa estaba en la Colegiata de San Juan de Toro, como se dice en el penúltimo verso del *Tan largo.* Son datos documentales bien asentados y corroborados por Gonzalo Fernández de Oviedo, que en sus *Quincuágenas* nos informa sobre varias peculiaridades de los distintos miembros del linaje Ulloa. El entramado conjetural para atribuir la obra perdida a Tirso implica una *conjetura ad hoc* innecesaria y refutable documentalmente. Del mismo modo que la familiaridad de Claramonte con los clásicos latinos está también demostrada en el Prólogo en donde apunta lo siguiente: «Y por otro tanto se mouio el Poeta Oracio a dezir en su primera epistola. *Pectore verba puer nunc te melioribus offer, quo semel est imbuta recens servavit odorem testa diu.* Por esto pienso que serà de algún prouecho a la republica con su deuoto entretenimiento y de vtilidad para sus hijos» *(Letanía,* Prólogo, pág. 7). En cuanto a las relaciones entre los distintos miembros de los Ulloa, los Tavera y los Saavedra, el árbol genealógio es el siguiente:

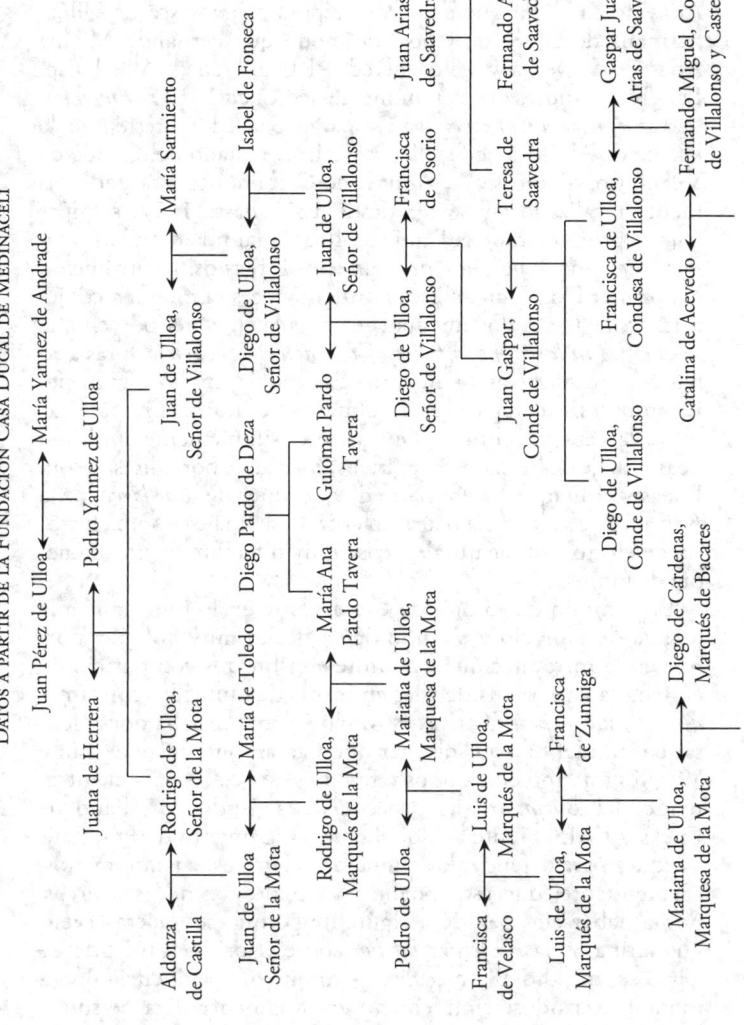

Datos a partir de la Fundación Casa Ducal de Medinaceli

Como se ve en la línea principal de la derecha, hay un entroncamiento familiar entre Juan Gaspar de Ulloa, primer Conde de Villalonso, y Teresa de Savedra, que es tía de Gaspar Juan Arias de Saavedra que a su vez desposa a Francisca de Ulloa, hermana de Diego de Ulloa, de modo que Fernando Miguel Arias de Saavedra y Ulloa hereda el Condado de Villalonso. Pues bien, Andrés de Claramonte le dedica en 1617 el *Fracmento a la Purísima Concepción* a Gaspar de Saavedra, Presidente de la Sala de Alcaldes de Sevilla, es decir, el cuñado del Conde de Villalonso. Como se ve, Andrés de Claramonte está perfectamente localizado en Sevilla desde 1611 hasta 1617, siempre bajo la protección de la Familia Ulloa, la familia del *Comendador Ulloa* que se lleva a Don Juan a los infiernos. La atribución del primer Don Juan a Claramonte no necesita ninguna conjetura tirsiana, está documentada en Sevilla en el período en que se crean *Tan largo me lo fiáis* y *Deste agua no beberé*. Obras ambas con un fuerte asentamiento clásico en Virgilio y Horacio. La «hipótesis teológica» es absolutamente innecesaria para explicar la génesis del mito: Don Juan es simplemente el último de un linaje de burladores fugitivos, formados por Ulises, Jasón, Eneas y el Duque Vireno. Sucede que antes de *Tan largo me lo fiáis* a nadie se le había ocurrido cruzar ese linaje con una historia de efectos sobrenaturales, cosa muy diferente de una comedia de santos.

El dominio de Andrés de Claramonte en lo que atañe a la lengua de Horacio y Virgilio debía de ser muy notable, porque en la introducción se permite escribir dos composiciones en lengua latina, una de ellas en forma de quintilla (con rimas *ababa),* la otra en dísticos. Esto parece una prueba documental contundente para sostener que Claramonte leía en latín a Virgilio y a Horacio, ambos referentes esenciales para el entramado del *Burlador* que procede del episodio virgiliano de Eneas y Dido. Frente a ello, el contraargumento de Fray Luis Vázquez para defender la atribución a Tirso es, cuando menos, sorprendente: que esos poemas no tiene por qué ser suyos; podía habérselos pedido a algún amigo que conociera la lengua latina. A la *conjetura ad hoc* sobre el original perdido de Tirso se une ahora la negación a admitir una evidencia documental, basándose simplemente en una ocurrencia personal.

Esto no corresponde a lo que se entiende en el ámbito de la metodología de la investigación como objetividad en el análisis de la documentación.

La creación del mito de Don Juan no tiene nada que ver con planteamientos teológicos y su creador original no parece ser ningún fraile mercedario teólogo, sino un actor y director de compañía, como lo fue también Molière y como lo será Goldoni, dos de los autores que han propuesto variantes del mito. Tampoco se puede sostener la propuesta de que el personaje de Don Juan está inspirado en tal o cual personaje vivo del siglo XVII, desde Mateo Vázquez de Lecca hasta Juan de Mañara, personaje que era todavía un niño cuando se documenta la representación de *Tan largo me lo fiáis*. Más inconsistente es todavía la versión heroica de que el autor fuera consciente de estar creando un mito. El mito lo crea la relación entre el texto dramático que un autor ofrece en los escenarios y la recepción que el público, a lo largo de los siglos, destina a un linaje entero de variaciones sobre el mismo tema: la resolución de la historia de un seductor fugitivo, histrión que interpreta papeles por la noche y promete en falso por el día, resolución que toma cuerpo teatral escénico gracias al efecto de lo sobrenatural inesperado, del pasmo del público, que ve caminando y hablando a una estatua de piedra, tal y como desvela el título de la representación de Nápoles en 1625: *Il convitato di pietra,* que sustituye en el imaginario colectivo el título que le da su creador, *Tan largo me lo fiáis,* frase que se repite nueve veces, a manera de *leitmotiv,* a lo largo de la obra. Es el cruce de la tradición culta de la literatura grecolatina (Ulises, Jasón y Eneas) y de las comedias de efectos especiales en donde un muerto revive escénicamente en forma de Sombra o de Estatua animada. El dramaturgo que ha creado el mito no sabe que está creando un mito futuro; sabe, en cambio, que está introduciendo en una historia medieval con personajes históricamente verdaderos, que, para obtener la emoción del público, se resuelve acudiendo a lo que modernamente conocemos como «efectos especiales». En cuanto a las posibles interpretaciones psicoanalíticas, sociológicas, culturales o estéticas, está claro que varían según la sociedad que reinterpreta el mito. La sociedad tradicional española, anclada en el dogma tridentino, interpreta un mensaje teológico; la historia literaria europea, desde Molière, Mozart, Da Ponte o Pushkin hasta la ópera dadaísta de Erwin Schulhoff o las obras de Max Frisch o Václav Havel, está bastante alejada de esa interpretación. Tal vez la reconsideración de su verdadero autor, hombre de teatro como actor y como autor, nos permita volver a analizar la creación de Don Juan desde una perspectiva menos ideológica que la que ha venido imponiendo la inconsistente atribución de la obra a un fraile mercedario doctor en Teología.

ALFREDO RODRÍGUEZ LÓPEZ-VÁZQUEZ
(Universidade da Coruña)

Introducción

*A Kurt y Roswitha Reichenberger,
imprescindibles para todo esto.*

Legajo 11736, folios 440-441. Archivo Histórico Provincial de Córdoba.

El estado de la cuestión y el problema de la autoría

La decisiva aportación documental de Ángel García Gómez[1] en el año 2005 ha venido a resolver dos de los tres problemas centrales en torno a la transmisión de la obra original que ha dado lugar al mito europeo de Don Juan. El 4 de agosto de 1617 la compañía de Jerónimo Sánchez representa *Tan largo me lo fiáis* en Córdoba. Dado que esta obra es la primera de las trece que componen el cartapacio estudiado por García Gómez, el investigador apunta que muy probablemente se trataba de una comedia nueva, y que la compañía debía de haber representado antes en Sevilla y Écija, dentro de la ruta habitual de las compañías. Esto aclara la prioridad textual del *Tan largo* frente al *Burlador* (en adelante TL y B), y hace innecesario el recurso habitual a un hipotético texto perdido anterior a 1619, que la mayor parte de los partidarios de la atribución de la obra a Tirso de Molina situaban a la vuelta de su periplo americano de 1616 a 1618. Obviamente, quienes hemos defendido la prioridad textual y cronológica de TL hemos asumido que el texto editado (a nombre de Calderón) hacia 1634, presenta omisiones en la tercera jornada, debido a las habituales prácticas de impresores y editores de sueltas, y tal vez algunos errores de lectura, como es habitual en cualquier paso de un texto manuscrito a un impreso. Dado que en agosto de 1617, Tirso

---

[1] A. García Gómez, «Aporte documental al debate acerca de la prioridad de *El burlador de Sevilla* y *Tan largo me lo fiáis*: el cartapacio de comedias de Jerónimo Sánchez», en *Edad de Oro Cantabrigense: actas del VII Congreso de la AISO,* ed. Anthony Close, Madrid-Vervuert, 2006, págs. 281-286.

de Molina se encuentra desde hace más de un año en la isla de Santo Domingo, dedicado a tareas de cronista de la Orden de la Merced, y que, a cambio, Andrés de Claramonte, el candidato alternativo a la atribución de la obra, está localizado en Sevilla donde publica, en ese mismo año, el *Fracmento a la Purísima Concepción,* el documento descubierto por García Gómez incide de forma clara sobre el problema de la autoría de la obra, de acuerdo con la observación final del propio investigador.

En cualquier caso esta documentación de archivo hace innecesaria ya la aportación crítica de cotejo entre los dos textos en lo que atañe a la prioridad textual, y la necesidad de detalladas argumentaciones para avalar la corrección de las lecturas de TL frente a las alternativas de B. A cambio, sí se hace necesario contemplar los cotejos textuales entre citas o fragmentos de TL y B con citas o fragmentos de obras de Andrés de Claramonte, anteriores o posteriores a 1617, dado que las modificaciones producidas en el texto de B respecto al original de TL afectan al problema de la remodelación textual (una segunda fase del auténtico texto del Don Juan primigenio) y al de las modificaciones ajenas al autor de la obra, y debidas al proceso de transmisión de la obra hasta la compañía de Roque de Figueroa, en cuyo repertorio de 1624 no figuraba esta obra con ninguno de los tres títulos en que la conocemos *(Tan largo me lo fiáis, El convidado de piedra, El burlador de Sevilla).* El primer título corresponde a la intención original del autor, avalada por la persistencia del título a lo largo de todos los episodios de la obra; el segundo corresponde al impacto que la estatua de piedra animada y parlante causa en el espectador europeo del siglo XVII, y el tercero al de un avispado editor sevillano, Manuel de Sande, que decide añadirle al de *El convidado de piedra,* con el que la obra se conoce ya en 1625 en Nápoles, cuando la representa allí Pedro Osorio, y un poco más tarde, en 1626, Francisco Hernández Galindo, antiguo actor de la compañía de Andrés de Claramonte. Cuando la obra llega a manos de Roque de Figueroa, ha pasado ya al menos por tres compañías en el decenio anterior.

Hay pues una fase A del texto, que corresponde al manuscrito que ha utilizado la compañía de Jerónimo Sánchez en 1617, y que, con las naturales variaciones de transmisión, ha debido servir para la edición hecha por Simón Faxardo de 1634-1635, a nombre de Don Pedro Calderón. Hay después una fase B del texto, que debe corresponder a una remodelación hecha por Andrés de Claramonte en una fecha intermedia entre 1619 y 1625, probablemente al revender la obra entre cinco y ocho años después de la venta inicial a la compañía de Sánchez, adaptando dicho texto a las necesidades de otra compañía, tal vez la de los Valencianos (que representan en Portugal en 1622) sustituyendo la loa a Sevilla de TL por la loa a Lisboa de B, lo que implica reajustes textuales para integrar el nuevo texto, pero sin duda implica también retoques de algún interés en papeles, como el de la Pescadora Tisbea, cuyo parlamento inicial se duplica en extensión, más modificaciones de pasajes en episodios concretos, como el diálogo entre Don Pedro Tenorio y el Duque Octavio en la casa de este último. El pasaje original de tres décimas del Duque Octavio en TL pasa a ser de siete décimas, cosa que, dada la dificultad técnica de escribir en décimas (bastante más complejo literariamente que en romance) sugiere que la remodelación está hecha por el propio autor de la obra, y no es una reconstrucción dificultosa a partir de un texto incompleto, por parte de uno (según Ruano de la Haza) o varios antiguos miembros de una compañía (Daniel Rogers). El texto B, remodelación de Andrés de Claramonte a partir del TL original, corresponde entonces a la fase definitiva de la obra, deturpada posteriormente en el proceso de transmisión. Al conjunto de la versión original (fase A) y la primera remodelación (fase B) aludiremos con el nombre de *El convidado de piedra,* conforme al nombre que recoge la edición del *Burlador* y la noticia de las representaciones previas a esa edición. *El convidado de piedra* representa, pues, la estructura básica del mito originario, por encima de los avatares de las distintas representaciones o ediciones.

Es importante apuntar aquí el interés de disponer de un texto completo (según esta nueva edición, de 3071 versos, frente a los aproximadamente 2860 habituales de otros editores) con un perfil métrico coherente, entre otras cosas para cotejar con la obra que Gerald E. Wade[2] ha asumido como la obra más cer-

---

[2] Gerald E. Wade, «Hacia una comprensión del tema de Don Juan y *El Burlador*», en RABM, 77 (1974).

cana en usos léxicos a *El burlador de Sevilla:* la obra, también estrenada en 1617, de Andrés de Claramonte, *Deste agua no beberé,* con la que guarda más puntos de contacto que los nombres la familia Tenorio, la época histórica, Sevilla y sus alrededores, y la redondilla inicial del tercer acto. Lo que hemos llamado hipótesis amplia sobre la autoría de Claramonte (el texto inicial A y la remodelación posterior B) debe contrastarse con la hipótesis mínima, propuesta ya por Wade y otros (entre ellos Daniel Rogers) de que Claramonte podría haber sido sólo el autor de la remodelación del texto original y responsable, pues, de todo el proceso de sustitución de la loa a Sevilla por la de Lisboa y de los cambios de estructura derivados de éste. Conviene, para aquilatar las hipótesis en liza, que respecto al texto inicial TL, además de Andrés de Claramonte como posible autor original, junto a la atribución tradicional a Tirso, se deberían considerar las de Vélez de Guevara, autor muy admirado por Claramonte, o el mismo Lope de Vega (de acuerdo con la propuesta sugerida por Menéndez Pelayo). La fecha de 1617, además de dificultar la atribución a Tirso, descarta prácticamente la de Pedro Calderón, que había sido apuntada en un estudio primitivo por S. Griswold Morley. En un momento (1977) en que todavía no se había comprobado que la *princeps* no había sido impresa en Barcelona por Gerónimo Margarit, sino en Sevilla por Manuel de Sande[3], ya Daniel Rogers[4] tomaba en cuenta varios aspectos que ponían en entredicho la atribución tradicional a Tirso:

> If anything is clear amid all this uncertainty it is that we do not know who wrote the original play (...) Resemblances to plays known to be by Tirso have been exaggerated (...) What little we know does not rule out the attribution to Tirso, but the most that can be said in support of it is that it is early (earlier than Margarit), that it has been long and widely repeated and that it has never been seriously challenged (Rogers, 16).

---

[3] Don W. Cruickshank, «The first Edition of *El Burlador de Sevilla*», en *Hispanic Review,* 49 (1981).

[4] D. Rogers, *Tirso de Molina. El Burlador de Sevilla,* Londres, Grant and Cutler, 1977.

Años después, tras la propuesta alternativa de autoría para Andrés de Claramonte, Maurice Molho[5] escribe:

> No parecen faltar buenas razones para poner en tela de juicio la atribución a Tirso de *El Burlador de Sevilla y Convidado de piedra*. Si bien es cierto que la colección de comedias de varios autores publicada en Barcelona en 1630, en la que aparece por primera vez, consigna el nombre de aquel poeta, también es verdad que se trata de una edición poco fidedigna que, por lo demás, nos deja en la más total ignorancia acerca de la fecha y de la procedencia de la obra (Molho, 91).

Más recientemente, en el *Dictionnaire de Don Juan,* donde se recogen las dos atribuciones en liza, Claramonte y Tirso, Daniel-Henri Pageaux[6] sostenía la de Tirso, asumiendo la prioridad del texto del *Burlador* frente al *Tan largo,* a partir de la fecha 1619, a la vuelta del viaje de Tirso a Santo Domingo, frente a la propuesta de autoría de Claramonte que en el *Dictionnaire* hemos hecho[7] coincidir en la fecha 1617 con la representación de *Deste agua no beberé*. De ahí la importancia de la investigación documental de García Gómez, que avala la hipótesis Prioridad del Tan largo —autoría inicial de Claramonte para esa fecha— remodelación posterior por Claramonte para el texto B.

Conviene, en todo caso, recordar el paulatino cambio de visión del problema de la autoría desde el momento en que aparece la *suelta* de *Tan largo me lo fiáis*. Esta *suelta*, descubierta por José Sancho Rayón, y reeditada ese mismo año por el Marqués de Fuensanta del Valle[8], da como autor de la obra a Calderón, y a diferencia de la *princeps* del *Burlador,* no indica qué compañía la ha representado. El texto ofrece alternativas de lectura superiores a BS en casi todos los pasajes dudosos, y precisa su carácter de «Comedia famosa». La edición recibe inmediatamente una reseña crítica de Don Manuel de la Revilla, en la que este estudioso reivindica la prioridad textual del *Tan largo* frente a la rutina editorial hasta entonces seguida. Tene-

---

[5] Maurice Molho, *Mitologías. Don Juan. Segismundo,* Madrid, Siglo XXI, 1993.
[6] *Dictionnaire de Don Juan,* París, Robert Laffont, 1999; entrada Tirso de Molina.
[7] *Ibídem,* entrada Claramonte.
[8] En *Colección de libros españoles raros o curiosos,* XII, 1878.

mos en este momento dos textos, dos títulos y dos autores, con lo que comienza un debate de importancia capital.

El primero del que tenemos constancia de que desconfió de la autoría de Tirso es Menéndez y Pelayo[9], que apunta lo siguiente:

> ¿En qué se funda la atribución de *El burlador de Sevilla* a Tirso (de cuyo estilo bien puede decirse que apenas tiene un solo rasgo), sino en el testimonio de esas partes apócrifas y *extravagantes* de Barcelona y de Valencia? Si el *Burlador* hubiera llegado a nosotros anónimo, todo el mundo, sin vacilar, hubiera dicho que era una comedia de Lope, de las escritas más de prisa; y no faltan críticos extranjeros, eruditísimos, por cierto, que así lo estimen.

De los críticos extranjeros a los que alude MMP conviene detenerse, por distintos motivos, en Adolfo Federico[10], Conde Schack, y en Arturo Farinelli[11]. El primero, un erudito muy detallista (es el primero en dar noticia del volumen de *Doze Comedias* en donde aparece el *Burlador)* dedica 76 páginas del tomo III de su *Historia de la Literatura y el Arte Dramático en España* a la obra de Tirso, a quien califica como «gran poeta, autor de trabajos tan admirables» (pág. 389). Schack apunta algo en donde coincide con MMP: *«El burlador de Sevilla y convidado de piedra,* que, por su plan y desarrollo, debe clasificarse entre sus obras menos importantes, aún cuando se noten en ella ciertos rasgos propios sólo de un poeta de primer orden».

Schack no discute la atribución porque escribe antes de que se conozca el texto del *Tan largo me lo fiáis,* que es el que permite fundamentar documentalmente la sospecha sobre la autoría. Pero, experto conocedor del teatro tirsiano, no duda en considerar el *Burlador* como una obra poco acorde con las características que él ha analizado en las obras de Fray Gabriel Téllez. Trabajando sobre las obras de autoría indisputada, las

---

[9] En *Estudios sobre el teatro de Lope de Vega,* vol. IV, Santander, Aldus SA, MCMXLIX, pág. 329.

[10] Adolfo Federico, Conde de Schack, *Historia de la Literatura y el Arte Dramático en España,* t. III, Madrid, M. Tello, 1887; trad. Eduardo de Mier.

[11] A. Farinelli, «Don Giovanni», en *Giornale storico,* posteriormente ampliado en 1946, Milán, Fratelli Bocca.

TAN LARGO ME LO FIAYS.
COMEDIA
FAMOSA.
DE DON PEDRO CALDERON.

Hablan en ella las perſonas ſiguientes.

El Rey de Caſtilla.
Don Gonçalo de Viloa.
El Embaxador don Pedro
  Tenorio.
Don Iuan Tenorio.
Catalinon.

Vna peſcadora.
Batricio.
El Duque Otauio.
El Marques de la Mota.
Iſabela Dugueſa.
Arminta.

Beliſa.
Doña Ana criada.
El Rey de Napoles.
Vna paſtora.
Alfredo.
Tirſeo.

IORNADA PRIMERA.

Salen Iſabela Duqueſa, y don Iuan Tenorio de noche.

Iſab. Salid ſin hazer ruydo,
  Duque Otauio. d.Iu. El viéto ſoy.
Iſab. Aun aſsi temiendo eſtoy
  que aqui aueys de ſer ſentido.
  Que aueros dado en Palacio
  entrada de aqueſta ſuerte,
  es crimen digno de muerte.
d.Iu. Señora, con mas eſpacio
  te agradecerè el fauor.
Iſab. Mano de eſpoſo me has dado
  Duque. d.Iu. Yo en ello é ganado.
Iſab. El auenturar mi honor,
  Duque, deſta ſuerte ha ſido,
  ſegura con entender
  que mi marido has de ſer.
d Iu. Digo, que ſoy tu marido,
  y otra vez te doy la mano.
Iſab. Aguardame, y ſacaré
  vna luz, para que dè
  de la ventura que gano
  fé, Duque Otauio; ay de mi.

d.Iu. Mata la luz. Iſab. Muerta ſoy;
  quien eres? d.Iu. Vn hombre ſoy,
  que aqui ha gozado de ti.
Iſab. No eres el Duque? d.Iu. Yo no.
Iſab. Pues di quien eres. d.Iu. Vn hôbre.
Iſab. Tu nombre?
d.Iu. No tengo nombre.
Iſab. Eſte traydor me engañó,
  gente, criados. d.Iu. Detente.
Iſab. Mal vn agrauio conoces.
d.Iu. No dés vozes. Iſab. Darè vozes;
  à del Rey, ſoldados, gente.
  Sale el Rey de Napoles.
Rey. Que es eſto?
Iſab. Fauor; ay triſte,
  que es el Rey. Rey. Que es?
d.Iu. Que ha de ſer?
  vn hombre, y vna muger.
Rey. Eſto en prudencia conſiſte,
  quiero el daño remediar.
  Sale el Embaxador de Eſpaña, y criados.
Emb. En tu quarto, gran ſeñor,
  vozes, quien cauſa el rumor?

A

constantes del estilo de Tirso son muy ajenas a la dramaturgia del *Burlador*. Los rasgos que Schack detecta como típicos del mercedario (que resumo en extracto) no se encuentran, en efecto, en la obra que origina el mito de Don Juan. Señala Schack, a lo largo del capítulo XXVI, lo siguiente:

> Hay ciertas creaciones suyas en las cuales parece recrearse de preferencia, por la repetición con que se muestran en sus obras: doncellas, por ejemplo, que se disfrazan con traje de hombre para vengarse de amantes infieles, y para indisponerlos con sus rivales, se reproducen en muchas (...) el mérito singular de los dramas de Tirso no se encuentra ni en el arte con que está trazado su plan, ni en el arreglo y unidad del conjunto, sino en la variedad y el interés de las situaciones, en el vigor y la vida de los caracteres, en el colorido seductor de sus imágenes, en la agudeza inimitable de su ingenio, y en el brillo de su dicción poética (...) Llama la atención, desde luego, su inimitable maestría, en cuanto se refiere a la dicción y versificación. Ningún otro poeta ha conocido y manejado su lengua con tanto brío y desenvoltura... es siempre natural cuando escribe y se mantiene siempre libre del culteranismo y de la afectación hinchada que invadía poco a poco la literatura (...) De lo expuesto se puede deducir naturalmente que los papeles de gracioso en Tirso se distinguen de todos los demás por su riqueza; y así es, en efecto, porque este tipo dramático aventaja en sus comedias a todas las demás de la misma clase del teatro español; su carácter, sus ocurrencias, las situaciones cómicas en las que los presenta, descubren una gracia incomparable, y rara vez descienden de la región de la fina burla ática a la de groseras bufonadas.

Se podría decir que Schack está exponiendo los rasgos contrarios a lo que sabemos y admitimos sobre el *Burlador*. Los pasajes de Tisbea en el primer acto, y el encuentro de Tisbea e Isabela en el tercero, son ejemplo de uso culteranista del lenguaje, pero al mismo tiempo son los mejores en viveza. No pueden ser obra de un refundidor de la comedia. El gracioso, Catalinón, es un ejemplo de chistes chabacanos y un auténtico muestrario de lugares comunes de la época. Es el gracioso más opuesto a las figuras cómicas de Tirso: Caramanchel, Gallardo y toda una serie de afilados criados que desbordan ingenio. Pero no son sólo los graciosos los que se desvían del modelo;

no es sólo el primor culterano de los pasajes amorosos; es que otra de las características esenciales del teatro tirsiano es justo la contraria a la que caracteriza al *Burlador,* y a los personajes masculinos: «Los hombres de Tirso son siempre tímidos, débiles y juguetes del bello sexo, en tanto que caracteriza a las mujeres como resueltas, intrigantes y fogosas en todas las pasiones, que se fundan en el orgullo y en la vanidad». Schack continúa apuntando que «el carácter de Don Juan es de superior mérito dramático; no así la exposición de sus delitos, defectuosa a nuestro juicio. Esta composición, según parece, fue más famosa en el extranjero que en España».

La figura de Arturo Farinelli es clave en la historia crítica de *El convidado de piedra,* no sólo por ser el primero que argumenta de forma clara en contra de la autoría de Tirso, sino también por ser el autor de una hipótesis que trata de salvar los problemas ecdóticos derivados de la existencia de dos versiones: la de un original perdido anterior a ambas. La hipótesis está lejos de ser descabellada en cuanto a su fundamento (que ambas versiones no pueden derivar la una de la otra, sea cual sea la que consideremos cronológicamente anterior). Aunque un siglo después, una vez conocido el proceso de transmisión textual del *Burlador,* y demostrada documentalmente la prioridad del *Tan largo,* postular el eslabón perdido resulte innecesario. Las anomalías textuales del *Burlador* se explican por el proceso de transmisión a través de un grupo de actores que pasa a la compañía de Roque de Figueroa antes de 1630, que remodelan un texto incompleto. En cuanto a las omisiones que presenta en el tercer acto el texto de *Tan largo,* son típicas de la práctica editorial de la época, para ajustar el texto disponible en el manuscrito a la foliación de cuatro cuerpos. La otra aportación de Farinelli es su propuesta de entronque de la historia de Don Giovanni con fuentes italianas, propuesta que ha herido muchas susceptibilidades tirsianas, pero que contiene elementos críticos de mucho peso. El primero de ellos, el que sitúa en un plano de igualdad la atribución de la obra a Tirso en BS, y la atribución a Calderón en TL, considerando a ambas inconsistentes y proponiendo una fecha próxima para su redacción. Frente a la opinión de Cotarelo de que TL debía estar impresa en los años 60, un minucioso estudio de Don Cruickshank[12] ha demostrado que está editada en Sevilla en 1634-1635, lo que aproxima la fecha de edición de ambas variantes a una diferencia de un lustro. No obstante la autoridad de Cotarelo ha hecho que muchos tirsistas aceptaran una fecha tardía para la edición del *Tan largo* y a partir de ahí extrajeran consecuencias sobre la reelaboración posterior de la obra.

Para completar el marco de la discusión crítica sobre la autoría hay que aludir al trabajo pionero de S. G. Morley, sobre las características métricas[13] de las obras de Tirso. Aunque Morley no había afinado todavía el método que aplicaría más tarde a Lope de Vega, el trabajo sirve para replantearse las bases argumentales de las atribuciones dudosas. Señala cautamente Morley: «It was originally undertaken with the hope of casting some light upon certain plays of disputed authorship, notably *El condenado por desconfiado*. The results cannot be called conclusive in that aspect, but they furnish an inference of some weight, and besides are not wholly barren of interest in themselves, inasmuch as they serve to illustrate the methods of composition of the dramatists of the *siglo de oro*». Morley establece su corpus a partir de 32 obras, de las que 31 son de autoría indisputada de Tirso, y compara los resultados de ese corpus con otro formado por ocho comedias (entre ellas *La estrella de Sevilla* y *Del rey abajo, ninguno*, ambas de autoría controvertida), y finalmente un grupo de cuatro comedias de atribución variable, en las que, en un momento u otro de la historia literaria, se han propuesto como de Tirso: *El burlador de Sevilla, El condenado por desconfiado, La firmeza en la hermosura, El Rey Don Pedro en Madrid*. Sobre esta última, que Hartzenbusch había editado a nombre del mercedario, Morley es rotundo: «the verse-analysis may add its weight, wich is entirely against Tirso's authorship». En cuanto al *Burlador*, Morley interviene en la polémica apoyando las reticencias de Farinelli y Baist, y aportando además de la cuestión estrófica, un nuevo argumento, que hasta entonces no se había maneja-

---

[12] «Some notes on the Printing of plays in Seventeenth-century Seville», en *The Library,* tomo XI, serie VI, 1989.

[13] S. Griswold Morley, «The Use of Verse-Forms (Strophes) by Tirso de Molina», en *Bulletin Hispanique,* 1910, págs. 397-408.

do: Tirso acostumbra a hacer hablar en dialecto sayagués, tanto a los aldeanos de Castilla como de León, Galicia, Cataluña, Portugal o Andalucía. En el *Burlador* hay dos escenas típicas de aldeanos y en ninguna de ellas se usa el sayagués, habitual en Tirso, que además suele obtener efectos cómicos notables con este uso. Apunta además Morley que falta aquí toda la naturalidad y el ingenio habitual en este autor, e indica cautamente: «The autor of the play must remain dubious unless some piece of definite evidence comes to light» (pág. 406). Es curioso observar que este trabajo de Morley está ausente de forma sistemática de la bibliografía usada por los estudiosos que editan la obra a nombre de Tirso omitiendo los problemas de atribución.

La evolución del texto:
de la escritura a la escena

Conocemos una buena cantidad de obras de Andrés de Claramonte[14], o en las que Andrés de Claramonte es el autor más solvente documentalmente frente a otros en liza, en donde hay siempre dos versiones de la obra. Una corta, en torno a 2700-2900 versos, y una más larga, en torno a 3100-3300, en cuya reelaboración se dan siempre los mismos fenómenos: ampliación de pasajes, retoques en las estrofas de engarce entre los pasajes incorporados, y tendencia a remodelar de acuerdo con las nuevas modas de la métrica post-lopiana: disminución de quintillas y copla real frente al refuerzo de las décimas, y ligero aumento general de los usos del romance[15]. En cualquier caso, el contenido general de la trama y las relaciones de

---

[14] Se puede consultar, a este respecto, la edición de *La infelice Dorotea* hecha por Charles Ganelin para Tamesis Books (Londres, 1988), revisión de una tesis doctoral previa en Purdue University.

[15] La falta de cotejo de variantes y algunos errores de apreciación (confusión de coplas reales con décimas) hacen que el estudio métrico incluido por M. C. Hernández Valcárcel en su edición de *Comedias* de Claramonte (Murcia, Acad. Alfonso X el Sabio, 1983) resulte sólo parcialmente fiable.

episodios no sufren alteraciones, aunque, como era de prever, los personajes centrales disponen de más texto para exponer su realidad dramática. Conocemos, ya en una fecha tan temprana como 1612, en la obra *La católica princesa Leopolda,* la existencia de un largo elogio escrito en romance (una loa en 192 versos, intermedio en extensión entre la loa a Sevilla de TL y la loa a Lisboa de B) en elogio de Valencia, ciudad en donde sabemos que la compañía de Claramonte actuó ese mismo año de 1612. El 19 de junio de 1615 es la última fecha en la que tenemos documentación de que la compañía de Claramonte, una de las 12 autorizadas por decreto del consejo de Castilla, actúa como compañía propia, probablemente representando obras propias. A partir de 1617 y hasta 1625 tenemos constancia de que Claramonte vende obras suyas a muy diversas compañías, entre ellas las de Granados, Heredia, Ortiz y los Valencianos, Tomás Fernández Cabredo, Alonso de Olmedo, y otras de importancia. Dado que las cesiones de derechos de representación de las obras se suelen otorgar por un periodo de cinco años, podemos pensar que hacia 1622 probablemente el autor del *Tan largo me lo fiáis* recupera sus derechos sobre el texto para revendérselo a otra compañía distinta, lo que habría obligado a reajustar el texto en papeles menores y seguramente a ampliar los pasajes de los primeros actores o primeras actrices. Muy probablemente, también, los papeles de los graciosos, hasta el punto de que el Criado del Duque Octavio, que no tiene aún nombre en TL, ya se llama Ripio en B. Sucede también que si en TL el papel principal de dama noble es el de la Duquesa Isabela, el de la pescadora pasa también a adquirir un nombre propio, Tisbea, según B (coincidiendo con la Tisbea de *Deste agua no beberé).* Su papel en escena se amplía también considerablemente, tal vez entre otras cosas, porque la actriz que desempeña ese papel en la última fase del texto es una de las que pasan a la compañía de Roque de Figueroa, cosa que no parece suceder con la actriz que hace de Duquesa Isabela, cuyo texto se ve disminuido y deteriorado en el paso de TL a B. El estudio de los actores y actrices de la compañía de Roque de Figueroa en la loa de Quiñones de Benavente, que editamos aquí, hace vislumbrar algunas hipótesis plausibles respecto al por qué de la desaparición de Don Pedro Tenorio en el Tercer Acto, como el natural y lógico acompañante de la Duquesa Isabela en su viaje marítimo, sustituido en B por un criado Fabio que tan sólo aparece en la breve escena del temporal. En el elenco de la compañía de Roque de Figueroa tenemos a un Luis de Cisneros, que hace «segundos viejos, que andan (...) con las barbas duplicadas» (loa, vv. 67-70). Probablemente Luis de Cisneros, que no era primer barba (papel que parece corresponder a Juan López, como el Comendador), debe de hacer tanto el papel del padre de Don Pedro Tenorio en la primera jornada, como el del Rey Alfonso Onceno más tarde. Eso hace que no se pueda mantener a ese personaje en el tercer acto según el TL original, en donde comparte escena con Octavio y el rey Alfonso. La refundición hace que se suprima el papel de Don Pedro Tenorio como acompañante de la Duquesa en la segunda mitad del tercer acto, para lo cual basta con un figurante, que lleva el nombre de Fabio para la escena del desembarco en las playas (de Tarragona, según B, pero sin geografía concreta en TL), que puede ser cualquiera de los actores de acompañamiento para las escenas marinas o campestres. Son ejemplos claros de cómo una hipótesis de transmisión se ve reforzada por el conocimiento de las peculiaridades de la compañía que sabemos que representa la obra hacia 1629, la de Roque de Figueroa, pero que no responde en estructura al texto que ahora sabemos escrito para otra compañía doce años antes.

Contemplar la hipótesis de la autoría completa de Claramonte, sin necesidad de recurrir para nada a un hipotético texto previo perdido obra de otro autor, ilustra, aplicando la navaja de Occam, sobre la transmisión probable de la obra. Claramonte muere el 19 de septiembre de 1626, sin hacer testamento. Roque de Figueroa adquiere su texto no antes de 1628, fecha en que llega Juan Bezón como gracioso a su compañía, acompañado, sin duda de su esposa Ana María, «la Bezona», que no puede ser primera dama, ya que éste es el papel reservado a Isabel «la Velera». Así pues, entre Ana María, «la hija del lapidario», María Francisca, esposa de Lorenzo Hurtado, segundo galán, y Ana María «la Bezona», se debían repartir los papeles de Arminta, la Duquesa Isabela y tal vez un papel femenino múltiple, la doble Belisa de la playa y de Dos Hermanas. No hay realmente papel para Doña Ana de Ulloa, que es simplemente una voz en una escena perdida del segundo acto. El hecho es que tanto los papeles de la pescadora Tisbea como la aldeana Arminta están bastante bien rescatados desde TL a B, en tanto que el texto correspondiente a la Duquesa Isabela está muy deteriorado. Si Juan Bezón era el actor que hacía el papel de Catalinón, y cuyo texto sin duda conservaba por escrito, probablemente su esposa Ana María debía conservar también por escrito el texto de Arminta, ya que difícilmente podía ser la primera dama. Todas estas hipótesis, reforzadas por el documento García Gómez, avalan la propuesta de Rogers de 1977:

> A company of actors wanting to revive the play after their copies (or their company) had disintegrated (...) As it happens, Roque de Figueroa had in his company an actor called Pedro de Pernía reputed to be capable of rewriting plays in emergencies (...) However the company came by their reconstructed script, the *autor de comedias* would then have altered it further for performance by his troupe. (For instance, Isabela's escort to Seville would have had to become «Fabio» if the parts of Don Diego Tenorio and his brother Don Pedro were being doubled.) Then as now, it is quite likely that actors or actor-managers had as good an understanding of the stage as any playwright. If bits of B are better theatre than the corresponding bits of TL —and the opening scene certainly is— this is simply be because they have been touched up by people with a working knowledge of the theatre (Rogers, 15).

Hay muy poco que añadir a estas lúcidas observaciones de Daniel Rogers. Únicamente, la evidencia de que la supuesta superioridad dramática de la escena inicial de B frente a su homóloga de TL consiste en abreviar 32 versos en 20, lo que supone tan sólo unos segundos en la representación. A cambio, mantener el texto de TL frente a los evidentes errores de B hasta el momento de la aparición del Duque Octavio, aclara una gran cantidad de lagunas de comprensión respecto a las motivaciones teatrales de la conducta de Don Pedro Tenorio y de la Duquesa Isabela, que en B aparecen con textos muy deturpados y lacunares. El análisis minucioso del cotejo real entre el texto de la *princeps* y el de TL, hasta la subescena del desvelamiento matutino del Duque Octavio, parece apuntar a que el único actor que se ha mantenido en el paso de una compañía a otra ha sido el que hace el papel de Don Pedro Tenorio; por ello la escena inicial entre Don Juan e Isabela, y el soneto del Rey de Nápoles se han perdido en la transmisión. Probablemente el actor barba que hace de Don Pedro Tenorio incorpora más tarde el papel de Tenorio el Viejo (que en B pasa a llamarse Don Diego, como el hermano de Juana Tenorio en la obra de Claramonte *Deste agua no beberé*). En la transmisión del episodio de Nápoles los dos papeles más deteriorados son los de Don Juan Tenorio y de la Duquesa Isabela, reconstruidos probablemente por Pedro de Pernía a partir de contenidos escénicos de la obra recordados por los demás actores.

Vamos a desarrollar aquí los puntos argumentales sobre la pérdida de sustancia dramática en el texto BS para el personaje de Isabela. Si nos atenemos al veloz diálogo inicial entre el burlador y su víctima, los 32 versos de TL pasan a 20 en BS, pero con una particularidad. En la escena de TL tiene un total de 22 versos y Don Juan sólo diez. El texto más largo de que dispone Don Juan en esta escena es de dos versos. A cambio Isabela dispone de una réplica de cinco versos y dos de cuatro; es decir, más de la mitad de su intervención es réplica larga, y esto tiene un fundamento dramático claro: exponer el miedo de Isabela por las consecuencias de su conducta y de sus propósitos (temiendo estoy... es crimen digno de muerte... segura con entender que mi marido has de ser). Isabela es consciente de haber cometido un crimen, aunque se equivoca de cómplice. En el texto homólogo de BS, todo esto ha desaparecido. Tenemos, como réplica más larga, una redondilla no muy elegante (rima en sustantivos plurales -ades, -entos) y dos breves réplicas de dos versos. Esta remodelación no parece obra del autor de la obra, sino de mano ajena. Pero si había alguna duda en este primer pasaje, desaparece en el cotejo del fragmento de diálogo entre el Rey, Don Pedro e Isabela. En TL tenemos 40 versos, de los que Isabela tiene cinco réplicas con un total de 25,5 versos, es decir, dos tercios. Queda claro para qué se ha usado esta escena. El pasaje homólogo de BS tiene sólo 30 versos, de los que Isabela ocupa seis. Ha desaparecido la escena central, la falsa confesión de Isabela imputando al Duque Octavio, de 15,5 versos. ¿Por qué? Porque, evidentemente, en el proceso de transmisión ha desaparecido la actriz que conoce ese papel, y la escena se rescata a partir de una invención de la compañía de Figueroa: donde en TL el Rey se limitaba a oír y dictaminar brevemente (cinco réplicas, con un total de ocho versos), el papel se reescribe de cualquier manera en BS, de modo que las cinco réplicas pasan a contener 24 versos. Se pasa de un porcentaje de 1,6 versos por réplica a uno de 4,8 versos por réplica. Y casi con la única coincidencia de las últimas réplicas del diálogo (un verso de Isabela y tres del rey) antes de que Don Pedro vuelva a tomar la palabra. Ha desaparecido también el *aparte* de Isabela, tres versos y medio en donde queda clara la doblez de su carácter. No porque el autor de la obra haya querido suprimirlos, sino porque se han perdido en la transmisión. En estas condiciones la decisión crítica, con vistas a respetar la intención dramática del autor de la obra, tiene que ser la sustitución del pasaje inicial de BS, no ya por sus errores métricos y de rima, sino por el carácter lacunar en cuanto a las motivaciones de los personajes y sus acciones.

A cambio, el pasaje siguiente, entre un criado y Octavio en TL, y entre ese mismo criado, ya con el nombre de Ripio, y el duque, tiene todas las trazas de haber sido una remodelación consciente, calculada y bien transmitida. En TL el pasaje se da en quintillas:

Criado 1

¿Tan de mañana, señor,
te levantas?

Octavio

No hay sosiego
a la inclemencia de Amor,
porque, si es fuego, del fuego
nace el incendio mayor.

Este tipo inicial de quintillas *ababa* se combina luego con el tipo *aabbc*, de manera que se podría asumir que al comienzo y al final hay en realidad coplas reales. En todo caso, se combinan dos tipos de quintillas, lo que da mucho margen para rescatar el texto si se pierde en la transmisión. Sin embargo, en la remodelación B, recogida en el texto BS con bastante fidelidad, el pasaje entero aparece en redondillas, a partir de mantener idénticos los dos primeros versos. ¿Para qué se preocuparía un refundidor ajeno a la obra en modificar el tipo métrico, usando uno más difícil, como la redondilla? Veamos: en TL tenemos un pasaje de 35 versos, con dos intervenciones del criado y dos de Octavio, y bastante equilibrio: 21,5 versos de Octavio, frente a 13,5 del criado. En BS tenemos 52 versos (un 50 por 100 de aumento), y Ripio, ya personaje con nombre propio, asume, en sus siete réplicas, 31 versos, frente a 21 de Octavio. La remodelación se ha hecho para realzar la función de este personaje, reescribiendo la escena. Así pues, el criterio de edición debe priorizar aquí el texto de BS, que parece responder bien a remodelación de mano del propio autor. El cambio de tipo estrófico refuerza esta argumentación. Y esto avala el que en el paso a la compañía de Figueroa desde una anterior (tal vez la de Francisco Hernández Galindo o tal vez la de Pedro Osorio) el actor que hacía de Duque Octavio, tal vez Lorenzo Hurtado, ha mantenido su texto y su papel.

Así pues, hacia 1617 el autor de la obra escribe un texto histórico sobre hechos y personajes que se sitúan a mediados del siglo XIV, texto que conoce distintos avatares de transmisión entre 1617 y 1630-1635, en sus dos versiones, la inicial y la remodelada. Pensar, como se ha venido sosteniendo, que el autor de la obra tiene in mente la creación de un mito futuro, es, como poco, imprudente y apresurado. En principio, lo que tenemos con *Tan largo me lo fiáis* es una comedia histórica con tipos y personajes habituales en los escenarios castellanos, y con una trama que combina el conocimiento de algunas obras de Lope de Vega, representadas entre 1604 *(La fuerza lastimosa)*[16]

---

[16] Puede consultarse en la edición de Hartzenbusch hecha para la BAE y reeditada en el siglo XX por Editorial Atlas, o más recientemente en las ediciones de la Biblioteca Castro.

y las dos de *El príncipe perfecto*[17] (1614 y 1615) y de la versión de *La Serrana de la Vera* hecha por L. Vélez de Guevara[18] para la gran actriz Jusepa Vaca en 1613. Los elementos dramáticos que sirven para urdir la obra proceden del teatro de Lope y Vélez, pero son integrados en una dramaturgia propia, que coincide con la de Andrés de Claramonte, el cual, en ese mismo año de 1617, escribe otra obra sobre la familia Tenorio, aunque ambientada no ya al final del reinado de Alfonso Onceno[19], sino al final del de Pedro I, el día antes de la lucha entre Pedro y Enrique en los campos de Montiel. Para la documentación sobre estas familias, Claramonte estaba bien situado, ya que él mismo dedica en 1613 su *Letanía Moral* a Don Fernando de Ulloa, Veinticuatro de Sevilla «de quien recibí mil mercedes». En cuanto a los Tenorio, son familia principal en el reinado de Alfonso Onceno, de modo que la segunda lista de Caballeros de la Banda[20], de 1348, nos informa sobre cuatro Tenorios: Garci Jofré Tenorio, Alfonso Tenorio, Juan Tenorio y Men Rodríguez Tenorio. Garci Jofré es hijo del Almirante Alfonso Jufre Tenorio, que había muerto el 8 de abril de 1340 en el sitio de Tarifa frente a las tropas de los benimerines. Ocho años después, su familia, como se ve, mantiene una posición preeminente en el reino, en un año clave, en el que se dicta el Ordenamiento de Alcalá. Un año después subía al trono el hijo legítimo del monarca, Don Pedro I, sobre cuya conducta donjuanesca y la de sus amigos de la familia Tenorio escribe Andrés de Claramonte *Deste agua no beberé*, estrenada el mismo año de 1617 que *Tan largo me lo fiáis*. Las dos obras son de carácter histórico y las dos se basan en su construcción en un dicho popular: «¡Tan largo me lo fiáis!, ¡Deste agua no beberé!». Ambas presentan una identidad de léxico, personajes, métrica y estructura que suelen

---

[17] En Lope de Vega, *Obras Escogidas. III*, Madrid, Aguilar, 1974, págs. 1109-1176.
[18] Hay una buena edición, a cargo de Enrique Rodríguez Cepeda, en Ediciones Cátedra, Madrid.
[19] La Gran Crónica de Alfonso XI está recogida en el primer volumen de las *Crónicas de los Reyes de Castilla*, Madrid, BAE, ed. Cayetano Rosell, reeditada por Ed. Atlas en el siglo XX.
[20] Se puede consultar fácilmente en Internet: Caballeros de la Banda 1348.

ser consideradas como prueba evidente de autoría. La hipótesis de la autoría de Tirso de Molina, en estas condiciones, y dada la fecha de 1617 para la redacción de la obra original, es un elemento que estaba ya en contra de los elementos teóricos que conocemos, tanto del teatro de Tirso como del de Claramonte, pero que, ahora, a la luz de la nueva documentación, no tiene sentido seguir manteniendo como hipótesis prioritaria. Los problemas de transmisión textual tienen que ver con los avatares de los textos dramáticos desde que salen de la mente creadora de su autor hasta que, tras pasar varios años por los escenarios, y conocer tal vez distintos títulos *(El alcalde de Zalamea/El garrote más bien dado; El Rey Don Pedro en Madrid/El infanzón de Illescas; La Ninfa del Cielo/Las obligaciones de honor/La Condesa Bandolera,* etc.) acaban siendo editados por impresores más o menos escrupulosos que no siempre respetan los manuscritos que las compañías les facilitan, ni los nombres de los autores de las obras, si tales nombres no van a garantizar una venta masiva, como sí lo hacían Tirso de Molina o Lope de Vega a fines del decenio 1620-1630, o Pedro Calderón a mediados del siguiente decenio.

¿Qué pasa entonces en esos procesos de transmisión textual, que obligadamente pasan por la prueba de fuego de las tablas?

Está claro que en la obra el papel de primer barba, en la remodelación (fase B) es el de Don Gonzalo de Ulloa, que aparece como Comendador en el primer acto, como padre que se enfrenta a Don Juan en el segundo, y como formidable Estatua de Piedra, y único antagonista de Don Juan, en el tercero. Su papel se ve realzado en la remodelación TL > B por dos razones, una interna y otra de transmisión. Si TL representa la fase inicial, y Don Juan Tenorio dispone de un parlamento de 256 versos de elogio a Sevilla, la sustitución de ese elogio del segundo acto, por el parlamento de elogio a Lisboa en el primer acto, implica un aumento de importancia en el papel en sí, en cuanto a presencia escénica, y en un componente de ese papel: la función de Embajador. Ni los reyes de Nápoles y Castilla, ni los Tenorio (Don Juan el Viejo y Don Pedro) resisten la comparación con el Comendador, indiscutiblemente primer *barba,* pese a su reducida intervención del segundo acto. La otra explicación interna es que situar un parlamento descriptivo de 256 versos en medio de la acción del segundo acto resulta antiescénico. Por otra parte, en pura lógica, si se determina hacer un elogio a Lisboa por razones prácticas, el único personaje a quien se puede encomendar esto es, lógicamente, al Embajador. Andrés de Claramonte, en plena guerra entre católicos y luteranos por el Reino de Bohemia, no duda en hacer un elogio de Valencia de una extensión similar, a cargo de un personaje llamado Fray Andrés, de origen valenciano, mientras el Emperador Matías y la princesa Leopolda pasan toda suerte de avatares bélicos.

Hemos dicho que el personaje de Gonzalo de Ulloa requiere a un actor específicamente consagrado a este papel, que no puede ser doblado, al menos en la versión TL. A cambio, los otros cuatro papeles de *barbas,* dos reyes y dos Tenorios viejos, deben de ser asumidos lógicamente por dos actores, pero no por cuatro. Sustituir a Don Pedro por Fabio en el tercer acto y dejar libre a este actor para asumir el papel de Tenorio el Viejo, o bien hacer que él mismo asuma el de Gonzalo de Ulloa en la nueva remodelación, son dos posibilidades compatibles con los cambios de estructura de la obra. En TL, después de acompañar hasta Sevilla a Isabela, es don Pedro Tenorio el que está en presencia del Rey ante la llegada del Duque Octavio, y es con él con quien Octavio tiene un enfrentamiento ante el Rey. En la remodelación B, es el padre de Don Juan Tenorio, y no su tío, el que está presente en esa escena. En el original del TL esos papeles los desempeñaban actores distintos, porque en la escena inmediatamente posterior, la entrevista en la fortaleza de Triana con el Marqués de la Mota, es el padre de don Juan quien la lleva a cabo. Esta escena ha desaparecido del texto de B, y sin embargo, escénicamente, está exigida por el texto de la obra. Esto parece apuntar al hecho de que hay un primer momento de remodelación que implica adaptar los papeles secundarios a un nuevo elenco, y posteriormente, hay dos actores, el que hace del Marqués de la Mota y el que hace de Tenorio Viejo, que no han acompañado a los miembros de la compañía a su destino en la de Roque de Figueroa. Sin duda, como ha apuntado

Ruano de la Haza[21], el actor que hace el papel de Catalinón es el eslabón necesario en este proceso, probablemente porque tal vez tenía el texto escrito, y si era Juan Bezón, tenía seguramente también el texto del papel que representaba su esposa Ana María. Esto quiere decir que, si no han permanecido en la transmisión los actores que representan a Don Juan ni al Marqués de la Mota, sus textos están siendo rescatados a partir de la presencia escénica de Catalinón en esos episodios. Y esto es coherente también con el hecho de que el actor que hace de Pedro Tenorio en el primer episodio, recuerde aproximadamente las escenas de Nápoles pero no la nueva escena del tercer acto, en que su papel en la escena con el Rey y Octavio ya ha sido sustituido por el de su hermano Tenorio el Viejo, llámese o no Don Diego. En esta remodelación, el actor que hace de Pedro Tenorio queda perfectamente habilitado a partir de la escena de la pescadora en la playa para incorporarse a otro papel de barba, tanto el de Rey de Castilla como el de Tenorio el Viejo, pero no ambos papeles al mismo tiempo. La obra se lleva a cabo, como hemos señalado en nuestra anterior edición, con tres barbas, lo habitual en los elencos de las compañías. Lo que no quiere decir que en el paso de unas compañías a otras un mismo actor mantuviera exactamente los mismos papeles. Es necesario, sin duda, que el *barba* que hace el papel de Don Gonzalo haya acompañado al que hace de Catalinón, porque si no, no se habría podido transmitir la loa a Lisboa; pero es casi seguro que el *barba* que hace los papeles de rey no le ha acompañado, y eso explica la desaparición de textos como el soneto del Rey de Nápoles (que la compañía de Roque de Figueroa no puede reconstruir) y la sorprendente diferencia entre el texto del Rey de Castilla en TL y su homólogo en B: en TL Don Alfonso XI se expresa en impecables octavas reales, con un total de 9 réplicas y unos 27 versos. En B, las octavas reales se sustituyen por endecasílabos sueltos, y, una vez terminada la loa a Lisboa, por un fragmento en romance. En total, seis réplicas, con

---

[21] J. M. Ruano de la Haza, «La relación textual entre *El burlador de Sevilla* y *Tan largo me lo fiáis*», en *Tirso de Molina: del Siglo de Oro al Siglo XX*, Madrid, Revista Estudios, 1995, págs. 283-295.

sólo nueve versos, uno de ellos con error métrico. Lo curioso es que la réplica inicial del rey, de verso y medio, coincide exactamente, y el comienzo de la primera réplica de Don Gonzalo, también. Coinciden, pues, los dos versos y medio iniciales de ambas versiones, y cambian a partir de ahí, cuando hay que poner en funcionamiento el sistema de rimas de la octava real. Esto concuerda muy bien con la hipótesis de que el *barba* que hace el papel de Don Gonzalo recuerda la réplica inicial de la escena, pero sólo aproximadamente las demás réplicas. Hay un punto que refuerza la intervención de la compañía de Roque de Figueroa para «remediar» este problema. El pasaje posterior a la loa, que no tiene homólogo en TL, consta de veinte versos en romance, con cuatro réplicas del Rey y tres de Don Gonzalo. Pese a la sencillez de la estructura, hay un detalle que apunta a elaboración de compañía (por lo tanto, de mano ajena al autor): en la primera réplica el Rey se dirige a su interlocutor como «Don Gonzalo» y en la última como «Gonzalo», a secas. La inclusión por segunda vez del nombre del interlocutor con distinto tratamiento tiene un sabor muy claro a «ripio» y a reconstrucción de taller. En este interesante pasaje resulta compatible la idea de remodelación desde TL para introducir la loa, con la hipótesis de los avatares de la transmisión. O bien al remodelar se sustituyó la octava real por el endecasílabo suelto, o bien este pasaje previo a la loa seguía estando en octavas reales, pero, al no disponer la compañía de Figueroa del texto de Alfonso XI, no les fue posible reconstruir la secuencia en octavas reales, y sólo pudieron hacer una reconstrucción en endecasílabos sueltos, sustituyendo réplicas como «¿Es buen lugar Lisboa?», de TL, por «¿Es buena tierra Lisboa?», de B, o «Para los mares de la ardiente Goa» (TL) por «Para Goa me dijo, mas yo entiendo» (B). Este análisis refuerza la propuesta, que data ya de Arturo Farinelli, recogida luego por Rogers, de que la obra se reconstruyó a partir de *varios* miembros de una compañía que pasan a otra. Más fácil es demostrar que en el paso de B a BS (texto Figueroa reconstruido) no se han podido transmitir directamente los papeles de Don Juan y de la Duquesa Isabela, métricamente impecables en TL y muy deteriorados en todo el episodio de Nápoles en BS. Otro punto clave concierne al pasaje del comienzo del segundo acto en donde tenemos en escena a dos *barbas,* el Tenorio padre y el rey Alfonso, hasta la llegada del Duque Octavio. De nuevo volvemos a encontrar la discrepancia métrica entre las octavas reales de TL y el pasaje homólogo de BS, que está en endecasílabos sueltos justo hasta la llegada del Duque Octavio, en que pasa a octavas reales. De acuerdo con la hipótesis que hemos trazado, la coincidencia de octavas reales en ambas variantes se explica porque, con la llegada del Duque Octavio, tenemos dos personajes, el segundo galán y el *barba* Tenorio, que disponen de su texto, y el *barba* Rey, cuyo texto falta. Vale la pena detallar esto porque la hipótesis implica que el actor que representa al Duque Octavio ha intervenido también en este trasvase, como lo refuerza el análisis del episodio de Nápoles, que se puede mantener según BS a partir de la aparición en escena de Octavio.

El otro pasaje que requiere interés crítico es el episodio de la tormenta que desvía el barco de Isabela de modo que lleva a su encuentro con la pescadora, y al necesario reconocimiento por parte de ambas del carácter de Don Juan Tenorio. Vamos a dejar de lado la dificultad de comprensión de los distintos pasajes de BS, y centrarnos en la diferencia de composición antes y después de que esté en escena la pescadora, llámese Trisbea, como en TL, o Tisbea, como en BS. Sabiendo que TL es el texto original, y que BS puede presentar una o dos remodelaciones diferentes, resulta de primera importancia ecdótica determinar algún criterio que permita dilucidar si los cambios de TL a BS proceden de remodelación del propio autor o de refundición de mano ajena de la compañía de Roque de Figueroa. Aparentemente los pasajes son de una extensión similar: en TL un diálogo entre Don Pedro e Isabela en siete sextina-liras (42 versos), un monólogo de una sextina a cargo de Isabela, y un diálogo inmediato entre Isabela y la Pescadora de diez sextina-liras (60 versos). En total, dos diálogos y un monólogo, con la continuidad escénica de Isabela, de un total de 108 versos. ¿Qué sucede con el fragmento homólogo de BS? En primer lugar es un fragmento muy deteriorado en la transmisión, con errores de métrica y de rima. Básicamente lo podemos considerar como un pasaje con diálogo entre Fabio, que sustituye a Don

Pedro, e Isabela, con un total de siete sextina-liras (42 versos), seguido de un pasaje de 11 sextina-liras, con un total de 66 versos. En total, 18 sextina-liras y 108 versos (2089-2196 en la edición de H. Brioso). Se podría hablar de cierta identidad cuantitativa coherente. Sin embargo, el análisis detallado del fragmento apunta a otra hipótesis, a partir de la seguridad actual de que TL representa el original, y de que BS incluye dos tipos distintos de modificaciones textuales.

La escena de diálogo entre Don Pedro e Isabela en TL descansa básicamente sobre el embajador de Nápoles, que en sus tres réplicas asume un total de 33 versos, frente a 9 de Isabela. Las dos réplicas iniciales de Don Pedro no tienen nada que ver con el texto de Fabio en BS. Don Pedro evoca la tristeza, la pena y el llanto de Isabela, y a cambio propone la próxima boda con Don Juan Tenorio. El campo semántico {tristeza, despojos, tormento, pena, desdenes, llanto, agravio} se resume y concentra en el discurso de Fabio en un endecasílabo aislado «y en campos de desdenes causa enojos», que Héctor Brioso señala en nota como «verso de corte claramente gongorino», apreciación que comparto y que alude a una característica de estilo de Claramonte, que admiraba sobremanera al poeta cordobés. De hecho, si uno compara la estrofa inicial de la intervención de Fabio con la homóloga de Don Pedro, es difícil no pensar en una misma mano:

TL

¿De qué sirve, Isabela,
la tristeza en el alma y en los ojos,
si Amor todo es cautela,
y siempre da tristezas por despojos,
y sus mayores bienes
son tormento, temor, pena y desdenes?

BS

¿De qué sirve, Isabela,
el amor en el alma y en los ojos,
si Amor todo es cautela,
y en campos de desdenes causa enojos,

>   si el que se ríe agora
>   en breve espacio desventuras llora?

El verso inicial y el tercero son idénticos y en el segundo se varía «tristeza» en «amor»; el cuarto modifica la rima (despojos > enojos), y probablemente el último transforma un verso quevedesco, enumerativo, en uno gongorino con hipérbaton. Sin embargo, a partir de ahí el discurso de Fabio en BS tiene poco que ver con el de Don Pedro en TL. Fabio, en versos a veces métricamente erróneos, alude a una situación banal. Pero lo sorprendente del cambio es que en BS aparece como estrofa inicial de todo el pasaje, por lo tanto, como comienzo del diálogo Isabela-Fabio, lo que en TL era el monólogo de Isabela antes de la aparición de Tisbea.

TL/BS

> ¡Qué me robase el sueño
> la prenda que estimaba y más quería!
> ¡Oh riguroso empeño
> de la verdad, oh máscara del día!
> ¡Noche al fin tenebrosa,
> antípoda del Sol, del Sueño esposa!

En TL dice *sueño* y en BS, *dueño,* variantes que han sido asumidas distintamente según las hipótesis sobre la prioridad. En todo caso, este parlamento de Isabela en un pasaje de transición entre dos diálogos pasa de pronto a iniciar todo el pasaje de diálogo con un personaje del que no sabemos nada y que no vuelve a reaparecer. Si asumimos que la actriz que representa a Tisbea sí dispone de su papel, y que, de acuerdo con cómo el papel ha sido remodelado (el parlamento inicial del primer acto pasa de 56 versos a 132), podemos asumir como probable que la última réplica de Isabela, que da pie a la entrada de Tisbea en escena, ha sido memorizada por esta actriz, pero que el contenido general del diálogo previo entre Isabela y su interlocutor, sea quien sea, se está reconstruyendo de forma aproximada, aunque no queda más remedio que atenerse a la estrofa inicial rescatada del final y recolocada al principio en el nuevo texto. De la última réplica de Don Pedro en TL (previa a ese monólogo de Isabela) compuesta por doce versos, nos reencontramos con el verso inicial, el tercero y el verso final, pero en vez de dos sextillas tenemos sólo una, que sustituye a la que antes decía Isabela.

TL. Don Pedro

Allí una pescadora
está sobre un peñasco al mar mirando,
y dulcemente llora,
y al cristalino cielo quejas dando
pidiendo está venganza,
perdida de algún bien ya la esperanza.
   Quiero llegar por ella,
para que aquí te haga compañía;
dirásle tu querella,
y mientras yo, con el sereno día
desembarco la gente,
lamentaréis las dos más dulcemente.

BS. Fabio

Allí una pescadora
tiernamente suspira y se lamenta,
y dulcemente llora.
Acá viene, sin duda y verte intenta.
Mientras llamo tu gente
lamentaréis las dos más dulcemente.

Es muy difícil determinar si este fragmento corresponde a una intención del autor original por reducir y concentrar el texto, reorganizando dos estrofas en una sola, o bien, se trata de una refundición de mano ajena. Sin duda el motivo de pedir venganza a los cielos es coherente con la obra y no se entiende por qué habría sido suprimido por el autor original al pasar de Don Pedro a Fabio, pero el argumento principal por el que hemos decidido editar el pasaje según TL es ese cambio de posición y de lógica escénica de la sextilla-lira de la Duquesa, además de las torpezas del resto del texto de Fabio. A partir de la entrada de Tisbea mantenemos el texto de BS como texto probable de B, asumiendo una transmisión básicamente correcta, de forma similar a como hemos hecho con los pasajes en donde está el Duque Octavio. Se debe hacer constar que una réplica de Don Pedro de TL que ha desaparecido por completo de BS («Muy presto entre sus brazos, / como el olmo y la hiedra vividora, / os daréis tiernos lazos») corresponde a un estilema clásico de Andrés de Claramonte, que reaparece en varias de sus obras, lo que apunta al hecho de que esa parte del pasaje es obra de la compañía de Roque de Figueroa.

Esto nos introduce en otro punto polémico sobre las variantes de las dos versiones; ¿cómo se llamaba el padre de Don Juan? En TL aparece como Tenorio el Viejo, mientras que en *Deste agua no beberé* tenemos a un Diego Tenorio, hermano de Juana Tenorio. El mismo nombre que recibe en BS el padre de Don Juan. El texto de TL repite el nombre de Don Juan para el padre en la acotación inicial de la segunda jornada y más tarde en el episodio de Dos Hermanas:

BATRICIO

¿Quién viene?

PAST.

Don Juan Tenorio.

GAZENO

¿El Viejo?

PAST.

No esse Don Juan,
sino su hijo el galán.

En BS el texto está modificado y los interlocutores de Gaseno son ahora Catalinón y Belisa:

GASENO

¿Quién viene?

CATALINÓN

Don Juan Tenorio.

GASENO

¿El Viejo?

CATALINÓN

No es ese don Juan.

BELISA

Será su hijo galán.

Como es habitual en BS hay un error métrico, al modificar «no ese» en «no es ese», lo que produce un eneasílabo; pero en este caso no afecta a la situación. Gaseno o Gazeno, según la grafía (idénticos en pronunciación seseante, como sabemos que es la del autor de la obra, que rima con seseo en un pasaje conjunto en TL y BS), tiene claro que el Camarero Mayor de Alfonso Onceno se llama Juan Tenorio. ¿Por qué razón se cambia este nombre en el de Diego Tenorio, que no aparece mencionado luego en el texto? La explicación más probable es que en el TL original, el actor que hacía el papel de Pedro Tenorio pasaba luego a hacer el de Juan Tenorio el Viejo. En el *dramatis personae* de TL ni siquiera viene marcado el personaje del padre de Don Juan, probablemente porque, de acuerdo con la representación, no hacía falta un segundo *barba,* diferente del actor que ya hacía Don Pedro Tenorio. En la representación reciente (2004) del Centro Dramático Nacional, según el texto adaptado por José Hierro, un mismo actor asume ambos papeles.

Pero, ¿por qué se produce el cambio de nombre de Juan en Diego? Creo que esto tiene que ver con la sustitución de papel de Pedro Tenorio en el tercer acto, primero por Fabio en la escena del desembarco, y después por el padre de Don Juan en la escena ante el Rey. Si evitamos que Pedro Tenorio aparezca en el tercer acto, el actor que hace ese papel puede escoger entre reemplearse en los dos actos restantes como el Tenorio Viejo o como Gonzalo de Ulloa. El papel de Gonzalo de Ulloa es el de primer *barba*. El actor que empieza la obra como Don Pedro Tenorio, embajador en Nápoles, dispone de tiempo de escena (más de 300 versos) para caracterizarse como Embajador del Rey en Lisboa. Sin duda la caracterización para una función homóloga debía de ser muy sencilla: añadir barba y tal vez perilla, y quitar o poner mostachos, variando la banda cruzada y la capa, añadiendo, seguramente, la Cruz de Calatrava para el atuendo de Gonzalo de Ulloa. En la estructura de B el primer *barba* hace los dos Embajadores y el segundo *barba* los dos reyes, mientras el tercero es un actor que sólo puede hacer el papel de Tenorio el Viejo, pero que, al no estar utilizado en el primer acto, podría perfectamente cubrir también el papel del «viejo padre» de la pescadora. Se supone que Gazeno también es papel de *barba,* en este caso, rústico. El problema no es tanto adecuar el elenco de la compañía al cambio de la representación, sino más bien asumir cuál es el mínimo de actores que permiten rescatar el texto a partir de su intervención en distintos papeles, una vez modificado el original TL en la remodelación B. La mejor hipótesis es la que hace que el primer barba asuma el papel de Pedro Tenorio en el episodio de Nápoles, y luego ya directamente el de Gonzalo de Ulloa hasta el final. Esto presupone que el cambio procede de B, es decir de la compañía anterior a Roque de Figueroa, y que por lo tanto, esa remodelación es obra de Claramonte antes de 1626. Este cambio no aporta una gran innovación escénica, en cuanto a la estructura de la obra, pero explica la posibilidad del rescate del episodio de Nápoles a partir de dos actores, primer barba y segundo galán, y explica las dificultades de transmisión del texto del Tenorio Viejo de TL a BS. Explica también la peculiar factura técnica de la escena en donde están el Rey Alfonso y Tenorio el Viejo, y el cambio que se produce al entrar Octavio, que sí se sabe su papel y reconstruye con cierta solvencia el de su interlocutor. La prueba documental sería el rastreo de Lorenzo Hurtado de la Cámara y de

Luis de Cisneros antes de entrar en la compañía de Roque de Figueroa.

En cuanto a los papeles femeninos, Ana de Ulloa no existe en escena. Es simplemente una voz que se oye dentro de escena en el segundo acto, y ni siquiera aparece en la escena final, donde tan sólo es mencionada por el Marqués de la Mota («yo con mi prima»), frente a la presencia escénica de Isabela, Tisbea y Arminta. Habrá que esperar a la obra de Alonso de Córdova y Maldonado, *La venganza en el sepulcro,* escrita ya según los cánones calderonianos de mediados de siglo, para ver cómo este personaje adquiere consistencia escénica. Ha habido que esperar a la edición de Patrizia Campana (Bolonia, Atesa, 1989) con prólogo de Piero Menarini, para ver desarrollado el conflicto básico entre Don Juan y el Comendador a través de Doña Ana de Ulloa, en un interesante precedente del tratamiento que Pushkin le da a su *Convidado de piedra.* Lo cierto es que el creador del *Tan largo* está más interesado en mostrar el catálogo de mujeres engañadas, que en detenerse en la relación entre el hecho escénico de la muerte del Comendador y la entidad dramática de su hija.

La Duquesa Isabela, que es la segunda Dama, tiene papel en dos actos, pero el cotejo entre TL y BS muestra que este papel se ha deteriorado en la transmisión, tanto en el texto como en la realidad escénica. El estudio que hemos llevado a cabo para esta edición permite rescatar debidamente al personaje, ya perfilado en TL y tan sólo levemente modificado en B. Su deterioro corresponde a la transmisión de B a BS, es decir, es obra de la compañía de Roque de Figueroa, y no del autor de la obra.

Arminta, la tercera Dama, mantiene una concordancia muy notable entre ambas versiones. En realidad se trata de una Dama rústica, a diferencia de la Duquesa Isabela, que es Dama noble. En realidad, la escena de bodas del segundo acto, donde empieza su intervención, es escena coral, y Arminta dispone de menos versos que Batricio o Gazeno. En torno a una docena en ambas versiones. El único pasaje de importancia es el que nos la muestra confiando sus temores a Belisa, antes de la llegada de Don Juan, y luego frente al burlador. La escena entre Arminta y Belisa consta en TL de seis réplicas, tres para cada personaje, y Arminta tiene un pasaje de 16 versos, una réplica de uno y una despedida de tres. Hay una ligera variación en el pasaje largo, que de 16 pasa a 14 versos. Las leves variaciones «en la casa/en el cuarto», en el discurso de Belisa, permiten asumir que el parlamento de Arminta puede corresponder a otra ligera variación del autor. La concordancia de perfil entre ambos pasajes apunta a que la actriz que hace de Arminta es una de las que han pasado de la compañía anterior a la de Roque de Figueroa, y que gracias a ella se ha rescatado el pasaje de diálogo entre ella y Don Juan, una vez que Catalinón hace mutis. ¿Qué diferencia hay entre las dos versiones de este pasaje? En TL tenemos 112 versos en romance, divididos en 41 réplicas; sin embargo, la movilidad interna es muy alta ya que tenemos desde un brillante pasaje en *entilabé* (secuencia de versos partidos por réplicas de ambos personajes) hasta el parlamento largo narrativo de Don Juan (32 versos) o tres réplicas de Arminta de entre cuatro y seis versos. En conjunto en TL, Don Juan dispone de 82 versos, frente a 30 de Arminta. El pasaje homólogo de BS es prácticamente idéntico (118 versos) y con la misma estructura. Un par de versos añadidos en el texto BS pueden interpretarse como una simple omisión del impresor de TL. Esto confirma que la actriz que hace de Arminta debía disponer del texto escrito de la escena entera.

El papel de primera Dama es el de la Pescadora Trisbea, según TL o Tisbea según BS. Es un personaje con bastante cambio, que podemos resumir en una ampliación de papel para lucimiento de la primera actriz. En el primer acto dispone de un monólogo de 62 versos en TL, que se amplía a 142 en BS. El diálogo posterior es de 18 réplicas en TL, y también 18 en BS, pero mientras en TL hacían un total de 52 versos, en BS pasan a ser 65, con lo que pasamos de una media de 2,9 versos por réplica a una de 3,6. Hay dos pasajes largos de 12 y 17 versos que se amplían a 24 y 25,5, y finalmente la tirada final del acto se amplía de 38 a 48 versos. En conjunto, sólo en esta primera jornada, su papel pasa de unos 170 versos a 258. Es decir, aumenta en un 50 por 100 del texto original. Luego Tisbea desaparece en el segundo acto y reaparece como motor del desenlace en medio del tercer acto cuando se encuentra a la errante Duquesa Isabela. Técnicamente el personaje dispone de romancillo heptasílabo, redondillas, romance a-a, sextina alirada y de nuevo romance (esta vez a-e) en la escena final de la obra. Un buen repertorio para una actriz de carácter.

Queda por determinar si los nombres de estas dos damas son Arminta y Trisbea, como en TL, o Aminta y Tisbea, como en BS. Ya ha habido argumentación suficiente sobre Arminta, nombre femenino habitualmente, frente a Aminta, masculino variante de Amintas, popularizado por Torquato Tasso en la traducción de Jáuregui. Es más difícil dilucidar lo de Trisbea/Tisbea, porque, así como la Belisa que aparece duplicada en la obra, como ayudante de Arminta y como pescadora, es un conocido anagrama de Isabel, parece que Trisbea puede tomarse como anagrama de Beatriz, coincidiendo con el nombre de Beatriz de Castro y Virués, esposa de Andrés de Claramonte y actriz ella misma. El texto de la segunda jornada añade picante al apuntar, sobre el «perro muerto» que ha de dar Don Juan: «decid "Beatrís" y entrad». Y para terminar los datos, Tisbea es la criada de Doña Mencía de Acuña en *Deste agua no beberé,* la inevitable obra de Claramonte. Hemos preferido asumir Tisbea, como adaptación clásica de Tisbe, dado un segundo apoyo de otra obra de Claramonte, anterior métricamente a estas dos: *El secreto en la mujer,* que tiene a un criado Tisbeo como personaje cómico asociado a la heroína Clavela.

En cuanto a los papeles masculinos, el Marqués de la Mota, tercer galán, es un personaje importante en el segundo acto, con cuatro escenas bien definidas: a) el encuentro con Don Juan y Catalinón; b) el reencuentro con ambos, en la escena de los músicos; c) el breve monólogo anterior a su prisión, y d) la escena del prendimiento.

En su primera escena, que comienza con «Todo hoy os ando buscando», tiene como interlocutores a Catalinón y a don Juan, y la escena, de cien versos en redondillas, le da al Marqués un total de 48 versos. Como todos esos versos son de réplicas cruzadas con Don Juan y Catalinón, y el esquema es de redondillas, el texto se ha rescatado casi íntegro en el proceso de transmisión, al estar presente Catalinón en toda la escena. Falta un verso que completa la redondilla («por un río de sudores»), que no está en BS y ha de ser rescatado de TL. Resulta sintomático que el verso esté en un pasaje en que la redondilla pertenece en su integridad al texto del Marqués, y no pueda completarse con réplica de Catalinón. En el reencuentro, en la escena con los músicos, vuelve a haber problemas en el pasaje en que, salvo la breve réplica («¿Dónde viven?»), los ocho versos son dos redondillas del Marqués: hay siete variantes, errores de rima, versos mal medidos y defectos métricos. Para completar, al desaparecer Catalinón de escena, el texto de BS corta una secuencia de trece versos entre el Marqués y los Músicos, dejando evidencia del corte en las redondillas truncadas. En la escena del monólogo, ya en romance, no disponemos de la rima para detectar errores. Sin embargo, el cotejo es concluyente: en TL el Marqués dice trece versos, todos impecables en construcción y en rima. En BS, ocho de los trece versos varían y el texto es discutible. Lo mismo podemos decir de la escena del prendimiento, que en TL llevan a cabo el Duque Octavio, Tenorio el Viejo y criados, mientras en BS está a cargo sólo de Diego Tenorio. Más tarde hará su aparición el Rey. Pues bien, *antes* de la aparición del rey (réplica «Señor, aquí está el Marqués»), TL tiene nueve versos, y BS, trece. El Marqués tiene, en esta segunda versión, dos réplicas nuevas, y la que se mantiene común, pero tan sólo mantiene íntegro el medio verso inicial. La otra parte de la composición del Marqués de la Mota en lo que atañe al tercer acto afecta a la transmisión textual, y puede ser resuelto deductivamente a partir de la evidencia de la prioridad de TL. En *Tan largo* hay un pasaje, coherente con las indicaciones del Rey y con el desenlace de la obra, en el que vemos al Marqués, Tenorio el Viejo, y guardias en la prisión de Triana. En TL el pasaje, ya avanzado el tercer acto, aparece con omisiones, detectables por los cortes en las décimas. Sin embargo, en BS este pasaje no aparece, pese a que se mantiene en la escena anterior la orden del Rey de que el padre de Don Juan vaya a liberar de sus prisiones al Marqués. Obviamente, ninguno de los actores que representan a Tenorio el Viejo y al Marqués se mantiene en el proceso de transmisión, con lo que nadie tiene capacidad para recuperar un fragmento que, además está escrito en décimas.

El Duque Octavio, que tiene papel a lo largo de toda la obra, es el auténtico antagonista de Don Juan. Él es el primer burlado, él acepta el trato capcioso propuesto por Don Pedro Tenorio, encuentra en Sevilla a Don Juan (inocente Sagitario de Isabela, aunque, en opinión de Catalinón, mejor Capricornio), va a protestar ante el Rey y se enemista con Don Pedro Tenorio en TL o con Don Diego, según BS, y finalmente encuentra a Arminta en las calles sevillanas. A partir de ahí, urde su venganza y colabora en una reivindicación que, de todos modos ya no tiene objeto, pues es la Estatua de Piedra la que ha asumido su función. Pero, escénicamente, es el antagonista de Don Juan, el único que aparece en los tres actos de la obra, y el único que repite su itinerario básico, de Nápoles a Sevilla. A diferencia de las variantes españolas, en donde el antagonista de Don Juan pasa a ser un rufián sevillano de la misma calaña que el burlador: Alonso de Córdova mantiene al Marqués de la Mota; Antonio de Zamora crea a un interesante Luis Fresneda, como tercer galán, y Zorrilla lo modifica en Luis Mejía; el Duque Octavio, sin apellido concreto en TL y B, se reencarna en Filiberto Gonzaga según Zamora y volverá a recuperar su nombre como Don Ottavio en el libreto de Lorenzo da Ponte para la música de Mozart[22]. La historia del mito va a hacer coincidir por un lado ese papel de noble italiano, y por el otro va a transformar a la Duquesa Isabela en Donna Anna de Ulloa, inexistente como papel en la obra original que genera el mito.

La diferencia de análisis entre los papeles de Octavio y el Marqués de la Mota (que corresponde en la realidad a un título que en el siglo XVII tenía la Casa de Ulloa) muestra cuál es el problema de esta transmisión textual y cuál es el problema de construcción de esta comedia dramática de carácter histórico. Una vez que en los escenarios españoles e italianos la obra triunfa, como un ejemplo de mezcla de géneros (comedia de tramoya o efectos especiales con la estatua, comedia de capa y espada histórica en el siglo XIV, comedia de sátira de costumbres con crítica a los despendolados hijos de los nobles de la época del Duque de Lerma, y comedia de espacios mixtos pa-

---

[22] Hay edición bilingüe del libreto de Da Ponte: W. A. Mozart, *Don Juan,* ed. Jacobo Cortines, Madrid/Sevilla, Cátedra/Expo92, 1992.

latinos, campesinos y ribereños) hay dos vías de transmisión y dos momentos de remodelación textual. Y a cada uno de ellos le corresponde su avatar: la trapacería de los impresores y editores en una época de dificultades para la venta de comedias, lo que acaba dándonos dos autores distintos, Tirso y Calderón, ambos igual de improbables, y dos formas de transmisión diferentes y tardías: cortes editoriales en una suelta fraudulenta de 1634-1635 a cargo de Simón Faxardo, y recomposición textual imperfecta con atribución a Fray Gabriel Téllez, que, como es natural, nunca reclamó tal paternidad en los casi veinte años que median desde la fecha del estreno en Córdoba hasta la publicación de la *Quinta Parte* de Comedias del autor de *Don Gil de las Calzas Verdes*.

Mito y leyenda de Don Juan

La publicación del monumental *Dictionnaire de Don Juan* en 1999 nos permite disponer de un exhaustivo trabajo documental que contempla, desde las dos propuestas clásicas de atribución (Tirso y Claramonte) de la obra, hasta todas las ramificaciones críticas que el mito ha generado en los últimos años del siglo xx. La Estatua de Piedra, que ejecuta la venganza desde el sepulcro, y la pareja Amo-Criado, tienen sin duda sus raíces en la antropología universal, de modo que no es difícil relacionar el motivo de la doble invitación, central en la estructura de DJ, con antiguas historias latinas, como la de la calavera del juez, del mismo modo que en el último tercio del siglo xx, dramaturgos de distinta base cultural, como Derek Walcott, Václav Havel[23] o José Luis Alonso de Santos, revisan la historia del *trickster,* de una de las manifestaciones de su criado (Ciutti), o de los avatares de Eduard Huml entre las tres mujeres que lo rodean. Los elementos o motivos que articulan el mito resultan tan complejos y están tan minuciosamente relacionados con el todo que es el propio Mito, que

---

[23] En la obra dramática de Havel, la idea del Comendador se manifiesta en la parálisis creadora que ataca al protagonista al final de la obra.

basta con enfocar uno de sus aspectos para conseguir una obra nueva e importante. En tanto que artefacto cultural, el mito de Don Juan, como ya habían observado Otto Rank, Jean Rousset o Arturo Farinelli, ilumina no sólo a los personajes y hechos que lo configuran, sino también los sistemas de pensamiento, los modelos críticos que la sociedad usa para entender sus significados.

En el origen hay un texto históricamente localizado en 1617 a través del cual se manifiesta un dramaturgo concreto, probablemente actor y director de escena él mismo, empresario teatral, es decir, alguien inmerso en los entresijos de la relación entre una historia, una creación estética y la recepción cultural que la sociedad de su época, no sólo española, sino europea, asume. La obra original es un drama histórico con unos personajes reales, la familia Tenorio en la Sevilla de mediados del siglo XIV. A través de los enfrentamientos entre Tenorios y Ulloas en *¿Tan largo me lo fiáis?*, durante el reinado de Alfonso Onceno, del mismo modo que a través de los enfrentamientos entre los Tenorio y los Acuña o los Alfonso Solís, en el reinado siguiente, en *Deste agua no beberé*, el escenario no intenta proponer lecciones de historia, sino hacer ver adónde conducen las acciones de los reyes que amparan a sus validos, y a los validos que amparan a sus jóvenes y disolutos familiares. Ciertamente la época de Felipe III y de su todopoderoso valido el Duque de Lerma, no anda escasa de ejemplos en los que estas conductas de personajes de ficción dramática podían verse fácilmente reflejados. En ambas obras el eje central reiterativo es un dicho popular, un refrán, que permite articular los elementos de la obra. Más adelante, la obra vive en las tablas y acaba generando una máscara teatral: *El convidado de piedra,* precursor de todas las historias de resucitados que en pleno siglo XXI inundan las carteleras de los cinematógrafos y las emisiones de series televisivas. Sin duda la conexión cultural entre España e Italia es importante, en una época en la que España domina el Milanesado y el reino de Nápoles. No es difícil relacionar a Don Juan con la máscara típica de la Comedia del Arte, el capitán Spavento, o a Catalinón con una variante de Arlequín en su versión medrosa. Cuando Molière y Thomas Corneille retomen la historia en su adaptación francesa, la filiación y las deudas consiguientes incluirán tanto el origen español como la aportación italiana. Don Juan, un personaje que, como ha apuntado Francisco Rico, «vive permanentemente en escena, a conciencia de representar un papel» (Rico, 14), es un mito creado en, por y desde el interior del teatro mismo. Un mito ajeno por completo a cualquier teología o intención redentora. Y en una época en la que los escenarios españoles surtían de forma constante, y en ocasiones genial, al ávido público europeo, el mito parece tener entre su característica básica, la de su inacabamiento, su imperfección en el texto originario. Sin duda Lope de Vega, Vélez de Guevara o el inmenso Calderón han trazado personajes mejor acabados y de mayor calado que este Don Juan Tenorio: Segismundo, Pedro Crespo, el caballero de Olmedo, Gila, Inés de Castro son personajes más densos, más acabados, más completos teatralmente. A cambio Don Juan, gracias tal vez a ese inacabamiento técnico, ha permitido la constante reencarnación del personaje hasta el siglo XXI. ¿Cómo se ha producido, entonces, el paso de la historia a la leyenda y al mito?

Por un lado sabemos que en una fecha tan temprana como 1632, años después de las primeras representaciones documentadas en Nápoles, el tema ya interesa a Cicognini, que cree habérselas con un tema procedente de Lope de Vega. A mediados de siglo el actor Biancolelli, especializado en el papel de Arlecchino, y que hace entonces el de criado de Don Juan, dispone entre sus *lazzi*, sus trucos cómicos de oficio, de lo que va a ser el precedente del catálogo de Leporello, pero que está ya en filigrana en un pasaje de Catalinón. Y, en todo caso, la imagen de la Estatua de Piedra, que no sólo se mueve, sino que habla, y actúa como efecto de tramoya o moderna adaptación del *deus ex machina* clásico, es ya la atracción de los teatros europeos. Pero el mito ha nacido en España.

Y en España, a mediados del XVII encontramos ya una obra interesante, y no suficientemente explorada por la crítica: *La venganza en el sepulcro*, del caballero segoviano Alonso de Córdova y Maldonado, en donde unos decenios después del estreno de la obra original, se alude a que Don Gonzalo «ha de salir como se representaba en *El convidado de piedra*». La gran aportación de esta obra, como observó ya Jean Rousset, es que traslada el antagonismo de Don Juan desde el grupo de las burladas hasta la auténtica oponente estructural del seductor, aquella por la cual ha habido un muerto que volverá desde el sepulcro para vengarse: Doña Ana de Ulloa, inexistente en la obra original. Hay una segunda aportación, poco atendida por la crítica, y que me parece harto importante, entre otras cosas como precedente de la visión de Pushkin: los hechos y los personajes son contemporáneos a los espectadores. Han dejado de ser algo histórico, del siglo XIV. Es una historia de contenidos vigentes. Piero Menarini apunta una interesante observación suplementaria: «la *Venganza* ci dà una rappresentazione speculare del *Burlador*: il tragico deviene comico, l'alto si presenta basso, il terrore del soprannaturale cede il posto ad una svagata ilarità, ecc.». La obra, pues, ya no es un drama histórico según los cánones lopianos, sino una historia actual, en la que la anécdota está racionalizada y la perspectiva judicial se propone para entender la desmesura de Don Juan. La figura del gracioso, Colchón, con clara connotación sexual está construida sobre códigos más modernos que los de Catalinón, más en la onda del Sganarelle de Molière. Hay que indicar, no obstante, que el manuscrito de esta obra, procedente de la Biblioteca del Duque de Osuna (BN 17.349) propone un texto seguramente completo para la primera jornada (1093 versos), pero sin duda recortado en las otras dos (790 y 756 versos). Es un indicio interesante para sostener que la obra sí fue representada, y que el texto original debía ser algo más extenso. Dado que en un documento de 1647, Córdova dice tener más de sesenta años, podemos suponer que se trata de un dramaturgo de la generación intermedia entre Vélez de Guevara y la de Calderón. La tipología métrica, con un 40 por 100 de romance, apunta hacia una fecha menos tardía de lo que se ha propuesto desde Cotarelo. Probablemente no muy alejada de 1640.

A finales del XVII, o tal vez a principios del XVIII escribe Antonio de Zamora la obra que se ha dado en llamar *No hay plazo que no se cumpla, ni deuda que no se pague,* pero que en sus últimos versos se declara como «El convidado de piedra, / vuelta a escribir de quien hace, / del deseo de servirte, / razones para agradarte.» En todo caso es la obra que pervive en los escenarios españoles hasta la llegada del *Don Juan Tenorio* de Zorrilla, cuyo estreno, con Bárbara Lamadrid en el papel de Doña Inés, y Carlos Latorre como Don Juan, distó mucho de ser un éxito[24]. Sí lo fue a partir de la remodelación hecha por la compañía de Pedro Delgado a partir de 1860, que inició la exitosa fama hispánica y europea de la obra zorrillesca. En el mismo siglo XIX, el éxito multitudinario de esta obra no puede hacernos ignorar la aportación de Echegaray, *El hijo de Don Juan* (1892), que obtuvo resonancia europea y provocó una polémica en la que intervino George Bernard Shaw. La obra propone una visión naturalista (la sífilis de Don Juan) con toques ibsenianos (la cita final de la obra procede de *Espectros*) y es de más valor que otras que han recibido mayor atención crítica. Sin salir de la península tenemos *A morte de Don João,* de Abilio de Guerra Junqueiro, de compleja dramaturgia, que entremezcla el naturalismo ideológico y el post-romanticismo estético.

Ya en el siglo XX, el teatro y el cine terminan de popularizar la figura donjuanesca con obras de diverso talante y talento. La primera obra que aborda de nuevo el tema es la de Enrique Menéndez Pelayo, hermano del ilustre polígrafo montañés, con el título *Las noblezas de Don Juan* (1900), estrenada por Emilio Thuillier y Rosario Pino. No estamos ya en Don Juan Tenorio, sino en un donjuán, un cuarentón a quien sus antiguos amores le pasan factura en su intento de asentar su vida. Los Quintero se ocupan de lo cotidiano de esa conducta en *Don Juan, buena persona;* Unamuno, en *El hermano Juan* (1934), que se abre con una cita de Kierkegaard, ofrece un moderno apunte en que Don Juan viste a la moda romántica de 1830, con capa, y los demás, con vestuario moderno. Unamuno, conocedor de las ideas de Freud y también de la propuesta de Marañón, se plantea «el problema de la relación de don Juan, del macho, a sus víctimas».

---

[24] Para todos estos datos, véase César Oliva: «Trayectoria escénica del Tenorio», en *Don Juan Tenorio en la España del siglo XX,* Madrid, Cátedra, 1998 (ed. Ana Sofía Pérez-Bustamante).

Seguramente el dramaturgo que nos ha dado la visión más personal del mito, a través de dos obras de distinta época, es Jacinto Grau. En *Don Juan de Carillana* (1913) y en *El burlador que no se burla* (1927) revisa el mito desde dos perspectivas críticas distintas. La filosofía de Ortega y Gasset y la indagación sobre el hecho erótico hacen de su último Don Juan un ejemplo de búsqueda existencial, que le aproxima al personaje de Tomás en la obra de Milan Kundera *La insoportable levedad del ser*. Desde entonces, el mito ha dado lugar a muchas variaciones, desde la cómica de Muñoz Seca en *La Plasmatoria* (1935), hasta la metateatral de Alonso de Santos en *La sombra del Tenorio* (1994), pasando por la revisión del oponente sevillano de Don Juan, el *Luis Mejía* (1925) de Marquina y Hernández Catá, la visión paródica y esperpéntica del Valle-Inclán de *Las galas del difunto* (1926), la revisión histórica del *Don Juan de Mañara* (1927) de los hermanos Machado o el excelente ejercicio metateatral y escénico conseguido por Federico Oliver en *Han matado a Don Juan* (1929).

En Europa el personaje ha tenido mayor vigencia y vitalidad que en la península, empezando por su popularidad inmediata en tierras italianas, en donde por un lado Andreini o Cicognini proponen variantes teatrales, y por el otro ya desde 1669 tenemos una versión operística con el doble título de *Il Convitato di Pietra/L'Empio punito*. De acuerdo con las convenciones operísticas la obra se desarrolla en Pela, la capital del reino de Macedonia en donde el impío Acrimante tendrá su castigo final a manos de la estatua de Tidemo. Este primer *Convitato di Pietra, o Empio Punito,* marcará la pauta de los elementos que luego culminarán un siglo después en el libreto de Lorenzo da Ponte. En Inglaterra, en 1692, un músico de primer orden como Henry Purcell compone la música de *The Libertine,* libreto de Thomas Shadwell, a partir de *Le Festin de Pierre,* obra de Dorimon que conoció bastante más éxito que la de Molière, escrita en prosa y readaptada en verso por Thomas Corneille. Entre Purcell y Mozart el siglo XVIII conoce el estreno en 1736 de *Il Disoluto Punito,* de Goldoni (que parece usar como referente el texto de *Tan largo me lo fiáis,* ya que atribuye la obra a Calderón) y quince años después, el ballet *Le Festin de Pierre,* con libreto de Angiolini y música de C. W. Gluck. Un nuevo *Convitato di Pietra* sobre texto de Nunziato Porta y música de Righini se estrena en Praga en 1776, con un éxito más que notable, y una revisión polaca en 1783 con el título *Don Juan albo Ukarany Libertyn*. Nunziato Porta comparte con Lorenzo da Ponte el haber sido libretista de Righini, que conoció a Mozart en Viena en 1780. En el tiempo que media entre la obra de Porta y Righini y la de Da Ponte y Mozart, todavía Giacomo Casanova tiene tiempo para asistir al estreno de otro *Convitato di Pietra* en Venecia en 1777, y los napolitanos se explayan ante una versión cómico farsesca en dialecto napolitano, con texto de G. Lorenzi y música de Giacomo Tritto. El año 1787 fue sin duda el año donjuanesco en Praga: Comienza con *Il Nuovo Convitato di Pietra,* farsa de Gardi y Fossa, y continúa con el gran precedente de Mozart: *Don Giovanni o sia Il Convitato di Pietra,* de Gazzaniga y Bertati, que traslada la acción a Villena, en Aragón, y cruza elementos del original español y de la versión de Molière. A lo largo de 170 años, desde el estreno de *Tan largo me lo fiáis* hasta la culminación mozartiana, el mito de Don Juan se ha enseñoreado de los escenarios europeos, habitualmente acompañado de música. Esta vía italiana de penetración en Europa se explica sin duda por la mixtura entre los elementos de la obra original y las aportaciones de máscaras de Comedia del Arte, visibles en las versiones de Andreini y Cicognini. Llama la atención en este sentido el argumento del «lazzo» del Arlequín Biancolelli, documentado en 1658, que prefigura el catálogo de Leporello. Un papel como el de Gazeno es equivalente de la máscara de Pantalone, en tanto que padre avaricioso que acepta vender a su hija al mejor postor. En cuanto a la Estatua Animada, que hunde sus raíces en los relatos míticos griegos, desde el Talos de las *Argonáuticas* hasta la célebre estatua de Pigmalión, tiene sin duda parentescos con las historias de ultratumba relacionadas con ofensas a las calaveras o esqueletos de los muertos, presentes en las tradiciones populares latinas, que luego conocerán variantes populares romanceadas. Esto explica el marco general de funcionamiento de la Estatua del Comendador y su fácil inserción en un mundo de leyenda, pero no avala en modo alguno la pretensión, defendida sobre todo a partir de Said

Armesto[25], de proponer que esos romances de calaveras sean la base consciente de articulación del relato que da origen al mito. En este sentido las historias de calaveras burlonas tienen un parentesco y una cercanía al tema de la Estatua del Comendador, semejante a la de la historia del Golem de Praga, creado según la tradición hebraica por el Rabino Loew[26] unos años antes de que la familia Tenorio desplegara sus andanzas en los escenarios españoles. Como observa Maurice Molho, «a diferencia de lo que se observa en la literatura tradicional, la Estatua de piedra a la que se invita y que invita a su vez, no puede ser en el conjunto de las versiones de DJ sino la efigie de un hombre que él ha matado por su mano». El Burlador va a ser burlado a su vez, tal y como Catalinón anuncia, como consecuencia de su conducta, y todo ello va a suceder en el tiempo teatral de la representación, elemento necesario para entender la eficacia del mito creado.

Lord Byron es seguramente el primero en transportar a Don Juan desde el teatro al texto lírico-narrativo, con lo que abrirá una nueva vía para la indagación de lo que el mito nos explica sobre la condición humana. Byron recoge el tema, no directamente de Mozart, ni de Da Ponte, ni de Molière, Goldoni o el *Burlador/Tan largo* original, sino de una tradición burlesca procedente de Italia, a través de los relatos de Giovanni Battista Casti. Byron comienza a escribir su *Don Juan* el 3 de julio de 1818, y lo publica a fines de 1823, tan sólo siete años antes de que otro grande de la literatura europea, Alexander Pushkin, escribiera su versión de *El convidado de piedra,* esta sí directamente inspirada por la obra mozartiana, que le sirve para epígrafe. Si hasta entonces el mito de Don Juan había sido prioritariamente teatral, operístico, latino y centroeuropeo, con Byron y Pushkin se integra en la tradición literaria europea global, tanto en géneros como en problemática. Alexis Tolstoy, que llegó a conocer personalmente a Pushkin en 1836 y que como él escribe tanto en ruso como en francés, escribe un

---

[25] V. Said Armesto, *La leyenda de Don Juan,* Madrid, Espasa-Calpe, 1908; reeditado en la Colección Austral.
[26] Un buen resumen de todo esto está en Sippurim: *Nouvelle version du recueil des légendes juives de Prague,* Leipzig, 1926.

largo poema dramático, *Don Juan,* comenzado en 1859, dedicado a la memoria de Mozart y de E. T. A. Hoffmann, y publicado finalmente en 1867. La huella del personaje en el mundo eslavo pervive a través de múltiples autores, entre los que cabría destacar al polaco O. W. Milosz *(Escenas de Don Juan,* 1906), al ucraniano L. Ukrainka *(El Anfitrión de piedra,* 1912) o al checo Václav Havel *(La extraordinaria dificultad de la concentración,* 1968).

En tierras de expresión francesa el mito se importa de Italia a través de las compañías de cómicos italianos que actúan a mediados del siglo XVII, y tiene, antes de Molière, las versiones de Dorimon *(Le Festin de Pierre ou le Fils criminel,* Lyon, 1959) y Villiers *(Le Festin de Pierre,* París, 1960). La obra de Molière (1665) en prosa, desaparece de escena enseguida para ser sustituida por la adaptación de Thomas Corneille (1677), que es la que se representa casi exclusivamente hasta que el gran Louis Jouvet rescata el texto de Molière y representa, con sesenta años, a Don Juan en una caracterización sorprendente, que no deja de recordar a la de Bela Lugosi para el Conde Drácula. El tema, ya en tiempos postmozartianos y románticos revive con Alfred de Musset *(Une Matinée de Don Juan,* 1833) y Alexandre Dumas *(Don Juan de Manara ou la Chute d'un Ange,* París, 1836), a partir del relato de Merimée en «Les âmes du Purgatoire» (1834) en donde cruza las figuras de Tenorio y de Mañara. Algo posterior es *Les adieux de Don Juan* (París, 1844), del Conde de Gobineau, por la misma época en que Zorrilla está escribiendo en España su Tenorio. En el siglo XX hay un conjunto de obras importantes entre las que cabe destacar, en el primer cuarto de siglo, *La vieillesse de Don Juan,* de Mounet-Sully (París, 1906), *La dernière nuit de Don Juan* de Edmond Rostand (París, 1921), o *L'Homme et ses fantômes,* de H. Lenormand (París, 1924). La revisión del Don Juan moliéresco hecha por Jouvet coincide con una segunda ola de interés en la que participan J. Anouilh *(Orniphle ou Le courant d'Air,* 1955) y H. de Montherlant *(Don Juan,* 1958). Dentro del teatro belga de expresión francesa destacan las aportaciones de Michel de Ghelderode *(Don Juan ou les Amours Chimériques,* 1928) y de Suzanne Lilar *(Burlador ou L'Ange du Démon,* 1947).

El Romanticismo europeo, entre Byron, Musset y Pushkin, asume la figura de Don Juan como algo culturalmente esencial, que se manifiesta también en Centroeuropa en obras de primer rango, empezando por E. T. A. Hoffmann, deudor de Mozart-Da Ponte, o en ambiciosas propuestas como el *Don Juan y Fausto* de Christian Grabbe (1829). Una larga tradición centroeuropea, desde el austríaco Lenau, culminará en el siglo XX con la obra de Max Frisch, *Don Juan o el Amor a la Geometría* (1952), replanteamiento del mito a partir de consideraciones más modernas y problemáticas del personaje, y su relación con el medio teatral en el que nace.

El mito, como se ve, es consistente y proteico: reaparece según las épocas y los lugares, se alía a otros mitos o se reconstruye para explotar el territorio de los sueños colectivos. El problema está en dilucidar el trasfondo mítico en el que se sustenta: las estructuras antropológicas que permiten su reconocimiento como mito, pero también las preocupaciones personales que hacen que un autor concreto, en una época concreta, rearticule las bases del mito para ofrecernos una nueva lectura. En el primer caso estamos en el terreno de la mitografía comparada; en el segundo, en el de la crítica literaria. Difícilmente se conseguirá dar una idea clara del problema si no se contemplan ambos niveles.

En cuanto a lo primero, la exploración sociológica y antropológica nos ofrece algunos asideros para entender la obra: hay dos tipos de estructuras míticas sólidas, conservadas por la tradición occidental, en las que el mito de Don Juan parece entenderse bien: la historia de un *trickster* o burlador, que practica engaños o burlas de diversa índole y que al final es burlado por alguien más astuto o cruel que él mismo. La mitología grecolatina, con figuras como Ulises, Jasón o Eneas nos ofrece un buen muestrario de seductores fugitivos. Todos ellos están mencionados en el texto del DJ1, *Tan largo/Burlador*.

La segunda estructura en donde encaja la historia del Convidado de Piedra es la de la *doble invitación,* que tiene que ver con las leyes de la hospitalidad. Cuando la doble invitación se produce de forma que uno de los personajes es un ser relacionado con las potencias ctónicas, la idea de la muerte es consustancial al episodio. En este nivel general, la historia más antigua se encuentra dentro del ciclo mitológico de los trabajos de Hércules: es la historia del rey Diomedes de Tracia. Diomedes invita a sus huéspedes a un banquete en palacio y una vez allí los hace devorar por sus yeguas; como castigo al impío, los dioses envían a Hércules y éste hace que Diomedes sea devorado por sus propias yeguas. En su forma esquemática se trata de una estructura básica en donde alguien que viola una ley por medio de un engaño es castigado por la intervención inesperada de un ser sobrenatural que le obliga a asumir el papel del ofendido, del personaje por quien se han infringido las leyes de la hospitalidad. No estamos apuntando a una influencia consciente en el proceso de elaboración de la obra, sino al fondo cultural grecolatino que constituye la articulación moral en la que se encajan historias con determinados elementos. En términos generales, es la articulación mítica que apoya la base moral, el «enxiemplo» de las historias de Infanzones o de Comendadores, cuyo modelo más atractivo es seguramente *El Rey Don Pedro en Madrid/El infanzón de Illescas,* otra obra con atribución de autoría múltiple (dos manuscritos dan como autor a Claramonte, una *suelta* fraudulenta a Lope de Vega, y una edición tardía de 1673 la incluye como de Calderón; y ya en el siglo XIX, Hartzenbusch, a la vista de la semejanza con el *Burlador,* decide editarla a nombre de Tirso), y el más próximo a la estructura del primer Don Juan es, de nuevo, *Deste agua no beberé,* en donde además de la familia Tenorio en el papel de pérfidos, encontramos al rey Don Pedro en el de frustrado seductor de una Dama, al tiempo que mantiene su matrimonio y a su amante. Curiosamente la primera mención mítica que aparece en esta obra es precisamente la del rey Diomedes de Tracia, lo suficientemente detallada como para que podamos sostener que Claramonte conocía muy bien el episodio: «que a los huéspedes caballos, / juzgándolos por vasallos, / arrincona a las paredes; / que imitando al de Diomedes / pretende despedazallos» (vv. 16-20).

Los Tenorio, tanto en *El convidado de piedra/Tan largo/Burlador,* como en *Deste agua no beberé* se comportan con la misma arrogancia y el mismo desprecio hacia los demás que muestra Pedro I, su protector. El Juan Tenorio de TL/B, no es ni mejor ni peor que la Juana Tenorio de DANB; ambos engañan a miembros de su propia familia (Pedro o Diego) para inducirlos a obrar mal en su provecho; ambos implican a su rey (Alfonso XI o Pedro I) en las consecuencias de sus actos criminales. Los otros Tenorio (Diego o Pedro) son incapaces de actuar contra sus parientes, cuando no los amparan a sabiendas. No son, pues, individuos aislados: son miembros de una familia, de un clan, que impone sus normas y conductas, contrarias al bien común. De un clan, que, por su proximidad al monarca, pone en peligro la rectitud de la justicia. En ambos casos, la conducta de Juan y Juana Tenorio implica a la familia (padre-hermano-hijo-tío) en una cuestión grave que afecta a la *philia* (las traiciones de Don Juan contra Octavio y el Marqués, o de Doña Juana contra Gutierre Alfonso) y la subsiguiente ofensa a las Casas Reales de Nápoles o Castilla. La ruptura del *nomos,* del orden de la sociedad por parte de Don Juan y Doña Juana tiene una forma jurídica que se proyecta en dos niveles diferentes: la *traición* (acusación que les hacen varios personajes de su propio entorno social) y la *burla del juramento,* que culmina, en el episodio de Arminta, cuando Don Juan jura que si no cumple su palabra, que le dé muerte *un hombre muerto,* juramento falaz, con el que el burlador cree escapar a su destino. El Muerto, cuya intervención confirma la existencia de una justicia divina más firme y sólida que la del errático monarca, vuelve del Mas Allá como Embajador de las potencias ultraterrenales para restablecer el orden alterado por Don Juan. En el caso de Juana Tenorio, en DANB, no es un hombre muerto, sino una *mujer muerta,* Mencía de Acuña, la que «resucita» escénicamente para castigar al infractor. Sucede que no está realmente muerta, como creía el Rey, ya que, como en el cuento de Blancanieves o en la historia de Berta la de Grandes Pies, el encargado de ejecutarla se apiada y la perdona a cambio de la promesa de una vida oculta en el bosque. Para toda la Corte, el rey y su marido, Gutierre Alfonso, Mencía está muerta; por lo tanto, la estructura de base es la misma.

Esto en cuanto a lo que atañe al sedimento mitológico, al linaje de los infractores, al fondo mitográfico que enlaza con un mito concreto, surgido en los albores del siglo XVII, con otros mitos que expresan motivos similares. En cuanto a la propia sociedad del Barroco, a la España de los Austrias, o a la Europa moderna, que actúa como amplificadora del esquema mítico, no parece difícil hallar el fondo social que hace posible la emergencia del mito del Tenorio. Entre 1600 y 1617 podemos seleccionar una buena docena de obras que desarrollan temas y motivos próximos a los de Don Juan. Aludiré sólo a algunas de ellas, especialmente las menos conocidas.

En *Los embustes de Celauro* (Lope de Vega, ms. en 1600), el protagonista, Celauro, se vale de todo tipo de mentiras, traiciones y embustes para arruinar el matrimonio de Lupercio y Fulgencia. Algunas escenas concretas (el final del Acto I, la confusión de los billetes en el acto II) y algunos fragmentos textuales presentan bastante paralelismo con escenas o fragmentos del *Burlador*. La obra se imprimió en la *Cuarta Parte* de Lope (1614). Del mismo Lope tenemos *La fuerza lastimosa,* representada varias veces en 1604 por la compañía de Baltasar de Pinedo, en la que actúa Andrés de Claramonte. *La fuerza* (entiéndase, la violación, como «La fuerza de Tamar» indica la violación de Tamar) coincide con el *Burlador* en varios nombres de personajes (Duque Octavio, Isabela, Don Juan, Fabio), tiene algunas escenas semejantes, apunta al substrato de la seducción de Dido por Eneas, como en TL/B, y explota a conciencia la suplantación de identidad, motivo típico donjuanesco. Del mismo año y la misma compañía es *El nuevo Rey Gallinato,* de Andrés de Claramonte, articulada a partir de la idea de un burlador que engaña, seduce y abandona a la novia de su mejor amigo; éste lo perseguirá hasta Chile y, una vez nombrado Rey de Cambox, encontrará al amigo infiel y hará justicia. La obra contiene una escena de aparición fantástica de una *Sombra*. La siguiente obra que tiene que ver con TL/B es *El villano en su rincón,* impresa en 1617, pero escrita seguramente por Lope hacia 1611-1612: junto al posible paralelismo entre Otón y Don Juan, y el motivo de las labradoras que buscan marido noble, está el hecho importante de la articulación de la obra sobre el motivo de la *doble invitación,* utilizando además el efecto de escena de la lápida grabada en una estatua, y la idea de que el personaje de la estatua aparece luego en el banquete. Como se ve, la doble invitación, el personaje burlador, engañoso y traicionero, y la idea de la *estatua animada*, están en los escenarios hispanos de comienzos del XVII, con todo lo que implica en el terreno de la escenografía y atrezzo, pero también del impacto en el público espectador. *El convidado de piedra* es la expresión más conseguida de todo ello en cuanto a su capacidad para enredar al *espectador* en la trama y en los efectos especiales del desenlace. El modelo complejo *seducción, promesa incumplida, huida, castigo final* del seductor está expresado de manera drástica en *La Serrana de la Vera* de Luis Vélez de Guevara (manuscrito de 1613), obra que coincide con TL/B en la explotación de algunos momentos escénicos intensos (el parlamento de Gila después de haber sido seducida por el capitán es homólogo del de Tisbea, como ya hizo notar C. Bruerton). *La Ninfa del Cielo* (atribuida a Tirso por Blanca de los Ríos, a la vista de sus homologías con TL/B) conocida también como *Obligaciones de honor*, con cuyo título es representada en Quintanar de la Orden en 1613 por Juan de Salazar, en compañía de otra obra de Claramonte, *La católica princesa Leopolda*, es otra obra que merece atención especial. El parentesco de Ninfa con Tisbea, y su seducción por Carlos, Duque de Calabria, tiene aquí un refuerzo en la evidencia de que está usando como fondo el episodio ariostesco[27] de Olimpia y Vireno: «hará de Olimpia el papel, / pues tú el de Vireno has hecho; / y a la nave y al mar cano / dará voces como loca, / subida en una alta roca» (BM, ms. 16698). El cinismo de Carlos es paralelo al de don Juan Tenorio: «Todas son unas / en llegando a ser gozadas». El parlamento final de Ninfa contiene un léxico semejante al del mismo episodio en TL/B, y una estructura de composición

---

[27] L. Ariosto, *Orlando furioso* (2 vols.), Introd. y comentario de Gioacchino Paparelli, Milán, Rizzoli, 1974. La obra ariostesca, editada en 1532 fue popularísima en Castilla y Aragón en la segunda mitad del XVI a través de la traducción hecha en 1539 por Jerónimo de Urrea, respetando las octavas reales. Urrea suprime la profecía de Melisa en el Canto II y añade por su cuenta algunos pasajes. Además de la de Urrea el *Orlando* conoció otras tres traducciones en el XVI. Puede consultarse esta edición, con prólogo de Pere Gimferrer, en Ed. Planeta, 1988. Es bastante posible que Andrés de Claramonte encontrara su nombre poético, *Clarindo*, en el Canto XIII, 24.

homóloga. Es difícil atribuir esta obra a un autor concreto, aunque Vélez de Guevara tiene a su favor su nombre en una *suelta* del XVII y la cercanía de espíritu con *La Serrana de la Vera*, escrita tal vez en ese mismo año. El autor alternativo a Vélez sería Claramonte en función del parentesco que tiene la obra en otros aspectos con *El secreto en la mujer,* sobre todo en los episodios de engaño y seducción. En todo caso hay que procurar aislar esta obra del problema de la atribución de TL/B, ya que el problema metodológico es precisamente el que lo impide. El manuscrito no indica nombre de autor, el estilo e indicios apuntan indistintamente a Vélez de Guevara o a Claramonte, y garantizan la persistencia de temas y motivos en esa época, pero no es correcto metodológicamente atribuírselo al autor de TL/B, cuando puede tratarse precisamente de una influencia de composición, y no de una evidencia de estilo común.

En cuanto a *Deste agua no beberé*, de la que ya hemos hablado, hay que añadir el motivo de la suplantación nocturna del marido para intentar seducir a una mujer casada: en la escena Pedro I es homólogo de Juan Tenorio en su intento de seducción de Arminta, pero además la escena previa de diálogo entre Arminta y Belisa es también homóloga a la de Mencía con Tisbea. Ambas obras comparten también la escena de enfrentamiento a lo sobrenatural: la lucha de Don Pedro con la Sombra del Clérigo Muerto es gemela de la de Juan Tenorio intentando luchar con la Estatua del Comendador. No se trata sólo de la coincidencia de nombres, pasajes, estrofas o versos: el tratamiento de determinadas escenas y la dramaturgia derivada de ellas nos hablan de dos obras gemelas en su composición e intención dramática. En cuanto a la identidad léxica, ya había sido señalada por Gerald E. Wade. La última obra de este conjunto es otra de atribución dudosa, impresa a nombre de Lope: *La fianza satisfecha,* que por métrica parece corresponder al periodo 1612-1615. El texto, según Morley, es «muy defectuoso» y contiene, como observó J. H. Arjona, «varias rimas andaluzas», es decir, evidencia de seseo, como sucede en TL/B y como aparece en muchas obras de Andrés de Claramonte. La estructura métrica es bastante próxima a DANB y a la de TL. El parentesco entre Don Juan y Leonido ha sido puesto de manifiesto por la crítica en varias ocasiones. En total, entre los años 1610 y 1617 hay tres autores, Lope de Vega, Vélez de Guevara y Andrés de Claramonte que escriben, representan o editan obras con bastantes o muchos puntos de contacto con los motivos que articulan el mito de Don Juan. Junto a ello tenemos algunas de atribución dudosa que conviene analizar con cuidado, pero que evidencian la continuidad temática de determinados problemas de la sociedad de entonces, problemas que reaparecen indistintamente de su carácter de obras de base histórica o de creación sobre ideas de ficción.

Hay todavía tres obras que guardan una notable relación con este grupo. Hasta ahora han sido desatendidas o ignoradas por la crítica con las excepciones de Vern G. Williamsen, Sturgis E. Leavitt y Enrique Martínez López. Se trata de *El secreto en la mujer, El ataúd para el vivo y tálamo para el muerto* y *El valiente negro en Flandes*. La más desatendida es, sin duda, *El secreto en la mujer,* que desarrolla el tema boccacciano del *Halcón de Federico,* tratado por Lope de Vega en la obra del mismo título, y por Tirso de Molina en *Palabras y plumas*. Se trata de una obra bastante anterior a TL/B, si nos atenemos a un índice muy fiable, que es el porcentaje de quintillas (41,8 por 100), unido a la relación entre redondilla y romance (14,9 por 100 y 25,7 por 100 respectivamente), lo que apunta a una fecha no muy alejada de 1610. La acción transcurre en tierras italianas, Milán y Florencia, y presenta a un trío de galanes enamorados de la misma mujer. Ursino, enamorado de Clavela, acuerda gozar de ella por la noche, pero Lelio suplanta su personalidad y la goza, consciente de que está llevando a cabo un engaño. El criado de Lelio, Pánfilo, es un trasunto de Catalinón, y en el episodio del engaño nocturno se repiten los mismos elementos del engaño: «Clav. ¿Eres Ursino? Lel. Sí soy. Clav. A ti tu esposa se entrega». Lelio no es como Don Juan, un burlador. Pero el episodio de la suplantación consciente al amparo de la casualidad y la noche es el mismo.

En *El ataúd para el vivo y tálamo para el muerto,* donde el porcentaje de quintillas es menor (33,8 por 100), y el de romance ha subido a 39,8 por 100, manteniendo las redondillas un índice similar (16 por 100), tenemos el motivo del *muerto que vuelve*. En realidad el truco es similar al de DANB, un personaje al que todos han dado por muerto, regresa seis años después, en el momento de las bodas de su ofensor, para desenmascararlo. No hay estatua de piedra, pero sí elemento de sorpresa para el desenlace, amén de gran cantidad de homologías léxicas entre ambas obras, y la variante onomástica de Tisbeo/Tisbea como personaje.

La más importante de las tres es sin duda *El valiente negro en Flandes,* aunque hasta ahora no se han puesto de relieve sus homologías con TL/B. Williamsen[28] señala que «the comedia certainly starts well with an exciting opening scene», en lo que, sin duda, coincide con TL/B. Otra observación de Williamsen, respecto al estilo es su «language replete with the Gongoristic clichés and flights of verbal fancy», y tanto esta obra como DANB «do offer lies in the realm of audience appeal: action, inventive use of stage machinery, and topical interest *(i.e.,* the supernatural, sex and violence)» (Williamsen, 44-46). Es curioso que el crítico no detecte la homología estructural entre el burlador que seduce y abandona a una dama, estando prometido a otra, y que al final se ve obligado a cumplir sus promesas por la aparición de un inesperado Comendador. Máxime, cuando el *leitmotiv* sobre el que se basa el desenlace es tan semejante: «Quien se obliga, pagar piensa / y ansí pues tú te obligaste; / debes pagar», variante de «Quien tal hace, que tal pague». El motivo *no hay plazo que no llegue ni deudas que no se cumpla* es otro elemento común, expresado en esta obra en la observación de que el plazo de la venganza siempre llega. Leonor e Isabela comparten también la determinación de perseguir por mar a su seductor, lo que hace que ambas obras se desarrollen con un cambio de escenario constante: Nápoles, Sevilla, Dos Hermanas, Sevilla son equivalentes a Mérida, Flandes, Madrid y de nuevo Mérida, lo que revela un ritmo escénico muy particular. Martínez López alude, por otra parte, al «extraordinario éxito editorial que tuvo la comedia de Claramonte» y habla de su impacto en el Brasil abolicionista de siglo y medio después. Conviene anotar estos

---

[28] Vern G. Williamsen, *The Minor Dramatists of Seventeenth-Century Spain,* Boston, Twayne, 1982.

aspectos en cuanto a la capacidad de creación de obras de gran impacto popular, rasgo que debería ser una característica exigible al creador del mito de Don Juan. El carácter donjuanesco del capitán Agustín de Estrada se muestra en ocasiones con notables semejanzas textuales, especialmente en lo que atañe al deseo sexual al primer golpe de vista, común a Tenorio y Estrada. Las primeras palabras de Agustín al ver a Leonor son puro incendio («Un sol que en su luz me ciega / y un planeta que me abrasa»), y las quejas de Leonor abandonada se articulan según el modelo de Tisbea en TL/B. Análisis de detalle sobre campos léxicos y semánticos de esta obra y del *Burlador* revelan microsistemas típicos de un autor, que se repiten en otras obras de Claramonte y que están muy alejadas estadísticamente de los usos de Tirso. Respecto a *El ataúd para el vivo y tálamo para el muerto,* en donde encontramos, a cargo del gracioso Pití, tiradas de versos semejantes a los de Catalinón, pero también la crítica al valido del rey (en este caso el del rey Juan II de Portugal) en términos semejantes a las críticas a la familia Tenorio, el estudio de distintos microsistemas léxicos refuerza también la probable autoría de un mismo autor para ambas obras.

En cualquier caso queda claro que hacia el periodo 1612-1617 el teatro español está mostrando en la escena los personajes y temas que vemos articulados como mito universal en la comedia que origina el mito de Don Juan. Los problemas morales, sociales e ideológicos parecen configurar una constante escénica: la muerte como castigo para el transgresor, los desmanes propios de los comendadores, infanzones, validos y privados y la integración de lo sobrenatural con valor ejemplar para la conducta cotidiana. Sobre el carácter de crítica social que tiene *El burlador de Sevilla* ha apuntado J. E. Varey que «la obra ataca con cierta dureza la condición moral de España, ejemplificada por una de sus ciudades más importantes, Sevilla, contrastando al mismo tiempo la vida de la ciudad con la de la aldea. La obra ataca también todas las clases sociales, incluyendo al rey y al labriego, aunque el blanco principal de su crítica sea la nobleza». Creo que esto es bastante fiel y refleja lo que subyace en la obra. Si el mito es capaz de encarnar en un momento histórico dado toda una serie de pulsiones sociológicas, es porque procede precisamente de ese entorno histórico concreto y lo asume como ejemplo moral. El sedimento mítico proyecta ese mito concreto en un espacio antropológico más amplio, en el imaginario colectivo, no ya español, sino europeo y universal.

Estructura e interpretación de la obra

No estamos ya en el mito, sino en la obra que lo genera. *El convidado de piedra,* texto que procede de la adaptación a los escenarios y al público de otro texto anterior, construido a partir de un dicho popular, que la filología ha identificado en *El buen aviso y portacuentos,* editado por Joan Timoneda en 1564. Se trata de la historia narrada en el libro I, cuento V, en que dos capeadores contestan a su víctima, que les advierte que pagarán esto en el otro mundo:

> viendo, hermano, que burláis
> de los dos, y de tal modo
> con el lienzo amenazáis,
> menester lo habemos todo,
> pues *tan largo lo fiáis.*

Cuando se estrena la obra del mismo título ha pasado ya medio siglo desde que Timoneda recoge este dicho. El dicho le sirve al dramaturgo para articular la historia y los personajes que ha elegido para su obra, de acuerdo con una idea estético-moral, pero la obra, una vez en marcha, tiene su propia vida y obedece a sus propias leyes. De los elementos que el espectador ve, será primero la majestuosa y terrible figura del Comendador la que se imponga al público. Más tarde, la de su víctima, el burlador finalmente burlado. El dramaturgo elige su escena, su espacio, y elige también su tiempo. Pero a través de ese espacio imaginario, y ese tiempo, más o menos histórico, más o menos fabuloso, proyecta sus preocupaciones estéticas e ideológicas, y se hace cargo, más o menos conscientemente, de las pulsiones de la sociedad en que vive. Así, los hechos que se cuentan en la historia transcurren en el siglo XIV, pero las conductas y los tipos que revelan esos hechos y personajes corresponden a la contemporaneidad del autor. Aluden al siglo XVII. De ahí que contando con la complicidad del público, don Gonzalo de Ulloa, en su elogio a Lisboa, aluda a «las naves de la Conquista», surtas en ese puerto. Y que la misma Lisboa sea, como lo era en 1617, «la mayor ciudad de España», ya que Felipe III había heredado de su padre el gobierno de Portugal. De la proliferación de profesionales de la burla y el engaño en aquella época dan fe los *Avisos* de Pellicer, las habladurías, reales o inventadas, o las maledicencias de Góngora y Quevedo. Por no hablar de las múltiples crónicas y relatos de esa Sevilla fabulosa y mágica, puerto y puerta hacia las Indias.

En su indagación de la historia el dramaturgo se permite alguna alteración de la verdad. Afecto a la familia Ulloa (Don Gonzalo es el único que se eleva desde la muerte para rescatar su honor; Doña Ana es la única que no llega a ser burlada, pues «vio sus engaños antes»), sitúa la historia en la época de Alfonso Onceno, en la que, efectivamente, los Tenorio son «antiguos ganadores de Sevilla». Y, como hemos visto, cuatro de ellos son Caballeros de la Orden de la Banda en 1348. Sin embargo, los Ulloa no aparecen en la relación dada por Argote de Molina sobre la nobleza de la época. Los Ulloa, tal y como confirma la Crónica de Zurita, son señores de Toro (donde tienen el panteón, como señala el texto original de la obra, antes de la deturpación producida por el paso de la comedia a manos de Roque de Figueroa), y en la lucha por la sucesión de Alfonso Onceno apoyarán al Infante Don Enrique. El dramaturgo modifica la historia para igualar y luego hacer prevalecer a los Ulloa frente a los Tenorio. Otro tanto hace el dramaturgo que escribe *La estrella de Sevilla,* situando a Gonzalo de Ulloa en la Corte de Sancho IV el Bravo, en compañía de Taveras y Pérez de Guzmán. Aparece en esta obra un Clarindo, nombre poético de Andrés de Claramonte, al que luego volveremos a ver en *Dineros son calidad* y *El Rey Don Pedro en Madrid,* en compañía de estatuas animadas y de dobles invitaciones. Hay una insistencia estilística y una continuidad estética en el uso de este tipo de elementos en el teatro de Andrés de Claramonte, lo que, unido a su condición de protegido de la familia Ulloa, y de algunas otras familias sevillanas de lustre, como los Sayavedra, apuntan a la identidad de este actor, empresario y poeta cuando nos referimos al «dramaturgo» creador de la obra.

El dramaturgo, pues, engarza sobre un fondo histórico avalado por la Crónica, temas, motivos, figuras, conductas y sucesos, en una historia de fuerte contenido dramático. A grandes rasgos el argumento sería el siguiente:

> Un joven noble español, desterrado en Nápoles como castigo a su conducta licenciosa, seduce en Palacio a una Duquesa, suplantando la identidad de su novio, el Duque Octavio, a quien ella ha facilitado el acceso a sus aposentos. El seductor es descubierto, pero consigue huir, amparado en la complicidad de su tío, el Embajador de Castilla en Nápoles. Más tarde el barco en el que viaja naufraga, de modo que en las costas de Tarragona Don Juan vuelve a seducir a una doncella, en este caso a una humilde pescadora, bajo promesa de matrimonio. Una vez que ha gozado de ella, la abandona y vuelve a Sevilla, en donde el Rey Alfonso XI ya está al tanto de su delito en Nápoles, y pretende aplacar los ánimos de las víctimas casando a la Duquesa con Don Juan y al Duque Octavio, el novio engañado, con Ana de Ulloa, hija del Comendador de Calatrava.
>
> Sucede que Doña Ana ama a su primo, el Marqués de la Mota, y le hace llegar un papel, por intermedio casual de Don Juan, conviniendo en un rapto y posterior desposorio. Don Juan, amigo del Marqués, lo traiciona y repite el engaño de Nápoles, pero esta vez es descubierto por el Comendador. Don Juan lo mata y culmina su fechoría haciendo que el Marqués aparezca como culpable. Acto seguido huye hacia Dos Hermanas, donde tiene lugar una boda de aldeanos, Batricio y Arminta. Con un nuevo engaño, Don Juan convence a Batricio de que Arminta y él son amantes desde hace ya meses, y, bajo promesa de matrimonio, seduce a Arminta con la anuencia de su padre, Gazeno. Luego se vuelve a Sevilla. Mientras tanto, la Duquesa Isabela ha ido a parar al mismo sitio que Don Juan y allí conoce a la pescadora Tisbea, con la que se viene a Sevilla, una vez descubierta la doblez de Don Juan Tenorio. El Duque Octavio y el Marqués de la Mota claman venganza en la Corte. El Rey ha decidido ya una nueva solución, pero Don Juan, en Sevilla, sigue haciendo de las suyas: entra en una iglesia, se burla de la estatua del Comendador ante su sepulcro, y la invita a cenar a su posada. La Estatua acepta

la invitación, se presenta, y a su vez invita a Don Juan a cenar a su Iglesia. Don Juan acepta el reto, y al día siguiente, en vez de asistir a las bodas preparadas por el Rey, cumple con su palabra y devuelve la visita al Comendador. Allí la Estatua lo toma de la mano y se lo lleva a los infiernos.

Esto en cuanto a la historia o argumento. Los romances que circularon en la España moderna recogen especialmente la parte final, la de la confrontación entre la Estatua y el Comendador, con el motivo del ultraje. La referencia a la iglesia de San Francisco en Madrid procede la popularidad de las distintas *sueltas* que se obtuvieron a partir de la de Sanz (Madrid, 1649), que difunde la historia a partir de una versión abreviada del texto editado por Manuel de Sande y Francisco de Lyra según el manuscrito reconstruido por la compañía de Roque de Figueroa. Sin embargo, este argumento que hemos resumido, por interesante que sea, no es aún una obra de teatro. Para entender la pervivencia del mito hay que abordar la idea teatral en que el argumento se encarna: las secuencias dramáticas, la tipología de las escenas, el trazado de los personajes, el ritmo escénico y la organización de gestos, réplicas y efectos o apariencias teatrales: el encarnamiento dramático de este esqueleto argumental.

La dramaturgia de «El convidado de piedra»

Nada más lejos del teatro vivo que la teorización aristotélica. Ni Lope, ni Shakespeare, ni Molière, ni el autor de *El convidado de piedra* han respetado la regla (tan discutida y discutible) de las tres unidades. Muy al contrario, lo que caracteriza a las obras maestras de la escena europea es que los elementos teatrales de lugar, tiempo y acción son *tipologías formales* en las que la historia dramática se encarna. Una historia como la de Don Juan, en la que el vértigo, la inestabilidad y la ruptura son esenciales, no necesita para nada la unidad de lugar. En cuanto a la unidad de tiempo, el propio itinerario del protagonista la impide: no se puede pasar en veinticuatro horas, desde Nápoles hasta distintos puntos de la geografía española. La unidad de acción, como se sabe, es término harto discutible. El *Convidado* trabaja sobre una doble tensión dramática, la de quien huye y la de quienes persiguen. El espectador asiste a una huida sistemática, la de Don Juan, que opera según el principio «Transgresión-Huida» para evitar la aplicación del Orden que impone la lógica moral de la Sociedad: «Transgresión-Castigo». El castigo, o la venganza, es reclamado por quienes han sido damnificados por la serie de transgresiones del burlador. Al final, el Castigo, que ha venido siendo diferido por el encadenamiento de las huidas, reaparece a través del mayor de todos los damnificados: el Muerto, que regresa para vengarse de quien lo mató[29]. Hay por tanto una relación dialéctica entre los motivos Huida-Persecución y los temas Transgresión-Castigo. La unidad de acción existe en tanto se admita que dentro de la unidad subyace la complejidad. Pero, ¿tiene sentido hablar de unidad de acción en este caso?

La primera secuencia transcurre en Nápoles, y abarca en torno a 440 versos. Si eliminamos del esquema dramático la loa a Lisboa, que no existe en el *Tan largo* original, esto hace muy aproximadamente media jornada. La obra comienza con un hombre, o más bien una Sombra, que se despide de una mujer en un Palacio de Nápoles. Ella es la Duquesa Isabela, que descubre en la escena la burla de que ha sido objeto: ha creído entregarse a su novio, el Duque Octavio, y al acercar una luz para verlo, el hombre se la apaga. Alboroto y llegada del Rey, que llama a Don Pedro Tenorio, embajador de Castilla, para que se ocupe de hacer justicia. En una sala apartada el espectador asiste al descubrimiento del engaño: el hombre oculto y el Embajador son tío y sobrino. Don Pedro facilita la huida a su sobrino y urde una patraña para engañar al rey, incriminando al Duque Octavio. Isabela, ante la evidencia de su deshonra, acepta, como mal menor, inculpar también a su novio. El Rey ordena a Don Pedro que haga traer al supuesto culpable, y el

---

[29] El último ejemplo evidente de impacto popular de este motivo del Muerto que regresa para vengarse lo tenemos en el filme de Clint Eastwood, *El jinete pálido*, que se articula sobre esta idea. Eastwood aprendió su oficio trabajando, entre otros, con Joshua Logan, discípulo de Stanislavsky. En cualquier caso el equipo de guionistas de la Malpaso californiana parece conocerlo bien.

espectador pasa a ver una escena en un lugar distinto: la casa de Octavio, en donde éste confía sus inquietudes a su criado, Ripio. Octavio no puede conciliar el sueño debido al «fuego que enciende en su alma Amor». Irrumpe entonces Don Pedro con la noticia del suceso en el palacio, contada a su manera, y la orden de prender al Duque. De pronto el espectador comprende los presagios que alteraban a Octavio. Brutalmente afectado por una orden que sabe injusta, se descubre víctima de la deshonra de Isabela y se pregunta si ella se ha olvidado de él. Hasta ese preciso momento la obra ha alternado redondillas para las escenas en directo y romances para las relaciones (con una reflexión grave del rey expresada en soneto y desaparecido en el proceso de transmisión TL>BS). Los momentos finales de esta primera secuencia, de evidente dramatismo, se van a desarrollar acudiendo a las décimas («buenas para quexas» según el Arte Nuevo de Lope). Don Pedro, consejero falaz, sugiere a Octavio la fuga, y el Duque, enloquecido ante la situación, decide seguir ese consejo y marcha a España, no sin antes dolerse y quejarse amargamente de «tan gran traición de Isabela». Esta última escena consta de 4 décimas en TL y de 6 en BS. Resulta sorprendente que en un texto como el de BS, en donde encontramos errores incluso en pasajes en romance, tengamos aquí un pasaje en décimas, la estrofa más rigurosa técnicamente, dividido en nueve réplicas y transmitido casi de forma impecable, pese a mostrar notable variación respecto al pasaje homólogo de TL, también en décimas impecables. Esto sólo se explica en función de dos principios: BS coincide con la remodelación del autor de la obra original y ha sido transmitido, o bien a través del texto de ambos interlocutores, o bien a través del texto escrito del Duque Octavio, capaz de recuperar la escena íntegra. Aunque es más probable lo primero, no hay que olvidar que de los 60 versos de la escena, 45 son del Duque Octavio. La única décima completa en el texto de Don Pedro es impecable en rima y muy compleja técnicamente (zeugmas y encabalgamientos). Esto apunta a la subhipótesis que hemos propuesto antes: el actor que hace de Don Pedro en el episodio de Nápoles, y que luego puede hacer de Gonzalo de Ulloa en el resto de la obra, es uno de los que transmiten la obra en su fase final. Esto aclara las diferencias textuales entre TL y BS: están mejor transmitidos los pasajes en donde está Don Pedro en escena, y está muy fiablemente transmitido el pasaje conjunto de Don Pedro y el Duque Octavio, en donde se ha producido una remodelación de mano del propio autor. En cuanto a análisis funcional de los tipos estróficos en este primer episodio, la redondilla es la forma natural de expresión, el romance se usa para relaciones, el soneto corresponde al monólogo y las décimas implican intensidad emocional. Todo conforme a los cánones establecidos por Lope en 1609.

El ambiente urbano deja paso a un lugar escénico muy diferente, anuncio de la amplitud de miras del burlador: una joven pescadora, Tisbea (que en TL todavía se denomina como *Pescadora (La o Una)* en el *dramatis personae,* y en la asignación de réplicas del texto) que en pleno soliloquio sentimental (en romancillo heptasílabo) asiste al naufragio de la nave de Don Juan y al salvamento de Catalinón a manos de este nuevo Eneas. Si de Isabela hemos sabido muy poco, aparte de su facilidad para amoldarse a los vaivenes de Fortuna, y sus pocos escrúpulos en materia de justicia, de la pescadora vamos a saber bastante más, gracias al espléndido monólogo de 142 versos (62 en TL), que da noticia del lugar donde nos encontramos (las costas de Tarragona, según BS; en TL no se precisa), de su vida cotidiana, de sus amores y de su carácter, cruel para sus enamorados, y especialmente para Anfriso. Tisbea ve llegar a los náufragos y se ocupa de ellos. A uno ya lo conocemos, es Don Juan. Al otro, Catalinón, lo vemos ahora lamentando la muerte de su señor. La pescadora se acerca, nota que el náufrago aún respira y envía a Catalinón a buscar a los demás pescadores. Coge a Don Juan en el regazo, éste despierta y asistimos a la primera escena de seducción del Burlador: *hielo, fuego, tormento, cielo, mar* configuran un espacio lírico y metafórico para desarrollar el discurso de la seducción. Apenas quince redondillas para que Don Juan enamore a Tisbea. La vuelta de los pescadores nos lo muestra ya en un momento de flaqueza y nos permite conocer, gracias a un aparte entre Don Juan y su criado, la auténtica naturaleza del protagonista: «Si te pregunta quién soy, di que no sabes», y, para deshacer posibles dudas: «Esta noche he de gozalla». La ocultación de identidad y la intención de gozar a la joven parecen anunciar un desenlace similar al de Nápoles. Sin embargo el dramaturgo utiliza aquí el arma del cambio de escenario para suspender la resolución del enigma. Estamos ahora en Sevilla, y Don Gonzalo de Ulloa, Comendador Mayor (es lo primero que sabemos sobre él) informa al Rey Alfonso Onceno de su embajada al Rey de Portugal, Don Juan. En BS, Don Gonzalo hace una pormenorizada descripción en romance de Lisboa. En TL no existía este excursus y la escena, en octavas reales, tenía como eje el anuncio por parte del rey de que, como premio al éxito de la embajada del Comendador, daría a Ana de Ulloa en matrimonio a un caballero llamado Don Juan Tenorio, a quien se le otorgaba el Condado de Lebrija. El excursus sobre Lisboa, obviamente, no forma parte del contenido semántico de la obra, sino de la adaptación pragmática a la representación en ciudades concretas por parte de una compañía dada. Una vez anunciado el futuro enlace entre Don Juan y Doña Ana de Ulloa, volvemos a las playas para conocer el desenlace de la historia de la pescadora. Don Juan, como sospechábamos, está preparando su huída para culminar la ya próxima seducción. Su criado le avisa: «Los que fingís y engañáis las mujeres de esa suerte, lo pagaréis en la muerte». Escéptico y burlón, Don Juan, al modo de los capeadores del cuento popular recogido por Timoneda, replica: *«¡Qué largo me lo fiáis!»*, renovando la reflexión que le había hecho a Don Pedro en el episodio de Nápoles. Marcha Catalinón y Don Juan jura desposar a Tisbea a cambio de gozar de sus favores. Ella insiste en que «hay Dios y que hay muerte». *¡Qué largo me lo fiáis!*, vuelve a replicar Don Juan, que ha asumido la frase ya como divisa. Tisbea insiste en la obligación de cumplir la palabra «y si no, Dios te castigue», a lo que el Burlador continúa arguyendo *«¡Qué largo me lo fiáis!»*. Los últimos versos de la escena introducen el tema cantado: *A pescar sale la niña / tendiendo redes / y en lugar de pececillos / las almas prende.* Como se ve, los presagios sobre la muerte, el alma, y la fianza o la obligación, son insistentes. Después del cantarcillo vemos ya a Tisbea víctima del engaño, llorando la burla del caballero y pidiendo venganza. Tisbea articula su discurso sobre el *fuego:* «Fuego, fuego, que me quemo, / que mi cabaña se abrasa». Don Juan, consumada su fechoría, ya ha desaparecido.

En este primer acto aparecen en filigrana todos los temas, motivos y tipos de la obra: un Rey (el de Nápoles) incapaz de asumir por su propia mano la justicia; otro, el de Castilla, que no duda en casar a sus súbditos sin indagar su verdadera calidad (Don Juan) o su aquiescencia al proyecto (Doña Ana). Una Duquesa que acepta implicar a su propio amante y novio en una falsa acusación de traición. Una muchacha que desdeña a sus enamorados, pero que se entrega a un noble asegurando su futura boda por medio de un falso juramento; un noble que ya ha sido desterrado de España por sus excesos, y que repite sus burlas a base de suplantar la personalidad de un amigo o de prometer en falso una boda que no va a cumplir. Y dos figuras de distinto talante: un digno y grave Comendador, y un criado afín a las huestes de Baco y no poco pusilánime, que advierte a su amo sobre los castigos que le han de llegar. La historia se ha desarrollado con un cambio continuo de escenario (Nápoles, Tarragona, Sevilla, Tarragona), y la intriga se articula a través de prolepsis textuales evidentes, y por medio de suspensiones escénicas, y los motivos populares, como consejas, refranes o canciones, cobran significación en el entramado. Todas estas escenas, tipos y motivos se ven reforzados en el plano de lo imaginario por un sistema de articulaciones semióticas especialmente denso, en donde el *fuego* aparece como eje simbólico y el *agua* como elemento de contraste. No es cosa de detallar aquí todo el entramado semiótico que sustenta la comedia, pero sí al menos conviene apuntar la evidencia de su funcionamiento desde el primer acto.

En el segundo el espectador amplía su conocimiento de los personajes y sus motivaciones, y asiste a la preparación del primer esquema ritual trágico: la próxima traición de Don Juan lleva consigo la *muerte del padre* de su víctima, condición esencial para el funcionamiento del mito. Los datos de la obra se han alterado. Ya no son calaveradas juveniles. Como el texto subraya, «al fin, Marqués, muerto ha habido». Ya es imposible el tono de comedia dramática: una muerte en escena exige una expiación en escena, y el cumplimiento de la admonición frente al escepticismo del Burlador.

La escena que abre el segundo acto nos muestra al rey Alfonso y al padre de Don Juan Tenorio, informados ya ambos de la traición de Nápoles y del problema de la falsa acusación que pesa sobre Octavio. A la vista de las nuevas informaciones el Rey decide cambiar su primera idea y pasa a emparejar a Ana de Ulloa con Octavio, y a Isabela con Don Juan. Nótese que esta novedad es la que va a provocar el viaje de Isabela desde Nápoles a Sevilla, y su «descubrimiento casual de un oficio», el de Burlador, de su futuro marido. Tomada ya la nueva decisión, vemos en Sevilla al Duque Octavio, a quien se le ha comunicado su nueva boda con Ana de Ulloa en Sevilla, y el arreglo de sus problemas pasados en Nápoles. Mientras Octavio le comunica esto a su criado aparecen Don Juan y Catalinón. Las dos breves escenas cumplen una función dramática doble: nos ilustran sobre el carácter acomodaticio de los personajes y nos preparan para la llegada de la próxima víctima, el Marqués de la Mota, primo de doña Ana, y título nobiliario que, en efecto, corresponde a la familia Ulloa en el siglo XVII.

En cuanto a Octavio, queda cruelmente retratado con su rápida y alegre aceptación de la boda con una noble sevillana a la que no conoce de nada. Se trata del mismo Octavio que se angustiaba hace poco por el amor o la infidelidad de Isabela. De Don Juan sabemos ahora algo más: su falta de escrúpulos para urdir mentiras a la cara de sus propias víctimas.

Ya está todo a punto para que el espectador conozca al nuevo personaje: el Marqués de la Mota. Pronto sabremos que se trata de un amigo y compinche de Don Juan: su primera indagación es un repaso a las profesionales —no precisamente doncellas— de los barrios de vida alegre de Sevilla. El Marqués es un *alter ego* de Don Juan y compartía sus hazañas amatorias. Pero algo los diferencia: el Marqués acaba de enamorarse de un imposible (es decir: de una mujer distinta en calidad y costumbre a sus habituales amistades), su prima Doña Ana de Ulloa, a quien conocíamos como prometida de Don Juan en la primera jornada y ahora reciente recolocada con el Duque Octavio, según la inestable voluntad del rey.

En este punto el espectador se percata del enredo: hay alguien que sobra aquí, y es el Marqués de la Mota. Sin embargo, él y su prima se aman. El Marqués está esperando «la postrer resolución» de Ana, ya que «el Rey la tiene casada / y no se sabe con quién». El Marqués se va y queda citado con Don Juan para más tarde. Mientras tanto una voz le hace llegar un billete a Don Juan; en él Doña Ana cita al Marqués para que pueda gozar de ella a las once de la noche y así presentar consumado su matrimonio, impidiendo los propósitos del rey y su padre. Lo que el espectador está viendo es lo que presumiblemente había sucedido en Nápoles antes del momento en que empieza la obra. Don Juan nos lo confirma: «Gozaréla, vive Dios, con el engaño y cautela que en Nápoles, a Isabela». Vuelve el Marqués, y Don Juan le transmite el mensaje, pero con la información levemente alterada: la cita con el Marqués será para las doce. Don Juan y el Marqués se despiden y el espectador aguarda a ver cómo acaba la nueva aventura. Sin embargo, el programa dramático del autor nos va a hacer esperar un poco más: primero ha de aparecer el padre del Burlador, avisando de que el rey está al tanto de su traición en Nápoles y ha decidido desterrarle. El padre, dolido por la conducta de su hijo, le advierte: «castigo ha de haber para los que profanáis su nombre, y que es juez fuerte, Dios, en la muerte». El frívolo joven responde con su divisa: «¿En la muerte? ¿Tan largo me lo fiáis?» Don Juan acepta cumplir su destierro en Lebrija, pero antes se prepara para consumar el nuevo engaño. Aparece el Marqués, al son de la música y Don Juan le pide prestada su capa para «dar un perro». El ingenuo amigo accede a ello y Don Juan se despide, preparado para suplantar de nuevo a un amante en el lecho de su amada. La capa, objeto escénico de especial relieve en este episodio, no servirá para consumar el engaño, pero sí para inculpar al Marqués de la muerte del Comendador. Al mismo tiempo, en una cruel metáfora, simboliza el «toreo» que Don Juan está llevando a cabo. La elección dramática de la secuencia en torno a la muerte del Comendador acentúa el sentido del ritual, y lo proyecta a la vez sobre un esquema burlesco (capa, toro) y sobre otro trágico, en donde al prendimiento del Marqués le precede la procesión de hachas y luces (el fuego premonitorio). La secuencia es homológica de la secuencia del engaño de Isabela en Nápoles: el programa dramático del personaje «Don Juan» incluye el engaño y la huida, pero se ve entorpecido por la aparición del verdadero antagonista del *Burlador:* el *Comendador*. Al delito de traición hay que añadir el de homicidio, y a la aparición de Don Pedro Tenorio, el tío, en Nápoles, le corresponde en Sevilla la del Padre de Don Juan. Siempre la instancia familiar. En ambos casos habrá un inculpado inocente y en ambos casos el Rey decide una ejecución que nunca tendrá lugar. El desenlace del episodio de Nápoles implicaba componendas, soluciones de tono menor: deshonra y destierro. El desenlace de Sevilla acarreará modelos trágicos: homicidio y castigo brutal de un inocente condenado a muerte. En el plano simbólico y en la construcción escénica estamos ante una premonición del final del Burlador: el muerto hará cumplir la justicia inculpando al verdadero transgresor. La función de *alter ego* de Don Juan que tiene el Marqués de la Mota, reforzada por el signo escénico de la capa, actúa aquí como una prolepsis trágica, y al mismo tiempo sirve para agravar el discurso dramático con motivos premonitorios.

Los resultados de las acciones de Don Juan están perturbando el orden de las cosas, pero su capacidad para subvertir este orden todavía no ha culminado. De camino en su destierro a Lebrija aún tendrá ocasión de un nuevo engaño: otra vez la música nos introduce en un tema ambiguo [*Sol de Abril (signo Tauro)* = Fuego + Luz; canción de bodas *(Toro);* Luna menguante: Cuernos] y otra vez se repiten los mismos motivos: «temo muerte vil de estos villanos», dice Catalinón, previendo lo que va a pasar. Y Don Juan repite uno de los motivos prolépticos: «buenos ojos, blancas manos, en ellos *me abraso y quemo*». El desenlace de esta aventura queda para el tercer acto, pero, a la vista del episodio anterior de la pescadora, el espectador se hace una idea sobre lo que va a pasar.

La primera escena del tercer acto nos muestra a Batricio, el desposado, presa de unos celos crueles: las burlas de don Juan con la comida presagian su prolongación nocturna. En todo caso es interesante constatar que el dramaturgo le concede tiempo de escena en monólogo a este personaje rústico, que dispone de un monólogo de 64 versos para exponer en escena algo que trasciende a la comicidad rústica inicial de su personaje. En un universo de caballeros que faltan a sus obligaciones, Batricio (casi homófono de Patricio) desvela su condición humana, más honrada que la de su antagonista. La trampa preparada por el Burlador para esta ocasión incluye vencer la resistencia del padre de la novia, que accede a facilitar sus deseos ante la perspectiva de emparentar con la nobleza. Arminta accede ante la pasividad o connivencia, añadiendo por su parte el seguro matrimonial. Vencida su resistencia, todavía Catalinón advierte: «Mira lo que has hecho y mira que hasta la muerte, señor, es corta la mayor vida; y que hay tras la muerte imperio». Don Juan no se arredra ante estas amenazas: «Si tan largo me lo fías, vengan engaños». Arminta, por su lado, presiente alguna desgracia: «¡Mal hubiese el caballero que mis contentos me quita!». La escena ha cambiado de la redondilla al romance en tono dramático, y en esta forma métrica se va a desarrollar la escena de la seducción. Don Juan elabora su mentira en torno a la no validez de un matrimonio consumado, promete cumplir su palabra y termina su discurso seductor con una promesa temeraria: «Si acaso la palabra y la fe mía te faltaren, ruego a Dios que a traición y a alevosía me dé muerte un hombre (muerto, que vivo Dios no permita)».

Sucede que ese muerto ya existe, y que el garante del cumplimiento, la divinidad, ha sido invocada en la promesa. El mecanismo del castigo de Don Juan ya está en marcha y es imparable. Mientras unos y otros damnificados se van reuniendo en dirección a Palacio, Don Juan comienza el último acto de su carrera: la burla final a la Estatua, en la que el dramaturgo no nos ha ahorrado referencias constantes, en boca de Don Juan, a la inminencia del castigo. «La iglesia es tierra sagrada», avisa Catalinón. Y Don Juan responde, en un espléndido ejemplo de ironía sofóclea: «Di que de día me den en ella la muerte». Y más adelante, al leer la inscripción en la lápida del sepulcro, se jacta así: «que si a la muerte aguardáis la venganza, la esperanza agora es bien que perdáis, pues vuestro enojo y *venganza tan largo me lo fiáis*». La explicación de este motivo dramático, y su función trágica, la sabremos en la primera invitación de la posada. Los músicos cantan un tema repetido e inequívoco: «Si de mi amor aguardáis, señora, de aquesta suerte, el galardón en la muerte, *¡qué largo me lo fiáis!*». Don Juan acepta devolver la visita yendo a cenar a la iglesia, ajeno a la imprudencia que él mismo había señalado inadvertidamente al aludir a su muerte, y hasta que no devuelva esa visita, el dramaturgo nos hace ver la acumulación de hechos que preparan en Palacio el desvelamiento de las fechorías del Burlador: la liberación del Marqués de su prisión, la llegada de Arminta y su encuentro con Octavio, la reunión del rey con el padre de Don Juan. En realidad todo esto es ya inútil, porque al aceptar la invitación Don Juan ha culminado su programa dramático y ha sellado su destino: «Ésta es justicia de Dios, quien tal hace, que tal pague».

Tipología de las escenas

La teoría poética expuesta por Lope en su *Arte Nuevo* tiene en cuenta al menos tres aspectos esenciales del análisis escénico: el *tipo estrófico* utilizado, (uno o varios), el *carácter* de la escena (relación, queja, conflicto o debate amoroso, etc.) y los *participantes* (monólogo, diálogo o polílogo). Está claro que una comedia se compone de tres jornadas y que el análisis de cómo estas tres jornadas desarrollan la historia responde a la concreción teatral de las peripecias. Ahora bien, la manera de sustentar cada jornada se fundamenta en la idea que el dramaturgo tenga de lo que es una escena y del ritmo que debe dar a las secuencias de escenas. En este sentido el ritmo escénico del *Burlador* corresponde admirablemente a la idea teatral que expone. Globalmente considerada, la obra utiliza dos tipos métricos preferentes, el romance y la redondilla. El conjunto de romance y romancillo más redondilla alcanza el 80 por 100 de la obra. Está claro que las variaciones sobre estos dos metros de base responden a funciones dramáticas de interés, que el autor ha explotado por medio del verso. A partir de estas constataciones previas vamos a tratar de exponer el sistema de construcción escénica de *El convidado de piedra*.

En primer lugar, las formas romanceadas se usan de muy distinta manera: en el primer acto sirven para relaciones, como apunta Lope. Don Pedro le *cuenta* al Rey de Nápoles y luego al Duque Octavio lo que ha pasado (o lo que a él le interesa hacer creer que ha pasado) en el palacio. Más tarde Don Gonzalo *cuenta* cómo es Lisboa, a través de un largo romance (en la versión inicial, el *Tan largo,* la loa a Sevilla en boca de Don Juan, también era en romance) y la pescadora *cuenta* cómo es su vida y cómo son sus sentimientos y carácter en un romance heptasílabo. A partir de aquí, el uso del romance ya no va a tener carácter narrativo, sino preferentemente dramático. Al final de la primera jornada Tisbea usa el romance para llorar su abandono y su desengaño. Más tarde, en el segundo acto, se usa de nuevo el romance para la escena del prendimiento del Marqués, y se vuelve a usar para la seducción nocturna de Arminta en el tercero. El dramatismo funcional del romance cobra todo su valor en el enfrentamiento final entre la Estatua y Don Juan. A partir de la escena del Comendador en la posada, en el momento mismo en que ha terminado la canción con el último verso premonitorio, *¡qué largo me lo fiáis!,* comienza el romance, que es la forma de base de la segunda mitad del tercer acto. Es decir, es la forma estrófica en la que se resuelve el desenlace: romance en agudo -ó, para la escena de la promesa de Don Juan a la Estatua, con el primer apretón de manos, escena de enorme densidad trágica; romance en a-a para la querella de Octavio con el padre del Burlador delante del Rey, y finalmente, romance en a-e con el refuerzo del tema cantado *(ni deuda que no se pague),* y del refrán *(quien tal hace, que tal pague),* abarcando desde el reencuentro con la Estatua hasta los últimos versos de la obra. Parece claro que el romance sirve para enlazar, en su vertiente dramática, las escenas de seducción con las de castigo, y que el uso de la música está muy estrechamente asociado a este valor dramático. A cambio, el desarrollo de la historia en sus episodios generales está tratado en redondilla. Las variaciones sobre estos modelos centrales son muy interesantes: los tres pasajes en que hay décimas corresponden a pasajes de quejas de novios burlados:

Octavio en el primer acto, Batricio en el segundo y el Marqués de la Mota en el tercero. Aunque los participantes en cada escena varían (el interlocutor de Octavio es Don Pedro; Batricio está dentro de un polílogo con Don Juan, Catalinón, Gazeno y Arminta, y el Marqués se queja al padre de Don Juan) la insistencia es reveladora: la décima se usa, como aconsejaba Lope, para quejas de las víctimas del engaño, tanto en memoria como en premonición.

Los endecasílabos, sueltos, en soneto o en octavas reales, corresponden a escenas en las que están presentes los reyes, el de Nápoles o el de Castilla. La forma estrófica mixta, sextilla alirada, que combina endecasílabo y heptasílabo, se usa para la escena del encuentro entre Tisbea e Isabela, de intenso dramatismo. En origen, en el TL, correspondía a una propuesta de Don Pedro Tenorio, aunque el centro dramático de la escena sea el desvelamiento de la traición de Don Juan al cotejar los relatos de Isabela y Tisbea. Dado que la pescadora tenía un romance inicial en heptasílabo, se diría que el autor de la obra usa el heptasílabo para voz femenina, y expresa el dramatismo por medio del contraste entre dos versos impares, tal y como va a establecer Calderón en el decenio siguiente, fijando el uso en su memorable escena inicial de Rosaura. Las letras con estribillo de vuelta de canción sirven para la escena epitalámica (el cambio a la décima anuncia el tema lírico-dramático de la queja, al enfrentar las figuras de burlador y burlado), y los dos pasajes en quintilla del tercer acto tienen en común que hacen intervenir a personajes de dos tipos, amo y criado (Don Juan y Catalinón) o noble y rústico (Octavio y Gazeno). Esta idea de la quintilla para contraste social parece confirmarse en el hecho de que la escena entre Octavio y su criado en TL era también en quintillas, rectificadas luego en redondillas para BS.

Veamos ahora el análisis en función de los participantes: en el primer acto hay un monólogo, el de Tisbea, resuelto en romancillo, que se podría calificar como monólogo lírico-narrativo, y un parlamento (casi monólogo) dramático de Tisbea, al final del acto, en romance octosílabo. En el segundo acto tenemos el primer monólogo de Don Juan después de recibir el billete de la criada de Doña Ana: once redondillas, con una parte central que es la lectura de la propia carta o billete. Un breve monólogo dramático del Marqués, tras la muerte del Comendador, que deriva en su prendimiento. En este caso, la escena entera, definida por la presencia del Marqués, consta de monólogo y diálogo y está resuelta enteramente en romance.

El tercer acto comienza con el monólogo de Batricio (64 versos en redondilla, tanto en TL como en BS), continúa con el diálogo dramático Batricio-Don Juan y termina con un breve monólogo de Don Juan (20 versos en BS, 16 en TL). La secuencia escénica total son 128 versos (132 en TL), íntegramente en redondillas, y anuncia ya el cambio de tonalidad en ese verso final temático *(tan largo me lo guardáis* en BS, pero *tan largo me lo fiáis* en TL, conforme al plan de la obra). La escena siguiente consta de cinco fragmentos, y el cambio de tono lo da el primero, un breve diálogo entre Arminta y Belisa. El tema *¿qué caballero es éste que de mi esposo me priva?* se va a desarrollar manteniendo como nexo de unión el romance. La secuencia en BS es: a) Arminta, Belisa, b) Don Juan, Gaseno, Catalinón, c) Don Juan, Catalinón, d) Don Juan, y e) Don Juan y Arminta. A esta escena le sigue ya la escena marina entre Tisbea e Isabela, con dos secuencias: Fabio (Don Pedro en TL)-Isabela, e Isabela-Tisbea, en sexteto-lira, y luego, quintillas para la secuencia ante la Iglesia, entre Don Juan y Catalinón, seguida de la ofensa y la primera invitación dentro de la iglesia. La métrica pasa a redondillas con el cambio de *lugar escénico* (de la iglesia a la posada), y, como ya se ha dicho, nuevo paso a romance en -ó al terminar la canción premonitoria, sin que haya cambio de lugar ni de protagonistas. Si el primer enfrentamiento entre Don Juan y la Estatua constituye una macroescena, entonces la métrica nos permite diferenciar tres momentos escénicos: un tono jocoso inicial (quintillas), un tono dramático-épico (redondillas) y un tono grave, trágico, final (romance en agudo), que va a enlazar con la escena del segundo y definitivo enfrentamiento, también en romance.

Todo ello nos lleva a plantearnos cuál es realmente la teoría dramática del autor de esta obra: no parece que esta teoría quede explicitada por la mera aplicación de las fórmulas lopianas del *Arte Nuevo*. Parece más bien que actúa en dos niveles perfectamente diferenciados: el uso del par *estrofa/escena* y el ajuste de ese uso a la disposición de la historia en *episodios, lugares y subsistemas escénicos*. En estos subsistemas entran aspectos como *momentos, gestos, canciones, refranes, tipología textual* (monólogos, parlamentos, réplicas) y efectos escénicos como la *prolepsis, dilación y homologías*. Antes de pasar al análisis de todo este componente teatral conviene insistir en este hecho: esta teoría teatral, manifestada en la práctica en este texto admirable que es *El convidado de piedra,* es la manera técnica que evidencia a un autor. El análisis y cotejo de esta obra con las de Tirso y las de Claramonte no deja lugar a dudas: tanto por la dramaturgia interna como por el estilo literario la obra corresponde a Claramonte, independientemente de que otros argumentos fuertes (como la fecha de composición o su relación con los Ulloa) también apunten a esa autoría. De hecho, la obra está tan alejada de los cánones de composición del fraile mercedario, que es precisamente el último autor al que esta comedia podría atribuírsele. El estilo de Tirso, perfectamente coherente en la evolución que comprende comedias como *La villana de la Sagra, La prudencia en la mujer, El vergonzoso en Palacio, Don Gil de las Calzas Verdes, La Dama del Olivar, La Santa Juana* o *Palabras y plumas,* que es la que Tirso escogió como frontispicio para su primer Tomo de Comedias, está muy alejado de obras como las dos versiones de *El convidado de piedra,* y otras obras que se le han atribuido a partir de la presunta autoría de ésta, como *El condenado por desconfiado, La venganza de Tamar* o *La Ninfa del Cielo*. A cambio, en tan sólo media docena de obras de Claramonte encontramos todos los rasgos de dramaturgia y estilo que caracterizan al autor de *El convidado de piedra*. No aparecen casualmente, como pretende A. Prieto, los nombres de Diego Tenorio, Juana Tenorio y Tisbea en *Deste agua no beberé*. Se trata de los personajes, los temas, y los conflictos que interesan a Claramonte, probablemente por el hecho de haber vivido muchos años en Sevilla y haber estado protegido por la familia Ulloa. El dramaturgo que escribió la historia del Burlador no modificó de pronto su estilo, temática preferida y características, para adoptar otro con el fin de crear un mito (como habría que sostener para atribuir la obra a Tirso)[30]; en esta obra repite los mismos temas, los mismos tipos, incluso los mismos apellidos de familia y nombres de personajes de reparto, que venía utilizando desde antes y que seguirá utilizando después.

Los personajes

El convidado de piedra corresponde a la versión definitiva de una comedia dramática que acaba generando un mito asentado sobre dos personajes y una figura. La figura es la del Comendador, que carece de relieve como personaje, pero que resulta imprescindible para la constitución del mito. Los dos personajes son la pareja Amo/Criado, constante en el mito. Llámese Catalinón, Colchón, Sganarelle, Camacho, Leporello o Ciutti, el criado, en sus distintas variantes, es inseparable del amo libertino y descreído. El amo transgresor y el criado gracioso y amedrentado constituyen las dos partes indisolubles de una unidad mítica similar a la que forman Don Quijote y Sancho. La importancia del criado gracioso se revela en su entidad escénica[31]: aparece en todas las escenas previas a las seducciones (en el episodio de Nápoles no existe ninguna escena previa; la obra comienza tras la seducción y engaño de Isabela), y en las dos escenas con la Estatua. De ahí la importancia de la pregunta de Don Juan al aceptar la invitación de ir a la Iglesia: «¿Iré solo?», y la respuesta coherente del comendador: «No. Id los dos.» Lógica consecuencia de ello, Catalinón será el encargado de exponer a las gentes del Palacio el fin terrible de Don Juan. Resulta importante analizar la escena de presentación del criado, que, a diferencia de lo habitual en las comedias del Siglo de Oro, aparece en escena con un parlamento

---

[30] Si hay algo bien probado es que Tirso, como Cronista de la Orden de la Merced que era, siempre fue muy cuidadoso con el marco histórico de sus obras. Parece difícil que fuera a escribir una que incurre en el grosero error de hacer coetáneos a Juan II de Portugal y a Alfonso XI de Castilla, separados por más de un siglo.

[31] Menos compleja, en todo caso, que la de los graciosos del auténtico teatro de Tirso, bastante más complejos, activos e ingeniosos que el amedrentado y procaz Catalinón.

propio. No depende de lo que su señor dice, ya que su señor está todavía inconsciente tras el esfuerzo que ha hecho por salvarlo de las aguas. El caso es que Catalinón dispone de un parlamento de 37 versos en el que nadie le interrumpe. De hecho él es el primer interlocutor de la que será la próxima víctima de Don Juan. En cuanto a la presentación del gracioso en escena, Catalinón aparece de forma similar a Pití, el gracioso de *El ataúd para el vivo y tálamo para el muerto,* que dispone de 32 versos en redondillas, sin nadie que interrumpa su discurso. Un discurso, como el Catalinón, de protesta sobre los peligros del mar, con frases muy similares.

Más que un personaje, Catalinón es una función mítica (como confirma su pervivencia en las versiones posteriores). Por un lado asume la función teatral del gracioso (su repertorio de chistes y bromas enlaza con las máscaras de la Comedia del Arte como Arlequín, Brighella o Polichinela) y por otro, la sujeción y obediencia que debe a su amo, representante de una conducta y valores negativos que Catalinón desaprueba. Frente a las transgresiones, crímenes y traiciones del burlador, encarna la conducta social admisible. Simplemente su *status* de criado no le permite ir más allá de la reprobación verbal o desaprobación. Molho, que insiste en este carácter de Esclavo, del gracioso, añade la posibilidad de que Catalinón sea simple aumentativo de Catalina, y esconda una vertiente homosexual que algunas partes del texto pueden avalar. La interpretación habitual de que el nombre deriva de «catalina: excremento», y Catalinón significaría «cagón» o «cagarruta», no es incompatible con esto. Sería, pues, un signo bisémico. Ante la evidencia de la actitud de Don Juan, Catalinón actúa como un contrapunto cómico que expresa sus miedos y temores, y recurre a la broma o al chiste para ahuyentarlos. Si la sospecha de Molho es correcta, las alusiones sexuales de Catalinón sobre la actividad amatoria de Don Juan le darían una dimensión erótica muy compleja («Fuerza al turco, fuerza al scita... y al sastre con su agujita de oro en la mano»), que no es ajena a las actividades de muchos nobles de la época, conocidos por su dedicación amorosa a diestra y siniestra y en cualquier acera. Como heredero de la tradición cómica teatral europea, incorpora a su repertorio textual los chistes sobre el agua y el vino, los apuntes escatológicos o la burla de oficios como sastres y sacristanes.

El Comendador no es propiamente personaje, sino *figura*. Se trata del Padre, pero también, y de forma complementaria, de la encarnación en la Piedra, como la inamovible piedra de la Iglesia. La modificación del texto inicial le otorga más tiempo de escena en su largo parlamento sobre Lisboa. En ese parlamento no se escatiman las alusiones a distintas iglesias o conventos, lo que le convierte en el Embajador del Orden religioso, tal y como un Comendador de Calatrava es esencialmente. Esto es uno de los aciertos evidentes de la remodelación textual, ya que en TL disponía tan sólo de nueve réplicas, con un total de 22 versos en el primer acto, mientras ahora frisa los 200. Nada nos dice sobre sí mismo, si no es esa función de conector de dos mundos: el del poder político y el del poder religioso. En el momento brevísimo de su muerte alude al cargo grave que pesa sobre Don Juan: traición y homicidio del honor. La acotación escénica de sus entradas en el tercer acto nos identifica al enviado del Más Allá: *«en la forma que estaba en el sepulcro... con pasos menudos... paso, como cosa del otro mundo... vase muy poco a poco, mirando a Don Juan»*. La lentitud y la solemnidad, la fijación de la mirada y la asistencia en el gesto final de la mano son las huellas de alguien que trae una embajada a través de su presencia de piedra. Como observa atinadamente Varey «el que la Estatua de Don Gonzalo arrastre a Don Juan, su asesino, al infierno, es también poéticamente justo». La versión de Alonso de Córdova da fe del impacto causado en el espectador por esta figura: *«Córrese una cortina, descúbrese un sepulcro bien formado y adornado y en él* DON GONZALO DE ULLOA *como se vio en "El Convidado de Piedra» antiguamente"»*, y más tarde, en el episodio de la primera invitación *«Sale* DON GONZALO *en la forma del "Convidado de piedra"»*. Goldoni, en el siglo XVIII, y con espíritu racionalista, se planteó la supresión de esta figura, que le parecía innecesaria. Sin embargo el público la exige, porque sin la figura terrible del Hombre de Piedra, Don Juan se queda sin oponente escénico.

Y llegamos a nuestro personaje principal, sobre el que han corrido ríos de tinta. La atribución tradicional a Tirso, y la modificación hispánica hecha por Zorrilla en la estructura del mito han llevado a crear un paradigma de interpretación según la cual el personaje ilustra algún tipo de pecado fustigable por un teólogo. Antes de aplicar categorías críticas derivadas de tan ilustre ciencia, conviene saber cómo se nos presenta Don Juan dentro de la obra dramática misma. Además de ello, y confiando en que el autor no podía ser otro que Tirso, se ha proyectado una línea de análisis sorprendente respecto a la *inspiración* para crear el personaje. Según esta ingenua hermenéutica, Tirso habría decidido crear un mito y se habría inspirado para ello en un personaje coetáneo; a partir de aquí los investigadores han ido proponiendo, uno tras otro, a gran cantidad de personajes reales, desde el Conde de Villamediana hasta Mateo Vázquez de Lecca. Todavía no tenemos escrita la obra, y mucho menos las condiciones posibles de generación del mito, y ya hay un fraile dispuesto a seleccionar a un coetáneo suyo para transformarlo en mito de siglos futuros. Para encontrar seductores de doncellas, en esa época, y en las anteriores, basta con seguir la trayectoria que va de Lope de Vega a Men Rodríguez Tenorio, también Caballero de la Banda en 1348, y acusado de la muerte de Payo Gómez Chariño. La obra, llámese *Tan largo me lo fiáis*, *El convidado de piedra* o, como decidió un editor sevillano, *El burlador de Sevilla*, es un texto histórico, que pone en escena personajes históricos, y en una época histórica concreta. Es el medio cultural el que crea el mito a partir de la escritura del dramaturgo, seleccionando esta historia, y no otra distinta, de ese autor o de esa época. El autor no puede ser consciente de estar creando ningún mito, como no será consciente, años después, Alonso de Córdova, de estar introduciendo al personaje necesario, Doña Ana de Ulloa, para articular la historia como mito. Por ello es mejor detenernos en el personaje teatral, y no en el futuro mito, para explicar cómo aparece en esta obra.

Un personaje está ante el público de dos formas distintas: o bien él solo (monólogo) o bien en compañía de otros personajes. Cuando está solo en escena expresa ante el espectador lo que es su interioridad como personaje, puesto que en la convención dramática no se contempla la posibilidad de que el personaje le mienta al público, ya que la convención establecida por la cuarta pared implica que el público es invisible para el personaje (aunque perfectamente visible y necesario para el actor que lo encarna). Cuando comparte escena con otros personajes su Yo social dentro de la historia en la que vive, las relaciones, conflictos o contrastes que vive con el resto de su universo teatral. En este sentido el personaje puede «advertir» al espectador por medio de *apartes* sobre sus intenciones reales al hablar o actuar de determinada manera. Un *aparte* viene siendo un fugaz monólogo en dirección al espectador dentro de una escena de diálogo, pero quien «dialoga» con el público no es el personaje, sino el dramaturgo que ha creado al personaje. En este sentido la más fiable aproximación sobre Don Juan como personaje la tenemos en los monólogos[32] y los *apartes*. No podemos tener duda sobre las intenciones de Don Juan cuando, antes de la inmediata seducción de Arminta, Don Juan, en TL, dice en un *aparte:* «La noche camina. Quiero su viejo padre engañar. ¡Oh estrellas que me miráis, dadme en este engaño suerte, si el castigo hasta la muerte, tan largo me lo fiáis!». En el texto de BS tenemos el verso «quiero su viejo padre llamar», con algunas modificaciones de menor entidad (alumbráis/miráis). La intención clara de Don Juan es la de engañar, y la transmisión avala aquí la lectura de TL.

Ya en el primer monólogo, y el más explícito, el que sigue a la recepción del billete amoroso de Doña Ana, teníamos un apunte de carácter: «El mayor gusto que en mí puede haber es burlar una mujer y dejarla sin honor». Don Juan todavía no ha leído el mensaje, pero ya se imagina la posibilidad de traicionar a su amigo burlando a su enamorada. Es él mismo quien habla de *engaño* y *burla*. Se autocalifica. Más adelante, al acecho de Arminta, insiste: «yo quiero poner mi engaño por obra, el Amor me guía a mi inclinación, de quien no hay hombre que se resista». Su *inclinación* le fuerza a burlar y engañar y él es consciente de que esta conducta es delictiva. Conviene no olvidar aquí en qué consiste la *inclinación,* que

---

[32] Otro argumento contra la autoría de Tirso, que acostumbra a dar a sus protagonistas monólogos suficientemente complejos y detallados para revelar ante el espectador su personalidad.

no es un término inocente. En *El secreto en la mujer,* donde asistimos también a un caso de burla nocturna con suplantación de personalidad, Claramonte pone en boca de su personaje Clavela, en el comienzo mismo de la obra: «Mira, Tisbeo, el amor es una influsión de estrellas, ésta inclina a lo peor, que ésta inclina a lo mejor, que en ellas hay piedad como hay rigor. Inclinación fue un dios fuerte, a quien un tiempo adoraron las gentes...»[33]. Don Juan es un ejemplo de la influencia, influsión o influjo de los astros que determina la condición de cada uno. El último monólogo nos lo muestra solo en la posada, después de la visita de la Estatua: reconoce la presencia de lo Infernal, que a un tiempo abrasa y hiela, pero se engaña a sí mismo sobre su vivencia física («todo el cuerpo se ha bañado de un sudor helado») creyendo, o queriendo creer que «todo son ideas que da a la imaginación el temor». Y el colmo del temor es temer a los muertos. Don Juan, frente a sus propias vivencias, opone la necesidad de mantener su imagen, la imagen que de él tiene Sevilla. En este punto enlazan dos fragmentos de monólogo: el comienzo del primero y el final del último: «Sevilla a voces me llama El Burlador», y «porque se admire y espante Sevilla de mi valor». La imagen que Don Juan se hace de sí mismo, y su consecuencia social y personal, lo que la psicología moderna llama la autoestima, es la imagen que corre por Sevilla: un profesional de la burla y un hombre temerario (frente a Catalinón, el hombre temeroso). Vale la pena insistir sobre este aspecto del personaje, porque es el que le asienta en un plano creíble teatralmente: la *fama* de Don Juan le ata y le obliga a atenerse a lo que de él se espera. Se espera que burle más y mejor que sus posibles rivales (los tipos como el Marqués de la Mota, compinche de aventuras de baja estofa) y en ello entra el burlar a sus propios rivales (rasgo que con olfato teatral desarrollará Zorrilla en la escena inicial del Tenorio); y se espera también que no retroceda ante el miedo,

---

[33] A. de Claramonte, *El secreto en la mujer,* Londres, Tamesis Books, 1991. El punto de vista sobre el concepto de la inclinación se completa en *La infelice Dorotea* (1920), en unos versos dichos por Garci Núñez, de sabor calderoniano: «Es error, es desvarío, / que con el libre albedrío / se puede el Hado vencer; / que aunque su horóscopo fiero / tan mísero fin destina, / no fuerza, que sólo inclina».

ni siquiera ante el miedo corporeizado en la figura de ultratumba. Este Don Juan preso de su leyenda de *garañón sexual* (TL), y de Burlador arrogante, se ve confirmado en sus diálogos con Catalinón: «Si el burlar es hábito antiguo mío, ¿qué me preguntas, sabiendo mi condición?». Nótese el fondo: *hábito antiguo* y *condición*. Y más adelante, a la réplica de Catalinón de que «la razón hace al valiente», opone «y al cobarde hace el temor». La divisa de Don Juan parece ser: «Burlar y no temer nada ni a nadie», coherentemente revelada por el dicho *¿Tan largo me lo fiáis?* La muerte queda muy lejos, ya que Don Juan es joven. Y la justificación dramática de esta conducta está en una réplica que precede al encuentro con el Marqués, cuando se prepara la burla de Doña Ana: «Ha de ser burla de *fama*». Burlar al que parece ser su gran amigo es el no va más de la burla. Y al oírse llamar por Catalinón «burlador de España», la respuesta es nítida: «Tú me has dado gentil nombre». Así es como Don Juan se ve a sí mismo, aunque Catalinón lo vea como «langosta de las mujeres». Es decir, una de las plagas bíblicas.

Esa *fama* de Don Juan es precisamente lo primero que le achaca su padre al encontrarlo en Sevilla: «Verte más cuerdo quería, más bueno y con mejor fama». El valor al que se atiene Don Juan en su conducta es esa cotización de la fama en el mercado de valores de los jóvenes calaveras de buena familia. Para ello no duda en traicionar, y en traicionar a su ser mismo de caballero: «Soy su amigo y caballero», asegura para hacerse con el billete de Ana de Ulloa. «Ved que caballero soy», avisa al ser descubierto en Nápoles, y con Arminta insiste en lo mismo: «Yo soy noble caballero, cabeza de la familia de los Tenorio». Por último, frente a la Estatua, insiste en su linaje: «Soy Tenorio». Sin embargo, su programa dramático, la conducta que desarrolla ante el espectador, la que sus víctimas comprueban en la realidad, desmiente esa condición de caballero. No en vano el pueblo llano, los pescadores y labradores, desconfían de estos caballeros. Así Tisbea acusa: «engañóme el caballero (...) seguid al vil caballero», y Arminta se pregunta «qué caballero es éste que de mi esposo me priva». Y Batricio corrobora: «galán y caballero, quitan gusto y celos dan». Y Arminta, comentando esa conducta, precisa «la desvergüenza en España se ha hecho caballería». Para aludir a esa conducta, su propio padre no duda en hablar de *maldad, traición y con un amigo, delito tal*. Términos todos ellos repetidos y amplificados en el diálogo familiar entre Don Juan y su padre. Traición, maldad y delito están también en boca de las sucesivas víctimas de su conducta. Don Juan se nos presenta como seductor y valiente, pero de hecho es un personaje que no duda en practicar la mentira, el engaño, el delito y la traición como medios para mantener su *fama*. Para certificar que su puesto de número uno de la burla y de la arrogancia está conseguido y mantenido por méritos propios. ¿No hay aquí además un esquema que permite al público italiano identificar parte de los componentes del personaje de Il Capitano de la Comedia del Arte, corroborando además su condición de español y familiar del embajador de Nápoles? Esto es lo que el análisis del texto nos dice sobre el personaje, y a partir de esto, y de la disposición dramática de la obra, podemos juzgar los *momentos teatrales* que configuran su personalidad dramática. Es decir: en qué medida es realmente un seductor y en qué medida es realmente valiente. En cuanto a Isabela y Doña Ana no hay seducción de ningún tipo: hay engaño con suplantación de personalidad. Isabela y Doña Ana no se entregan a Don Juan, sino a un falso Duque Octavio y a un falso Marqués de la Mota. En un caso el delito de suplantación y traición consigue sus objetivos amatorios; en el otro, la muerte del Comendador impide consumar la burla. El análisis de «estilo» de Don Juan como seductor nos lo dan los episodios con Tisbea y Arminta. La situación es diferente en ambas, ya que la pescadora ha expresado ante el espectador, en su monólogo inicial, su situación de orgullosa soltería, mientras que Arminta acaba de desposarse. En cuanto a la seducción de Tisbea, no se ha hecho suficiente hincapié hasta ahora en un elemento, a mi juicio, esencial. Antes de que Don Juan despierte en sus brazos y se adentre en su especialidad, Catalinón ya ha informado a la pescadora sobre la identidad del náufrago. Tisbea sabe que Don Juan es un noble, hijo del camarero Mayor del Rey. Esto provoca realmente un engaño inadvertido: Don Juan cree estar seduciendo a Tisbea por medio de la palabra, de su elaborado discurso amoroso, ya que en un aparte se ha preocupado de exigirle a Catalinón que no desvele su identidad. El criado, que ya ha cometido esa imprudencia, lo calla y desvía la respuesta. La situación, cara al espectador, es muy interesante: ¿se enamora Tisbea a causa del discurso de la seducción, sin alicientes especiales, o bien está predispuesta a ello desde el momento en que sabe que tiene en sus brazos a un noble? Esto afecta al entendimiento del papel de la pescadora, pero también a un problema esencial de interpretación: el de establecer el alcance de la crítica social de la comedia. Según Varey, Tisbea «no es objeto de crítica social». Sin embargo el texto deja claro que su situación es similar a la de Arminta: la una y la otra saben, desde el comienzo de su aventura, que tienen enfrente a un alto personaje de la Corte.

Antes de entrar en las implicaciones de este apartado conviene detenerse en un punto que la dramaturgia de la obra hace resaltar: el primer diálogo amoroso entre Tisbea y Don Juan contiene dos motivos sociales explícitos. Tisbea se dirige a un náufrago con la mención de su condición de *noble y caballero,* lo que modifica su propio mensaje inicial, en que veía a «un hombre»; en segundo lugar, antes de ningún tipo de efusión amatoria por parte de Tisbea, su motivo dramático se formula como un *deseo: ¡plega a Dios que no mintáis!,* verso que se repite tres veces y que está enlazado con un verso inequívoco: «mucho *al parecer* sentís». Tisbea no se fía. Su estrategia consiste en llevarle a la cabaña («ven y será la cabaña del amor que me acompaña, tálamo de nuestro fuego») y en cerciorarse de que va a ser retribuida adecuadamente («yo a ti me allano bajo palabra y mano de esposo»). Conviene no idealizar demasiado a la pescadora: desde el comienzo está escondiendo una carta en la manga: conoce la identidad de su futuro burlador. Don Juan no sabe esto, pero el espectador, sí. Tisbea se ha cerciorado bien de sus derechos a través de una promesa, y una vez cumplido el ritual amatorio sus palabras de protesta están perfectamente enmarcadas: «engañóme el caballero *debajo de fe y palabra de marido* y profanó mi honestidad y mi cama... en la presencia del Rey tengo de pedir venganza». No pide exactamente venganza, sino una muy calculada aplicación legal de derechos adquiridos. Por supuesto, en Tisbea, un personaje muy bien trazado teatralmente, hay más que esto. Pero también hay esto. Tisbea participa en la burla al ocultarle a Don Juan el hecho de que conoce su identidad. Dramáticamente, el fondo de este episodio está prefigurando ya el esquema de construcción del mito: quien burla, más tarde será burlado. Desde esta perspectiva se entiende bien cuál es el alcance de Don Juan como seductor: a sus iguales no puede seducirlas y se limita a suplantar alevosamente al verdadero novio. A sus inferiores les hace objeto, pura y llanamente, de una estafa: cambia el favor sexual por una perspectiva de ascenso social, pero sin intención de cumplir el trato. El sistema de burlas de Don Juan es en realidad una concatenación de traiciones y estafas a distintos niveles. Y en ello el burlador no tiene atenuantes: el texto confirma que está aprovechándose de esa misma posición social para conseguir la impunidad (cuando no el premio, en forma de Condado de Lebrija). Don Pedro Tenorio le hace huir de Nápoles por medio de una treta, y el propio Don Juan no teme las consecuencias de sus actos, convencido como está de que en esta tierra no se le va a castigar: «Si es mi padre el dueño de la justicia, y es la privanza del Rey, ¿qué temes?». Don Juan es reo de traición y alevosía, y el alcance jurídico de estas dos palabras se manifiesta de forma clara en el castigo que él mismo desencadena al prometer en falso a Arminta que «a traición y alevosía me dé muerte un hombre (muerto, que vivo Dios no permita)».

Don Juan, como personaje, es el exponente de una clase entera de aristócratas, de jóvenes de buena familia que, protegidos por sus relaciones políticas y su posición social, afrontan el ordenamiento legal del reino y hacen caso omiso de las reglas morales de la sociedad. Antes de que toda la potencia mítica de la obra se manifieste, a través de las variaciones de la historia de Don Juan en la literatura universal, este primer Burlador, prototipo que abre la llave del símbolo imaginario y antropológico, ha sido el exponente de una clase social y de una conducta moral asociada a esa clase. No del siglo XIV, sino del siglo XVII, que el dramaturgo está reflejando.

El castigo que la obra prepara no tiene contenido teológico alguno: se trata de la manifestación de una justicia poética necesaria, que se ejerce sobre un individuo, un Juan Tenorio concreto, que personifica el grado más elevado de corrupción social y moral de todo un plantel de *burladores* cuya nómina él encabeza. Si contemplamos la figura de don Juan en el sistema dramático de burladores que aparecen en las obras de Andrés de Claramonte, podemos identificar con claridad qué tipo teatral se está criticando y cómo funciona la justicia poética: en *El ataúd para el vivo y tálamo para el muerto*, don Nuño Ferreyra, privado del rey de Portugal, se vale de su situación para conseguir la caída en desgracia de Jorge de Ataíde, con la intención expresa de desposar a su viuda. Como colofón, ordena alevosamente que un par de sicarios asesinen a Don Jorge. Al final de la obra, el supuesto muerto reaparece e interrumpe la boda que ya se estaba celebrando en palacio, en Portalegre, para dar muerte al traidor. Es decir, una variación respecto al castigo, de lo que sucede en *El convidado de piedra:* la venganza del muerto que regresa para vengarse de quien lo mató. Otra variación es la del desenlace de *El valiente negro en Flandes* en donde Agustín de Estrada, que ya prepara su boda con Doña Juana, prima de la burlada Leonor, se ve obligado a satisfacer la deuda ante la aparición de un inesperado Comendador. Otro burlador que recibe su castigo después de haber suplantado la identidad del novio para gozar a su dama es Lelio, de *El secreto en la mujer,* que también está a punto de ser ajusticiado en público, aunque en este caso la llegada in extremis del criado Pánfilo permite enderezar las cosas.

A este linaje de «nobles calaveras» pertenece también el Marqués de la Mota, pero, a diferencia de Don Juan, él sí se enamora realmente de su prima Ana de Ulloa. El marqués no pretende «burlar» a doña Ana, aunque sí gozar de ella con su consentimiento y despreciando la autoridad paterna. El cínico consejo de Don Juan es muy especial: «Sacadla, solicitadla, escribidla, y *engañadla,* y el mundo se abrase y queme». No sabemos cuál sería realmente la actitud del Marqués una vez consumada la cita nocturna. El Burlador, con su intervención, ha variado los datos. El prendimiento, la condena a muerte y la estancia en la prisión de Triana, actúan poéticamente, dramáticamente, con una doble función: por un lado exhiben en escena el castigo que corresponde al delito. El Marqués *suplanta* a Don Juan en el ritual del castigo: cumple su condena. Por otro lado, sin duda, desde el punto de vista de la construcción de la obra, esta expiación es necesaria para poder justificar el desenlace feliz de los amores entre él y Doña Ana. La expiación de un delito que él no cometió le sirve de catarsis para entrar en el premio: está expiando la parte de burlador que hay en él y que hasta entonces no había sido castigada. En cuanto a su amor por su prima, el rescate del episodio de la torre resulta esencial para entender la función dramática del personaje: «Y aunque siento que matase a mi tío, más sentido estoy y más ofendido, de que a mi prima gozase». El Marqués siente la burla de su falso amigo en la deshonra de su prima. No es propiamente la situación de reo de homicidio lo que más le afecta: es el hecho de haber sido castigado en la única mujer a la que él no hubiera burlado.

Menor densidad dramática tiene Octavio, aunque sea, por el número de sus escenas y su intervención textual, el auténtico antagonista de Don Juan. Sabemos que es el gran estafado: desde el comienzo lo vemos como enamorado de Isabela (la escena del diálogo con Ripio tiene esa función dramática) y al mismo tiempo como hombre poco firme (sus dudas y angustias sobre la conducta de ella) y bastante voluble: acepta la boda con Ana de Ulloa y pasa a olvidarse de inmediato de Isabela. Octavio representa un grado menos que el Marqués de la Mota en cuanto a su estima por las mujeres, aunque, como contrapartida, también un grado menos en catadura moral. No hay evidencia de que se trate del mismo tipo de alegre crápula que son Don Juan y el Marqués. Precisamente Ripio le sirve de contraste para demostrar su inocencia en este aspecto. La escena en quintillas del tercer acto, su trampa para pillar a Don Juan utilizando a Arminta y Gazeno, no avala sus escrúpulos para tratar a la gente llana.

El último de los burlados es Batricio. A través de él descubrimos uno de los ejes de oposición entre Corte y Aldea. Don Juan le vence acudiendo al *honor*. El honor, como apunta el dramaturgo por boca del propio Don Juan «se fue al aldea, huyendo de las ciudades». Don Juan está explicándose a sí mismo, y al mismo tiempo al espectador, qué estrategia ha utilizado para batir a Batricio. Don Juan, personaje negativo, se ha aprovechado precisamente de una virtud de su oponente que él entiende como debilidad. Batricio es el último de los burlados, y también el último en la escala social, y al mismo tiempo es la antifigura del burlador. A diferencia de Octavio, del Marqués, o del casi invisible Anfriso, Batricio (el futuro Masetto de Da Ponte-Mozart) es un personaje muy cuidadosamente presentado. Escénicamente aparece como «segunda vícitma», después de la injusta prisión del Marqués. Dramáticamente es, sin duda, la víctima culminante de un proceso. Me explico: Octavio e Isabela *nunca aparecen juntos en escena,* cosa que tampoco sucede con el Marqués y Doña Ana, nunca llegan a presentarse ante el espectador como pareja. Anfriso, antes, nunca llegó a ser objeto del amor de Tisbea. Hasta la boda de Dos Hermanas, la relación entre los miembros de las parejas burladas no ha sido nunca ni sacramental, ni escénica. Batricio es el primer burlado contra quien Don Juan actúa de manera brutal: la unión ya era un hecho y ese hecho se visualiza en escena. La llegada de «un caballero» a sus bodas se presenta como un presagio, un mal agüero. Internamente Batricio actúa como un elemento de prolepsis: está anunciando el desenlace que él intuye para su episodio. Externamente, en cuanto a su propia identidad teatral, Batricio es alejado físicamente de su esposa en la primera fase del ritual, en la *comida,* con el fuerte valor simbólico que M. Molho ha apuntado en su ánálisis, en relación con el futuro convite de la Estatua. Antes de la llegada del perturbador, los versos que tiene Batricio a su cargo en la letrilla glosada, nos lo pintan como un verdadero enamorado: «con deseos la he ganado, con obras la he merecido», completado con un lenguaje de encendidos requiebros, articulados sobre las ideas «Sol, flores, luz, tálamo». Ante la llegada de Don Juan, ante su mero anuncio, Batricio reflexiona con desengañado escepticismo: «Téngolo por mal agüero, que galán y caballero, quitan gusto y penas dan»; y en su siguiente réplica acierta de plano: «Imagino que el demonio le envió». La escena del banquete confirma sus sospechas y prepara su primera variación psicológica: «Celos, muerte no me deis». Tras esto termina la segunda jornada de la comedia y unas horas después, ya por la noche, tiene a su cargo el célebre parlamento en redondillas (56 versos en BS, 64 en TL). Conviene detenernos en él, porque este Batricio celoso tiene parientes en la obra de Claramonte, y esos parientes se expresan de la misma forma. Por ejemplo, Juana Tenorio en *Deste agua no beberé,* que empieza su parlamento con la misma redondilla, en lectura impecable que permite rescatar los auténticos versos de B, deteriorados en la transmisión. La crítica tirsiana ha insistido en que la coincidencia entre estas dos redondillas se explica como un préstamo tomado por Claramonte a un hipotético original perdido de Tirso. Esto es un artificio para no afrontar problemas críticos de primer orden, agudizados una vez que se ha comprobado documentalmente que ambas obras están escritas y estrenadas el mismo año. Doña Juana Tenorio, en DANB tiene, en efecto, una redondilla idéntica a la del pasaje que abre el tercer acto de BS, pero es que este tipo de fragmento es clásico en todas las obras de Claramonte. Así Clavela en *El secreto en la mujer,* dice antes de la llegada de Tisbeo: «Celos, si sois ilusión, y si os engendráis de nada, si sois quimera fundada sólo en la imaginación (...) No hay quien os pueda entender, celos, en vuestro rigor, que en amor sois lo mejor, y os levantan testimonios, pero yo os llamo demonios de la glorias del amor». Pasaje próximo al primer texto del TL: «a la muerte semejantes y al infierno en el dolor... que en lo azul parecéis cielos, y como infiernos ardéis». Otro ejemplo manifiesto de este estilema lo tenemos en la Lisbella de *De lo vivo a lo pintado,* cuyo discurso sobre los celos es casi una paráfrasis del que Batricio desarrolla en *Tan largo me lo fiáis:* «Cuando yo no os conocía, viles y bárbaros celos, como engañáis como cielos, por deidades os tenía, mas después que he conocido vuestros rigores eternos, veo que sois los infiernos en que padece el sentido», y un poco más adelante, precisa «sois los necios del amor», fórmula que se entiende con claridad a la luz del texto del Burlador: «todo lo que tenéis de ricos, tenéis de necios». La única diferencia importante entre Clavela, Juana Tenorio o Lisbella, en las obras de Claramonte, y Batricio en ésta, es que Batricio es un rústico, y no un personaje noble. En tanto que rústico, los celos dejan paso al tema de la comida, en la que el personaje rememora la burla sufrida en el banquete. Esa burla, metáfora de la burla sexual, es cómica y trágica a la vez. Por un lado, revela su indefensión ante el poderoso, ante el cortesano («Pues llegándome a quejar, algunos me respondían, y con risa me decían: «No tenéis de qué os quejar»); por otro lado, su conciencia de clase y su fragilidad le llevan a una vivencia atormentada («dejadme de atormentar... que cuando Amor me da vida, la muerte me queréis dar»). El conflicto trágico entre su sentimiento hacia Arminta (Amor con deseos, con obras) y la evidencia del mal agüero (galán y caballero, Muerte) se inscribe en una situación trágica. Situación que inmediatamente verificamos: la mentira de Don Juan funciona porque se asienta sobre una virtud de Batricio, su conciencia del honor. Las réplicas, de fulgurante crueldad, se condensan en un solo verso: «DON JUAN: Y he gozado... BATR.: ¿Su honor? DON JUAN: Sí». Don Juan, respecto a Batricio, actúa como Yago respecto a Otelo: altera capciosamente la interpretación de la realidad para provocar la emergencia de unos celos destructores. Aunque no es necesario ir hasta Otelo. Basta con escudriñar la actitud y conducta de la despechada Aurelia respecto a Clavela en *El secreto en la mujer*. Los últimos versos de Batricio nos lo sitúan en un ámbito moral trágico: «Gózala, señor, mil años, que yo quiero resistir, *desengañar y morir*, y no vivir con engaños».

Esto nos lleva al personaje femenino de Arminta, la última burlada y la única en la que la burla actúa en la esfera sacramental. La burla a Arminta entra en el terreno de lo sagrado, ya que existe vínculo matrimonial. En esto, ni ella ni Don Juan se engañan: «el matrimonio *no se absuelve*, aunque él desista», dice Arminta, a lo que Don Juan contesta «por engaño o por malicia puede *anularse*». Teatralmente Arminta es la culminación de las mujeres burladas: aparece en escena con su marido, tiene conciencia del vínculo, pero una vez engañada, acepta entrar en la burla bajo promesa de nuevo matrimonio. Conviene, antes de juzgar su conducta dramática, recordar por medio de qué estrategia es engañada. Gestualmente Arminta tiene conciencia de pertenecer a Batricio: cuando Don Juan acecha su blanca mano y ella la esconde, la explicación es meridiana: «No es mía». Es decir: la mano se la he dado ya a Batricio.

La siguiente escena, el breve diálogo nocturno con Belisa, nos la sitúa en la misma esfera que Batricio: la protesta de la conducta del caballero que viene a perturbar su relación conyugal. ¿En qué momento se produce el cambio? Después de que Don Juan la informa al mismo tiempo de tres hechos: a) yo soy tu esposo; b) Batricio te olvida, y c) «aquí me envía tu padre a darte la mano». Teatralmente este asedio se produce por medio de tres momentos escénicos: 1) aparición de Don Juan, insinuaciones amorosas y rechazo de Arminta, que le recuerda que «hay romanas Emilias en Dos Hermanas también, y hay Lucrecias vengativas». Arminta se sitúa, por medio de estas citas, en un ámbito moral trágico, que incluye el suicidio o la muerte para salvar el honor. Asume, en ese momento, la misma postura que Mencía de Acuña resistiendo el asedio del rey Don Pedro en DANB; 2) batalla dialéctica con el recurso técnico del *entilabé* (cada verso repartido en dos réplicas diferentes) donde se plantea la idea del enamoramiento fulgurante. Es el mismo tema que trata Claramonte en *El secreto en la mujer* en una situación análoga: en vez de Don Juan y Arminta, los personajes son aquí Clavela y Ursino; tanto Arminta como Clavela resisten este asedio, y 3) parlamento sobre la nobleza de su linaje y sobre la determinación de Don Juan para enfrentarse a su familia en defensa de su presunto amor por Arminta. Aquí se diferencia de las otras protagonistas, cuyo estatus era similar al de sus amantes.

Don Juan no ha dado tregua ni cuartel. Arminta, recién casada, enamorada de Batricio, obediente a su padre, encuentra, en breves instantes, su universo resquebrajado: una boda rota y un noble caballero en su aposento con la venia de su padre. Y esta vez Don Juan ha tenido que emplearse a fondo: para seducir a Isabela le bastó la suplantación nocturna; para gozar a Tisbea, la colaboración involuntaria de Catalinón y el carácter mismo de la pescadora. Aquí, antes de llegar a Arminta, ha habido que mentir y engañar al marido y al padre. Y rubricar su engaño con un juramento que acabará desencadenando el proceso del castigo. Aunque Arminta tiene menos tiempo escénico que Tisbea, la complejidad de su función dramática es mayor, al incluir todos los elementos dispersos en los otros episodios.

Sobre Tisbea ya hemos hablado algo: es la figura que simboliza la mujer doncella y orgullosa de serlo; frente a las demás pescadoras que se dejan arrullar por los mozos, Tisbea «de Amor exenta», sola entre sus compañeras y rivales «se goza en libertad».

Ahora bien, todo esto es la pintura que ella traza de sí misma. Su situación de celibato se tambalea de forma clamorosa ante la aparición de un Don Juan «formado de agua y preñado de fuego», que sabe requebrarla y goza de una posición social elevada. Su seducción, abandono, despecho y venganza están coloreados por un sistema léxico y metafórico cargado de pasión, de contrastes simbólicos (Fuego/Agua) y de referencias al Amor y a la Muerte. En el plano simbólico Tisbea representa la entrada de la mujer núbil en el mundo de Eros, del mismo modo que Arminta representa el paso del celibato al matrimonio.

En el medio se sitúan Isabela y Ana de Ulloa, que representan la misma instancia dramática: la aventura amorosa *antes* del matrimonio. El desparpajo de Isabela es muy notable («no será el yerro tanto si el Duque Octavio lo enmienda»), y apunta a la integración de la aventura amorosa en un plan más seguro, que incluye el cumplimiento de la obligación contraída. Ana de Ulloa, simbólicamente representada por el papel o billete traído «por la estafeta del viento», nos permite precisar que este plan de independencia amorosa implica la oposición a la autoridad paterna («Mi padre infiel en secreto me ha casado sin poderme resistir») y la libertad para usar de su destino y de su amor según su deseo. Ana e Isabela representan y simbolizan en esta obra el tiempo de la elección de pareja y su independencia para defender esa elección frente a la imposición paterna, reflejo de la autoridad del monarca («el rey la tiene casada»). En este sentido hay que resaltar la homología entre el rey de Nápoles, que asume la ofensa de Isabela, y el rey de Castilla, que es quien ha impuesto el matrimonio (que rehace sin tino poco después) de Ana de Ulloa con Don Juan.

El último elemento de nuestro análisis son los padres. Resulta sintomático que el único padre realmente funcional de las cuatro burladas sea Gonzalo de Ulloa, y que el matrimonio de Doña Ana, esencial en la cadena dramática que conduce a la muerte de Don Gonzalo, le sea dictado por el Rey al propio Comendador. En el momento en que éste muere, asume la función paterna que nadie es capaz de asumir: la de castigar al perturbador. El padre de Arminta se deja engañar bajo el señuelo de emparentar con la nobleza; el de Tisbea, ni existe en escena, es sólo una mención, «un viejo padre».

A cambio Don Juan tiene una filiación duplicada: por una vía, su tío, y simbólicamente, el Rey de Nápoles. Por otra, su padre y el rey de Castilla. El primero facilita la huida de Don Juan para escapar a su castigo, y el segundo se confiesa incapaz de reformar a su hijo «con cuanto hago y cuanto digo». Y aquí es donde se ve la articulación entre el padre de Doña Ana y el de Don Juan. La función dramática del padre de Don Juan se prolonga en Don Gonzalo: antes del enfrentamiento en la mansión del comendador, el padre del Burlador, consciente de su incapacidad para castigar a su hijo, le avisa: «pues no te venzo y castigo, con cuanto hago y cuanto digo, *a Dios tu castigo dejo*». El dramaturgo enlaza estas últimas palabras del viejo Tenorio con el desenlace del episodio aplazado, que culminará en la muerte del Comendador. Matando al comendador, Don Juan mata también lo que podemos llamar la *Imago* del Padre Pusilánime, del padre incapaz de castigar. El nuevo Padre, simbolizado en un Padre de Piedra, procederá a hacer cumplir al hijo esa palabra que nunca cumple, a obligarle a *dar la mano* para que Don Juan, que no ha sabido o querido desposar a la Doncella o a la Esposa, se vea obligado a unirse a la Parca, a la *Imago* femenina de Thanatos, la Gran Madre Castradora. El Comendador es el único padre que se ha enfrentado en vida al hijo perturbador, y es el que regresa de la muerte para volver a enfrentarse a él y hacerle cumplir la Ley. El enfrentamiento verbal del segundo acto entre Don Juan y su padre es una prolepsis del enfrentamiento físico, espada en mano, que tendrá con Don Gonzalo. Doble enfrentamiento articulado a su vez con la doble invitación de la Estatua en la tercera jornada. Los padres, como observaba Jean Rousset, no son propiamente padres, sino instancias simbólicas del Mito.

La métrica de la comedia
y los indicios onomatológicos

Desde el artículo precursor de S. G. Morley sobre la variabilidad métrica en las comedias de Tirso y en comedias de autoría discutida, las técnicas de análisis métrico y los estudios específicos de formas, autores o épocas han ilustrado de manera clara algunos problemas importantes sobre el estilo de cada autor y sobre las épocas y los usos métricos. El estudio clásico de Morley y Bruerton sobre la métrica de Lope, y las aportaciones de Vern G. Williamsen, Diego Marín y varios autores más permiten hoy en día precisar con bastante fiabilidad los periodos probables de composición y apuntar hacia autores determinados en función de sus usos métricos.

De hecho las ediciones anteriores de esta misma obra se han visto corroboradas por la documentación de García Gómez en su propuesta de prioridad de TL frente a BS, y en la predicción de la fecha de 1617, a partir de tres índices: métrico, onomatológico y el cotejo conjunto con obras de Tirso y de Claramonte. A veces convergen estudios y argumentaciones sobre autorías discutidas en el caso de algún autor como Tirso, y así, junto a los argumentos internos dados por Ruth Lee Kennedy poniendo en entredicho la atribución de *El condenado por desconfiado* a Tirso, la tesis doctoral de María Torre Temprano (Universidad de Navarra, 1976), siguiendo la metodología de Morley y Bruerton, y atendiendo a las observaciones de Williamsen, corrobora de forma rotunda lo que ya había observado Morley: la métrica de esta obra está «entirely against Tirso». Otro tanto puede decirse de las dos versiones de *El convidado de piedra;* la métrica de BS no encaja en modo alguno con las costumbres de Tirso en el periodo 1613-1616, y la de TL es ajena a cualquier periodo de la evolución métrica del fraile mercedario.

La tipología teatral de B, de acuerdo con nuestra edición, acerca todavía más ambas versiones, y se puede definir muy sencillamente a partir de los siguientes rasgos: a) el conjunto redondilla+quintilla alcanza en torno a un 45 por 100; b) el conjunto romance-romancillo está en torno al 35 por 100; c) las décimas están en torno al 6 por 100 y cada una de las jornadas presenta un pasaje en décimas; d) de las formas menores empleadas, octavas reales, sextina alirada, canciones y soneto, las octavas reales mantienen cierta importancia al aparecer en los tres actos, con un porcentaje superior al 5 por 100, y servir para abrir el segundo acto, y e) el uso de quintillas, para un pasaje muy breve del tercer acto (en TL hay otro pasaje breve en el primero) es casi anecdótico.

Todo este conjunto de rasgos identifica a una obra escrita en el quinquenio 1615-1620. La quintilla es una forma bastante usada hasta 1609. No es raro encontrar antes de esa fecha comedias escritas mayoritariamente en quintillas. A partir de 1615 su uso decae hasta casi desaparecer. Entre 1609 y 1615 alternan quintilla y redondilla como forma de base de las comedias, pero a partir de esa última fecha se impone la redondilla de forma clara. A cambio, la décima, poco usada antes de 1609 tiene un camino ascendente y muchas obras la emplean con porcentajes superiores al 10 por 100, especialmente a partir de 1620. El descenso de quintillas por debajo del 5 por 100 y el aumento de décimas por encima de ese 5 por 100 apuntan a una fecha no muy alejada de 1615. Por otro lado, la relación entre el porcentaje de redondillas y el de romance/romancillo permite apuntar a distintos grupos de autores: Lope, Tirso y Ruiz de Alarcón mantienen porcentajes de redondilla superiores al 50 por 100 más allá de 1620, mientras que entre 1615 y 1620 autores como Claramonte, Vélez de Guevara o Luis de Belmonte están utilizando ya el romance como forma principal de composición, no sólo para el tercer acto. Para este grupo de autores la tipología métrica encajaría con el periodo en torno a 1616. En autores del grupo Lope, Tirso, Alarcón, esos porcentajes serían típicos del quinquenio posterior. Algunos autores son más innovadores que otros en seguir el camino que va de la escuela de Lope (redondillistas) a la de Calderón (romancistas).

No se ha hecho suficiente hincapié en el factor de distorsión que representa la existencia de las loas a Sevilla y Lisboa en ambas variantes textuales en cuanto al análisis métrico. En BS, que presenta un texto más largo y una loa más breve, la distorsión afecta a un 5 por 100 de romance, pero en TL la loa a Sevilla en el segundo acto afecta a un 9 por 100 del texto impreso. En nuestra edición la loa a Sevilla, una vez restituido el texto en función de lo que sabemos sobre la transmisión, abarca un 5 por 100 del texto. Es decir, suprimiéndola, tendríamos de todos modos un texto de 2900 versos con un 30 por 100 de romance. Dado que sólo conocemos una obra en la que se intercale una loa extensa a una ciudad (la loa a Valencia de *La católica princesa Leopolda,* Claramonte, 1612), si se pretende que los índices métricos sean fiables, el cotejo debería hacerse prescindiendo de estos pasajes. En todo caso las obras de Claramonte anteriores a 1615 están escritas prioritariamente combinando la quintilla con la redondilla y manteniendo el romance por debajo del 30 por 100, mientras que las que conocemos a partir de 1620 *(La infelice Dorotea* tiene aprobaciones de 1620 y *El gran rey de los desiertos* se representa en Sevilla ese año), tienen el romance como forma principal (en torno al 45 por 100) frente al conjunto de redondillas y quintillas (en torno al 40 por 100). *El inobediente* y *El gran rey de los desiertos* presentan otra característica de uso métrico que vemos en *El convidado de piedra:* el segundo acto se abre con octavas reales.

La onomatología ayuda a deslindar hipótesis alternativas. En el TL/B aparece toda una serie de personajes cuyos nombres proceden de la *moda arcádica:* Anfriso, Belisa, Coridón, Gaseno, Tisbea, Arminta, Batricio, Antandra. Todos ellos son nombres que proceden de la *Arcadia* de Lope, que circuló profusamente en una segunda carrera comercial entre 1611 y 1614. En 1615 el propio Lope reescribe la novela pastoril como comedia. En una obra de Mira de Amescua que Claramonte adquiere en 1609 aparecen ya los nombres de Gazeno y Coridón, que Claramonte va a utilizar como pareja cómica de rústicos en *El inobediente,* cuya fecha de composición no sabemos, pero que por métrica podríamos situar en una fecha muy próxima a *El convidado de piedra,* dada la semejanza en los usos de romance y romancillo frente al par quintilla+redondilla. Coinciden también el uso de octavas y sextinas aliradas. El análisis métrico y el onomatológico concuerdan en una fecha compatible con el año 1617 verificado documentalmente. En cualquier caso la métrica de la versión de *El convidado de piedra* que podemos reconstruir a partir de lo que sabemos sobre la transmisión textual de BS y la evidencia de prioridad de TL, corresponde a lo siguiente:

Acto I	Versos	Total
Redondillas	1-156	156
Soneto	157-170	14
Romance e-a	171-254	84
Redondillas	255-342	88
Romance o-o	343-381	39
Décimas	382-441	60

Romancillo o-a	442-583	142
Redondillas	584-779	196
Octavas	780-795	16
Romance e-a	796-935	140
Octavas	936-967	32
Redondillas	968-1071	104
Canción	1072-1075	4
Romance a-a	1076-1135	60

Acto II

Octavas	1136-1207	72
Redondillas	1208-1571	364
Canción	1572-1573	2
Redondillas	1574-1581	8
Canción	1582-1583	2
Redondillas	1584-1648	65
Canción	1649-1650	2
Redondillas	1651-1706	56
Romance a-a	1707-1772	66
Letrilla cantada	1773-1815	44
Décimas	1816-1908	92
Canción	1909-1912	4

Acto III

Redondillas	1913-2064	152
Romance i-a	2065-2230	166
Sextina alirada	2231-2356	126
Quintillas	2357-2421	65
Redondillas	2422-2549	128
Romance -ó	2550-2633	84
Octavas	2634-2681	48
Romance a-a	2682-2733	52
Décimas	2734-2773	40
Quintillas	2774-2823	50
Romance a-e	2824-3071	248

PORCENTAJES MÉTRICOS

I Acto: redondillas: 48 por 100; romance + romancillo: 41 por 100; décimas: 5,3 por 100; octavas: 4,2 por 100; soneto: 1,2 por 100; canción: 0,3 por 100.

II Acto: redondillas: 63,4 por 100; romance: 8,5 por 100; décimas: 11,8 por 100; octavas: 9,2 por 100; letrillas: 5,6 por 100; canción: 1,3 por 100.

III Acto: redondillas: 24,1 por 100; romance: 47,4 por 100; sextina alirada: 10,8 por 100; quintillas: 10 por 100; octavas: 4,1 por 100; décimas: 3,4 por 100.

Globales: redondillas: 42,9 por 100; romance + romancillo: 35,17 por 100; décimas: 6,25 por 100; octavas: 5,47 por 100; sextina alirada: 4,1 por 100; quintillas: 3,74 por 100; letrilla: 1,43 por 100; canción: 0,45 por 100; soneto: 0,45 por 100.

Comienzos y finales de actos: red. rom.; octavas-décimas; red. rom.

Anejo documental

La evidencia de que Juan Bezón y su esposa Ana María de Peralta, «la Bezona», estuvieron en las compañías de Cristóbal de Avendaño y de Roque de Figueroa, como consta en la loa y entremés cantados que aquí publicamos, está atestiguada en documentos de fechas concretas, de acuerdo con los datos que en la Universidad de Valencia se han tratado en un proyecto de investigación coordinado por Teresa Ferrer Valls, cuya amabilidad y competencia profesional me permiten extractarlos aquí. Los datos referidos a la relación de Juan Bezón y Ana María de Peralta, tanto con Cristóbal de Avendaño como con Roque de Figueroa y Lorenzo Hurtado de la Cámara, se completan con una importante aportación documental facilitada por Charles Davis, que ha verificado la identidad de las firmas de Juan Jerónimo Almella y de Juan Jerónimo Valenciano, que son la misma persona. El extenso y minucioso artículo de Teresa Ferrer Valls acerca de los avatares de la compañía de los Valencianos, especialmente en el decenio de 1620-1630 proporciona documentación muy interesante respecto a idas y venidas de varios actores (entre ellos Pedro de Pernía y Lorenzo Hurtado de la Cámara) en años clave para la transmisión de *El convidado de piedra*. Esta comprobación en los archivos de protocolos sirve para demostrar la relación entre Avendaño, Andrés de Claramonte y Juan Jerónimo Almella entre 1620 y 1628, y para afinar la metodología en materia de atribuciones dudosas.

De 1620 data el manuscrito de la obra de Claramonte *La infelice Dorotea,* escrita para Juan Bautista Valenciano, autor de comedias. El manuscrito precisa en el reparto que Juan Jerónimo hace el papel de Rey, Juan Bautista el de Don Fernando, Andrés [¿de Claramonte?] el de Nuño de Lemos, y Avendaño (tal vez Cristóbal, o tal vez Antonio, como apunta T. Ferrer Valls), el de Layn. En esta misma fecha de 1620 sabemos que la compañía de Los Valencianos representa en el Coliseo de Sevilla otra obra de Claramonte, *El gran rey de los desiertos, San Onofre,* obra célebre porque el fuego provocado por la yesca de una de las apariencias hizo arder el teatro. Así pues, en 1620 en Sevilla, Claramonte facilita al menos dos obras a Juan Jerónimo y Juan Bautista, «Los Valencianos», y en esa fecha tanto él como Cristóbal de Avendaño, o un familiar suyo, forman parte de la misma compañía. En 1628, dos años después de la muerte de Claramonte, el representante Juan Jerónimo Almella se ve obligado a dejar en prenda al Hospital de Valencia, todo su repertorio de obras, entre las que se encuentran quince de Andrés de Claramonte. De esas quince, tres resultan de interés capital: *El gran rey de los desiertos* y *La infelice Dorotea,* cuya autoría de Claramonte está avalada documentalmente, y *La venganza de Tamar,* publicada a nombre de Tirso de Molina por el fraudulento impresor Francisco Lucas de Ávila, que edita también la *Segunda Parte,* en la que se atribuyen a Tirso ocho obras que son de otros autores, según indica el propio fraile mercedario en el prólogo. Así pues, la atribución de *La venganza de Tamar* a Tirso en un volumen fraudulento, choca con la atribución a Claramonte en un documento cinco años anterior, a lo que hay que añadir el que el manuscrito de la BM con el nombre *La fuerça de Tamar* no indica nombre de autor. Posteriormente en Sevilla, el impresor Leefdael editará una versión reducida a nombre de Felipe Godínez. La más elemental precaución crítica sugiere desconfiar de la atribución a Tirso de esta obra, y, en consecuencia, eliminar como argumento para la autoría de *El burlador de Sevilla* una obra en entredicho.

Sí resulta importante, en este contexto, señalar que Claramonte muere en septiembre de 1626, y que varias de sus obras pasan a ser recopiadas para otras compañías. En esa fecha de 1626, según documento publicado por Hugo Rennert, Juan Bezón forma parte de la compañía de Cristóbal de Avendaño, que representa en el Corpus de Madrid. Antes de estar en esta compañía sólo tenemos documentación de que Bezón y Ana María entran a formar parte, el 8 de noviembre de 1623, de la de Hernán Sánchez de Vargas. Más tarde, el 14 de marzo de 1632, cuando ambos son recibidos en la Cofradía de Nuestra Señora de la Novena, forman parte de la Compañía de Cristóbal de Avendaño. En el intermedio, Bezón ha estado al menos en dos ocasiones en la de Roque de Figueroa, con algunos márgenes de duda en las fechas: según Hannah Bergman, la «Loa con que empezó en la Corte Roque de Figueroa» data de 1627, y la Loa segunda, con que volvió a la Corte más tarde sería de 1628. Aparece otra vez Bezón en el elenco de la compañía de Avendaño del entremés cantado «El doctor» (según Bergman la fecha más probable sería 1629) y sigue en esta compañía hacia 1629-1630, fecha que da Bergman para el entremés «Las civilidades», donde Bezón hace el papel de doctor Alfarnaque; en la «Loa con que empezó Lorenzo Hurtado en Madrid por segunda vez» (probablemente de 1631, según Bergman) está ya Bezón en esa compañía. Así pues, desde septiembre de 1626, fecha de la muerte de Claramonte, hasta 1629-1630, fecha de la publicación fraudulenta de *El burlador de Sevilla y Convidado de piedra* a nombre de Tirso de Molina, Juan Bezón y su mujer Ana María de Peralta han pasado de la compañía de Avendaño a la de Figueroa y han vuelto otra vez a la de Avendaño. Como es bastante frecuente hacer los contratos por un año, y el primer contrato de Bezón con Avendaño es de 1626, parece claro que Bezón debió de estar con Roque de Figueroa entre los años 1627 y 1629. En marzo o abril de 1634 muere Avendaño, y encontramos a Ana María de Peralta un año después en la compañía de Pedro de Ortegón, en Sevilla; en esta misma compañía hay un tal Uehón, que Sánchez Arjona identifica razonablemente con Bezón, dado que en la compañía está su mujer y las grafías U/B y Z/H son fluctuantes. Lo interesante es que es en Sevilla entre 1634 y 1635 en donde Simón Faxardo edita *Tan largo me lo fiáis,* esta vez a nombre de Calderón, tal vez para compensar el hecho de haber editado *La vida es sueño* en suelta a nombre de Lope de Vega. Una hipótesis razonable, a la vista de la documentación de García Gómez, y de todos estos datos, es que tras la compañía de Jerónimo Sánchez, que estrena *Tan largo me lo fiáis* en 1617, Claramonte rehace el texto en la versión *El convidado de piedra* para la compañía de Avendaño y los Valencianos hacia 1620-1625, y que Juan Bezón y Ana María de Peralta reconstruyen la obra al pasar a la compañía de Figueroa tras la muerte de Claramonte. La coincidencia de Avendaño y Andrés de Claramonte en la compañía de los Valencianos en 1620 y la prueba documental de que Juan Jerónimo Almella es en realidad Juan Jerónimo Valenciano, que tiene en su poder quince comedias de Claramonte (entre ellas una llamada *El difunto vengador),* devuelve a Andrés de Claramonte la prioridad en la atribución plena de la historia del Convidado de Piedra, de la que hasta ahora se asumía su intervención como refundidor.

LAS FUENTES INMEDIATAS DE COMPOSICIÓN DE LA OBRA

El fervor tirsiano de doña Blanca de los Ríos la llevó en su día a postular que Don Juan había salido de la cabeza de Tirso tan armado como Atenea de la de Zeus. Los trabajos de Víctor Said Armesto, más pendientes de oponerse a Farinelli y Baist que de proponer un método de análisis riguroso, añadieron conjeturas al modelo inicial, y el deseo de aproximar en todo lo posible cualquier rasgo del auténtico teatro de Tirso a los rasgos de *El burlador de Sevilla,* acabaron por estorbar la indagación filológica e histórica respecto a las fuentes de composición de la obra. La hipótesis alternativa de atribución permite proponer un itinerario de fuentes que cristaliza en una obra deudora de la de varios autores como Lope de Vega o Vélez de Guevara, y reforzada por la insistencia de temas y motivos teatrales típicos del teatro de Andrés de Claramonte, que sin duda aprovecha para su composición varios

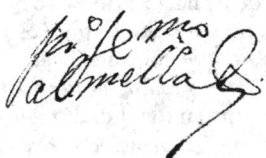

Juan Jerónimo Almella

3 de abril de 1628
A.H.P.M., Juan de Chaves,
1628-1635, protocolo 4.311,
fol. 136v. Véase Pérez Pastor,
Primera serie (1901), pág. 214.

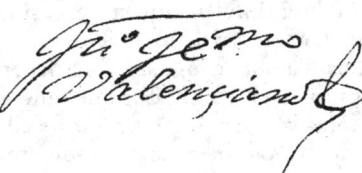

Juan Jerónimo Valenciano

4 de abril de 1630
A.H.P.M., Juan Martínez
de Portillo, 1630, protocolo
5.535, fol. 299v.

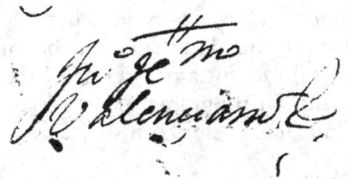

Juan Jerónimo Valenciano

12 de mayo de 1630
A.H.P.M., Antonio de Castro,
1616-1630, protocolo 4.958,
fol. 822v.

aspectos de obras que triunfan en los escenarios de principios del siglo XVII.

Dentro del teatro del primer cuarto de siglo hay una docena de obras que presentan evidentes semejanzas con *El convidado de piedra*. Entre ellas, varias son de fecha anterior a 1617. Las dos primeras, *La fuerza lastimosa,* una obra de Lope representada por Baltasar de Pinedo en 1604, que contiene bastante material común al de esta obra, y *La Serrana de la Vera,* de Luis Vélez de Guevara, que en 1613 retoma en tonalidad trágica un tema ya tratado por Lope. La tercera, *El príncipe perfecto,* obra de Lope de Vega escrita en dos partes entre 1614 y 1615. De la primera de ellas sabemos que la representó el propio Andrés de Claramonte a lo largo de 1604. ¿Qué elementos puede haber reutilizado el autor de *El convidado de piedra* para su obra? En primer lugar, varios nombres: el Duque Octavio, Isabela y Fabio. La coincidencia sería simplemente curiosa, si no sucediera que también coinciden motivos temáticos y fragmentos de escenas o episodios. La obra comienza con una entrevista entre la Infanta Dionisia y el Conde Enrique, que da palabra de casamiento a la Infanta, a cambio de gozar de ella. La infanta acepta y le da cita: «Ahora bien, mañana quiero / que vengas por el terrero / y en mi aposento entrarás». Enrique, recordando el episodio de Dido y Eneas, intenta convencer primero a la Infanta de que el trato se lleve a cabo allí mismo, sin más dilación: «Esta selva / no fuera mal aposento, / pero no todas las Didos / agua y cuevas han de hallar». Sin embargo, la Infanta resiste y ambos quedan para la noche. Sucede que el Duque Octavio, enamorado también de la Infanta, está escondido y lo oye todo. Su programa es un perfecto compendio de lo que hará Don Juan Tenorio en su día:

> Mía será esta mujer.
> —¿Qué dices, alma? —Sin duda,
> digo que tuya ha de ser.
> —¿Quién me ayuda? —Amor te ayuda.
> Pues si es dios, tendrá poder.
> —¿Gozaréla? —Bien podrás.
> Mas, ¿cómo te atreverás?
> —Esta noche iré al terrero,
> donde llegaré primero...

El Duque Octavio, en esta obra, es el donjuán suplantador de identidades. La referencia a Dido y Eneas la encontraremos en el episodio de la seducción de Tisbea, y el terrero en los propósitos del Marqués de la Mota. La mención léxica explícita al agua y la cueva será el eje del discurso desengañado de Tisbea al final del primer acto. Para completar las semejanzas, este Duque Octavio hará que prendan a Enrique, tal y como Don Juan hace con el Marqués. Este Duque Octavio es un germen claro del Burlador, sin que a Lope se le escape la idea misma de la burla, explícita en el texto, en la sorpresa de Enrique al enterarse de lo que ha pasado por boca de sus criados:

HORTENSIO

¿Niegas que no descendiste
con una escala al balcón,
y, al hablarte sin razón
de cintarazos nos diste?
Que, ¡vive Dios!, si no eras
que otro galán la ha gozado.

ENRIQUE

¿Hombre, dices, que ha bajado?

HORTENSIO

¿Qué te demudas y alteras?
¡Vive Dios, que descendió,
y que fue burla de fama,
pues te ha quitado la dama
y muchos palos nos dio!

Burla de fama, en la misma expresión que usará Don Juan. Enrique, al hablar con Dionisia, no consigue comprender cómo su novia ha podido dejar que otro hombre (cuya identidad ambos desconocen) la haya gozado. Dionisia cree que Enrique, tras haberla gozado, no quiere cumplir su promesa de matrimonio. Enrique decide irse a España por mar, como hacen Don Juan y el Duque Octavio en el *Convidado,* con lo que da fin la primera jornada. Al comienzo de la segunda, la Infanta Dionisia va a hablarle al rey, mientras los músicos cantan el tema de Vireno y Olimpia:

> *Madrugaba entre las rosas*
> *el alba, pidiendo albricias*
> *a las aves y a las fieras*
> *de que se acercaba el día,*
> *cuando, viéndose engañada*
> *del Duque Vireno, Olimpia,*
> *a voces dice en la playa*
> *a la nave fugitiva:*
> *«¡Plegue a Dios que te anegues,*
> *nave enemiga!*
> *Pero no, que me llevas*
> *dentro la vida».*

En realidad han pasado cuatro años y el problema surge de que el Conde Enrique ha vuelto desde España, casado con Isabela. Lope complica el tema de Vireno y Olimpia con el motivo clásico del conde Alarcos: Dionisia consigue el destierro de Isabela, que acaba tras un naufragio en tierras del Duque Octavio. En esto Dionisia actúa como la Juana Tenorio de *Deste agua no beberé*, y no es la única influencia que hay en esta obra de la de Lope. La complicación de la trama incluye que el Duque de Octavio, al ver a Isabela se enamora de ella en el acto. Los versos de Lope coinciden con los de un fragmento del episodio de Tisbea en el *Burlador*:

> Todo me siento abrasar.
> No sé cómo de la mar
> pudo salir tanto fuego.

La fuerza lastimosa fue representada en 1604, pero editada luego en 1612. No sabemos qué papel podía desempeñar Andrés de Claramonte como actor en la compañía de Pinedo, pero, entre la memoria de la representación y la probable revisión del texto impreso, Claramonte parece haber reutilizado fragmentos de este Duque Octavio lopiano para construir el personaje de Don Juan Tenorio, igual que también parece haberse basado en el personaje del Conde Enrique para construir el Gutierre Alfonso de *Deste agua no beberé* y en la Infanta Dionisia para construir el de Juana Tenorio.

Según esto que hemos visto, la fama de plagiario de Claramonte no sólo no va en contra de su capacidad para haber creado el personaje de Don Juan Tenorio y haber imaginado la dramaturgia de *El convidado de piedra*. Muy al contrario, explica muy bien las críticas de que aprovechaba escenas, argumentos, y hasta versos íntegros de Lope de Vega. De Lope o de Vélez, autores a los que Claramonte elogia de forma entusiasta ya en 1610, fecha en la que conocemos las primeras aprobaciones de la *Letanía Moral*.

Porque *El convidado de piedra* no sólo está inspirado en obras de Lope; también Vélez de Guevara ha contribuido involuntariamente.

La situación dramática de Gila, la serrana de la Vera, al final del segundo acto, es similar a la de Tisbea. Ambas han sido deshonradas por su seductor y ambas expresan toda su rabia en escena. Es de suponer que la actriz Jusepa Vaca debía lucirse en el siguiente monólogo de Gila:

> ¡Traición, traición! ¡Padre! ¡Prima!
> ¡Mingo, Pascual, Antón! ¡Presto,
> socorred mi afrenta todos!
> ¡Ah de mi casa, ah del pueblo!
> ¡Que se me van con mi honor,
> que un ingrato caballero
> me lleva el alma! ¡Socorro!
> ¡Que me abraso, que me quemo!
> ¡Ay, confusos atambores,
> enemigos instrumentos
> de la muerte y de la envidia,
> que en el alma dais los ecos
> del ánimo y la venganza,
> relojes de mis desdichas,
> de mi agravio pregoneros!
> ¿Qué os hizo mi honor, que vais
> tocando al arma y huyendo?
> ¿Por qué, si vais victoriosos,
> las espaldas vais volviendo?
> Esperad, o no venzáis,
> que no es bien, cobardes siendo,

> dejéis a mi honor vencido
> en la muralla del sueño.
> ¡Ay furia, ay rabia, ay cielos,
> que se me abrasa el alma! ¡Fuego, fuego!

La escena se aprovecha para organizar el discurso de Tisbea, pero también la aprovecha Claramonte para organizar el discurso de Leonor, coincidiendo en la identidad militar de ambos capitanes burladores, Carvajal en Vélez y Agustín de Estrada en *El valiente negro en Flandes*. En la obra de Vélez, tras la llegada del padre de Gila y de los aldeanos, la serrana termina su discurso con una nueva referencia al episodio de Vireno y Olimpia, y la repetición del estribillo común a *El convidado de piedra*. Hay una diferencia importante, y es de tipo estilístico. El decorado mítico de la historia de la Serrana es Gargantalaolla, con lo que la mención al AGUA es muy escasa. En TL/B tenemos un desarrollo textual constante de la contraposición AGUA/FUEGO, con la que Claramonte juega también en DANB. La referencia clásica de Vélez es el episodio de Olimpia y Vireno, como en Lope de Vega era el de Dido y Eneas, preparando el posterior de Olimpia y Vireno. El *leit-motiv* «fuego, que se abrasa el alma» se gradúa en crescendo: tres veces en *La Serrana* y siete en *El convidado de piedra*. La imprecación de Gila «¡Malhaya, padre, quien fía... de palabras de los hombres, de regalos y requiebros!» prefigura el tratamiento de Tisbea, en su diálogo del tercer acto con Isabela: «¡Malhaya la mujer que en hombres fía!». El autor de la historia de Don Juan incorpora, sin duda, un fragmento ajeno, pero lo integra dentro de su propio plan dramático.

Ese plan dramático que inauguraba al comienzo de la obra con la seducción alevosa por medio de suplantación de personalidad y al amparo de las sombras de la noche. Don Juan Tenorio, como el Lelio de Claramonte en *El secreto en la mujer* o el Duque Octavio de Lope, no duda en asumir la personalidad del verdadero amante para gozar y forzar a una muchacha. Don Juan Tenorio no duda en engañar, seducir y abandonar a la prometida de su amigo. La auténtica novedad dramática, en cuanto al desarrollo del plan, consiste en exponer en escena los sentimientos de la recién seducida, y esto es invención de

Vélez, aun asumiendo que se trata de un ejercicio de *amplificatio* del pasaje clásico de Ariosto.

La primera parte de *El príncipe perfecto,* escrita por Lope a fines de 1614, y sin duda representada en 1615, contiene otros elementos esenciales para la articulación dramática de *El convidado de piedra*. La obra transcurre en Lisboa y tiene como personajes principales al príncipe Don Juan de Portugal y a Don Juan de Sosa. En el primer acto, la escena de los embozados usa el mismo tipo de planteamiento que encontramos al comienzo del Tan largo/Burlador. Lo que F. Cantalapiedra ha anotado como motivo «no decir el nombre».

HOMBRE 1.º

Diga su nombre.

PRÍNCIPE

Mi nombre es Yo.

HOMBRE 3.º

¿Qué es «yo»?

HOMBRE 1.º

Nombre de un hombre.

El episodio es homólogo al de la escena inicial entre Isabela y Don Juan Tenorio. Más interesante es encontrar en esta misma obra de Lope lo que va a ser el gran efecto escénico de *El convidado de piedra:* la Estatua Animada. En *El príncipe perfecto* aparece todavía como relato. Lo cuenta el gracioso, no está representado escénicamente.

BELTRÁN

En el cuadro de un jardín
de un gran señor castellano

> estaba un César romano
> de mármol, medalla en fin.
> Mirándole un paje un día
> le dijo: «César, albricias,
> si ver el laurel codicias
> de la antigua monarquía;
> que hoy el Cielo decretó
> vuelvas a reinar en Roma».
> Mira si placer se toma,
> pues la estatua se rió
> y estuvo ansí muchos días,
> hasta que el paje volviendo
> le dijo: «¿Qué está riendo
> con esperanzas tan frías?
> Que Octavio es rey, César fiero».
> Y el mármol, como le oyó,
> dicen que a poner volvió
> la boca como primero.

Al igual que pasa en *El convidado de piedra* tenemos aquí dos momentos de animación de la estatua. La diferencia es que en la obra de Lope el hecho se relata, y en la historia del Burlador, se asume la representación, y se pasa del detalle cómico a la integración en la estructura de la venganza. Se trata de una innovación crucial, pero a partir del precedente de la obra de Lope. Obra donde, por cierto, reaparecen otras citas, como la de Eneas («ansí de Eneas se escribe: la mujer que le recibe después se ha de hallar burlada»). Pero el elemento más llamativo es el de la aparición del fantasma del muerto, un importante precedente del enfrentamiento entre Don Juan y el Comendador. En *El príncipe perfecto* tenemos a Don Juan en escena y se oyen unos golpes. Don Juan no ve a nadie y se va. la escena sigue así:

REY

> ¿Quién llama? ¿Quién está ahí?
> ¿Hay confusión que a ésta iguale?
> ¿Si es Don Juan, que aún no se fue?
> ¿Quién llama? Quiero llamar.
> Mas no es justo alborotar
> hasta que otro golpe dé.

(Llaman.)

            Otra vez. ¡Hola! ¿Quién es?
            Pero, ¿qué dudo de abrir,
            pues puedo verle salir,
            y sea quien fuere después?
            Aunque el ser en mi aposento
            me ha causado gran temor.
            Mas la fuerza del valor
            anima el atrevimiento...
            Y, si conjurados son,
            morir, la espada en la mano.
            Yo abro.

(Abre el Rey *la puerta y sale un difunto empuñando la espada.)*

                  ¿Eres cuerpo vano
o fantástica ilusión?
¿O eres sombra de mí mismo
que con esta luz se causa?
Entra pues, dime la causa;
que aunque del oscuro abismo
vengas, no has de hallar temor
en este pecho. ¿Quién eres?

          Muerto

Huélgome que no te alteres.

          Rey

Mal conoces mi valor.

          Muerto

Un hombre soy, rey Don Juan,
a quien tú mismo mataste
una noche que rondaste.

          Rey

Pues, ¿qué cuidados te dan
este deseo de hablarme?

MUERTO

Cosas de mi alma son.

REY

Habla.

MUERTO

No es ésta ocasión
en que puedo declararme,
que la Reina está despierta.
¿Atreveráste a seguirme?

Lope resuelve aquí un problema de dramaturgia que es importante y que atañe a la verosimilitud de una escena de carácter fantástico. El hombre bravo, de temple, enfrentado a una aparición de ultratumba. En primer lugar, el reconocimiento de esa escena fantástica; en segundo lugar, el reto: «¿Atreveráste a seguirme?». Lo cierto es que Claramonte, ya en 1604, en *El nuevo rey Gallinato* había escenificado tanto el motivo de «no decir el nombre» como la escena del miedo a lo sobrenatural, con los avisos divinos sobre la muerte. También aparecen escenas similares en *Deste agua no beberé, Dineros son calidad* y *El infanzón de Illescas*. La matriz de todas ellas parece ser ésta de *El príncipe perfecto* de Lope, que sabemos se representó a lo largo de 1615.

El argumento habitual para dudar de la autoría de Claramonte en todas estas obras es que él no tenía suficiente talento para imaginar escenas tan brillantes. Sin embargo, si esta escena de Lope es la matriz de todas ellas, y ha servido para inspirar *El convidado de piedra,* ha debido servir también para inspirar el mismo tipo de escena en las otras tres comedias. Que Lope, y en menor medida, Vélez de Guevara, sean los principales guías de Claramonte en materia de dramaturgia es bastante probable, y él mismo así lo ha declarado. Sucede que *El convidado de piedra* es la típica obra en donde la influencia de estos dos autores es muy evidente. Defender la atribución de esta obra a Fray Gabriel Téllez implica situarlo como un deudor de Lope y de Vélez en el mismo tipo de deudas que sirven para acusar a Claramonte de plagiario. La alternativa crítica parece más sensata: las coincidencias de léxico, citas, motivos, escenas y temática entre *La fuerza lastimosa, La Serrana de la Vera, El príncipe perfecto, Deste agua no beberé, Tan largo me lo fiáis, Dineros son calidad* y *El Rey Don Pedro en Madrid* apuntan a un proceso de composición muy natural y lógico: las fuentes de inspiración y sus resultados. Considerar plagio lo que es simplemente una reflexión estética sobre elementos teatrales comunes procede de un concepto superado hoy en día, aunque haya dejado secuelas en algunos críticos. Hoy en día no se puede seguir editando *El burlador de Sevilla y Convidado de Piedra* sin asumir la prioridad textual del *Tan largo me lo fiáis* e insistiendo en una atribución, como es la de Tirso de Molina, que está en entredicho por la documentación de archivo y por los análisis críticos, tanto cuantitativos como cualitativos. Tampoco es lícito valerse de viejos prejuicios críticos para eludir los problemas que la obra plantea, tanto en el orden de la atribución como en el de la transmisión textual.

Anejo a la nueva edicion: una nota acerca
de la aclaración de la autoría

En los últimos años han aparecido varios estudios de importancia en lo que atañe al problema de la atribución de *El burlador de Sevilla* y también de otras obras indistintamente atribuidas a Lope de Vega, Tirso de Molina o Pérez de Montalbán y que, conforme a análisis objetivos y metodologías contrastables, demuestran la autoría de Andrés de Claramonte. A las aportaciones de Julio Vélez Sáinz o de Patricia Marín Cepeda, que confirman la correcta atribución de *Dineros son calidad* o *Púsoseme el sol, saliome la luna,* se han unido las investigaciones provenientes de la Universidad de Santiago de Compostela respecto a la comedia histórica *La Lindona de Galicia,* indistintamente editada a nombre de Lope de Vega o de Pérez de Montalbán, y que Santiago Fernández Mosquera ha reorientado a Andrés de Claramonte. Si unimos todo ello a los estudios de Alejandro García Reidy y de Fernando Cantala piedra parece claro que la importancia de la obra del dramaturgo murciano afincado en Sevilla dista mucho de lo que impuso don Marcelino Menéndez y Pelayo, cuya principal preocupación era atribuir a Lope de Vega toda cuanta obra de fuste se había publicado a su nombre por razones fácilmente comprensibles en términos de negocio editorial.

En lo que atañe a las obras en disputa de autoría entre Claramonte y Tirso de Molina, en los últimos 40 años no ha habido ningún descubrimiento documental ni ninguna aportación analítica solvente que permitan sustanciar la muy dudosa atribución al ilustre fraile mercedario. A cambio, en la loable intención de omitir las aportaciones críticas divergentes con las tesis mercedarias, se han minimizado o bien omitido de forma drástica las aportaciones de investigadores muy solventes, como Ruth Lee Kennedy o María Torre Temprano, que demostraron la falta de consistencia de la atribución de *El condenado por desconfiado* a Tirso, o bien, en el caso de Gerald E. Wade, las observaciones sobre las importantes coincidencias entre la obra de Claramonte *Deste agua no beberé* y cualquiera de las dos variantes de transmisión de la historia de Don Juan Tenorio, la original con el título de *Tan largo me lo fiáis,* publicada a nombre de Calderón y la versión deturpada por la compañía de Roque de Figueroa que se publicó en un volumen de *Doze comedias de Lope de Vega y otros autores* impreso en Sevilla con falso pie de imprenta en Barcelona por Gerónimo Margarit. La atribución a Tirso tiene, pues, como único y frágil sustento, el aval que le queramos conceder a un fraudulento impresor sevillano, tan poco solvente y fidedigno como su homólogo Simón Faxardo que, pocos años después, imprimiría *La vida es sueño* a nombre de Lope de Vega y *Tan largo me lo fiais* a nombre de don Pedro Calderón.

La única manera sensata de abordar la problemática relacionada con las atribuciones dudosas a Lope de Vega, a Tirso de Molina y luego a Calderón, a veces de la misma obra, consiste en el cotejo y análisis de las obras en disputa de autoría entre Lope, Tiso y Calderón y un *corpus* similar de obras de autoría indisputada en el caso de Andrés de Claramonte. Esta nueva y muy fiable aproximación metodológica es la que se ha seguido en la reciente tesis doctoral defendida en la Universidad de

Valencia por Nàdia Revenga, que ha aplicado un modelo metodológico basado en análisis de *cluster* para dilucidar la autoría en disputa entre Lope y Claramonte de *La estrella de Sevilla* y que ha complementado esta indagación con el análisis de *El burlador de Sevilla* y de *El condenado por desconfiado,* impresas ambas en Sevilla a nombre de Tirso de Molina o de Pedro Calderón por los avispados impresores antes citados, Francisco de Lyra y Simón Faxardo. Resumiré la metodología y los resultados de la tesis doctoral de Nàdia Revenga, dirigida por Teresa Ferrer Valls, extractando los aspectos más sobresalientes de su trabajo.

El «*cluster analysis*» en el caso de la atribución
de «*La estrella de Sevilla*»

El caso de *La estrella de Sevilla* es muy interesante porque, al igual que sucede con *El burlador/Tan largo*, disponemos de dos textos diferentes, uno abreviado (2500 versos) y otro competo (3000 versos). El planteamiento habitual respecto a Claramonte, procedente de don Marcelino Menéndez y Pelayo, consistía en sostener una conjetura «*ad hoc*», según la cual Lope habría escrito un texto perdido y Claramonte sería el responsable de la corrupción del texto, identificado con la versión más larga. Un tipo de planteamiento «*ad hoc*» similar al que el tirsismo ha desarrollado con *Tan largo me lo fiais,* supuesto texto corrompido por Claramonte a partir de un texto perdido y obra de Tirso. Dado que *La estrella de Sevilla* ha sido atribuida indistintamente y con similar alegría a Lope de Vega, a Ruiz de Alarcón, a Vélez de Guevara y a Claramonte, el *cluster analysis* ha tomado en consideración un número amplio de obras de estos cuatro autores: seis de Lope, cuatro de Claramonte, y dos de Ruiz de Alarcón y de Vélez de Guevara, utilizando para su medición el modelo Voyant Tools. Los resultados son concluyentes porque cuatro de las cinco obras de Claramonte *(San Carlos, Púsoseme, El valiente negro* y *Deste agua no beberé)* se agrupan en la misma rama que *La estrella de Sevilla,* mientras que las obras de Lope, Vélez y Alarcón se encuentran, todas ellas, a una distancia de cuatro nodos, estando las dos de Vélez *(Reinar después de morir* y *La serrana de la Vera)*, la primera agrupada con las de Ruiz de Alarcón y la segunda con dos de Lope *(El Marqués de Mantua* y *Las batuecas del duque de Alba)*. Esta pequeña diferencia tiene una explicación sencilla en tanto que *La serrana de la Vera* de Vélez es de enero de 1613 mientras que *Reinar después de morir* corresponde al período de 1630-35. El Vélez más joven es afín a Ruiz de Alarcón y el más maduro a Lope de Vega en su fase tardía. Todos ellos muy alejados de la sólida identidad que permite agrupar *La estrella de Sevilla* con la obra de Claramonte y, muy especialmente, con *Deste agua no beberé*, de la que conocemos representación en 1617, según ha estudiado Charles Ganelin en su edición de *La infelice Dorotea*. El dendrograma de *La Estrella de Sevilla* es el siguiente:

Desktop Cluster Analysis

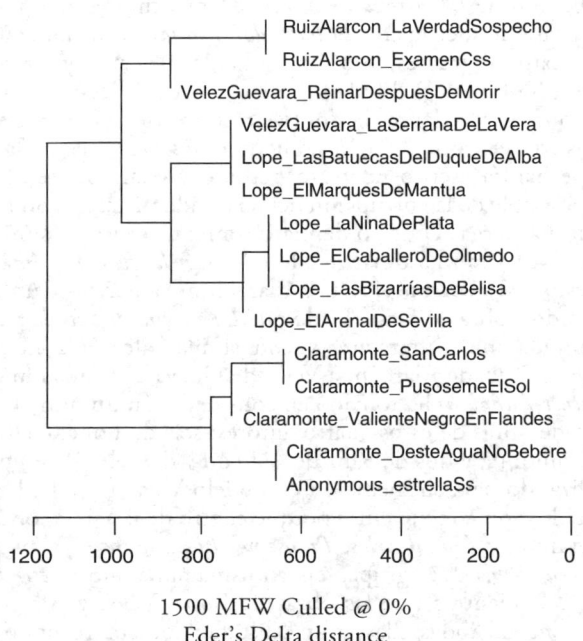

1500 MFW Culled @ 0%
Eder's Delta distance

Los resultados, bastante significativos, del análisis de cluster han sido corroborados por un segundo análisis conforme al modelo lingüístico basado en la frecuencia de uso en léxico de las 1200 palabras más usadas en ambos autores. El resultado, de acuerdo con el trabajo de Nàdia Revenga, lo resume ella misma:

> Tanto las obras *El burlador de Sevilla* y *El condenado por desconfiado,* tradicionalmente atribuidas a Tirso de Molina, como los dos textos de *La estrella de Sevilla* han sido atribuidos a Claramonte con un 100% de fiabilidad según el algoritmo utilizado. Como hemos señalado la atribución a Tirso de Molina de las obras analizadas ha sido cuestionada por el profesor Rodríguez López-Vázquez (2007, 2011) y los resultados de este análisis de estilometría le darían la razón. Así pues, los diferentes análisis estilométricos llevados a cabo indican que existe una gran similitud entre *La estrella de Sevilla,* en las ediciones suelta y desglosada, y *Deste agua no beberé,* de Claramonte. A su vez, en todos los resultados la obra ha quedado siempre agrupada junto al resto de las obras de Claramonte, con independencia de los parámetros seleccionados (número de palabras más frecuente, o medida de distancia). Asimismo, en los análisis de clasificación, los resultados obtenidos también han indicado que la autoría de ambos textos es de Claramonte. Por tanto, según los análisis de estilometría realizados, tanto el texto breve como el largo se atribuyen a Claramonte[34].

Esto queda visualmente más nítido en la disposición dendrítica *(Bootstrap Consensus Tree),* que coteja las tres obras en disputa de autoría entre Lope, Tirso y Claramonte: el árbol establece de forma clara que tanto *El burlador,* como *El condenado por desconfiado* y *La estrella de Sevilla* concuerdan con la tipología estilística de Claramonte, muy especialmente *El burlador de Sevilla,* que se encuentra agrupado en la misma rama que cobija a *Deste agua no beberé* y a *La estrella de Sevilla.* El árbol resultante es el siguiente:

---

[34] Revenga García, Nàdia, *La estrella de Sevilla y las potencialidades de la edición digital,* Valencia, Universitat de València, 2021; pág. 80.

Bootstrap Consensus Tree

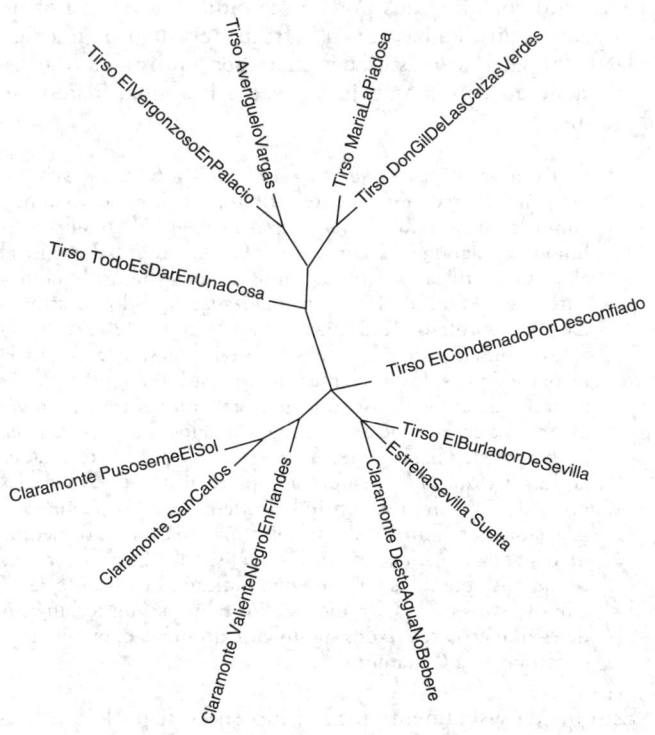

100-1200 MFW Culled @ 0%
Eder's Delta distance Consensus 0.5

El corolario de todo esto es muy claro: mientras se usen instrumentos de medida fiables y textos rigurosamente establecidos, la atribución a Claramonte tanto de *La estrella de Sevilla* como de *El burlador de Sevilla* tiene una seguridad del 100% y, en el caso de *El condenado por desconfiado*, del 84%. Naturalmente, si los criterios que se usan son de tipo subjetivo y se admite como argumento que estas obras esconden un profundo mensaje teológico, no detectable por vía de análisis objetivos, las obras se pueden atribuir a cualquier teólogo; es más, se pueden atribuir a don Antonio Mira de Amescua con mayor índice de fiabilidad que a fray Gabriel Téllez. Pero si se admite que los instrumentos de medida deben ser objetivos y poder ser analizados conforme a criterios ideológicamente neutrales, las tres vías de análisis resultan concordantes y avalan, al 100%, la atribución a Claramonte tanto de *La estrella de Sevilla* como de *El burlador de Sevilla*. De hecho, si en vez de utilizar el texto de *El burlador* deturpado por la compañía de Roque de Figueroa, se utiliza el texto de *Tan largo me lo fiais,* obra representada en 1617 por la compañía de Jerónimo Sánchez junto a otra obra de Claramonte, como es *El secreto en la mujer,* los resultados son todavía más claros. No hay nada que justifique seguir editando *El burlador de Sevilla,* en cualquiera de sus dos variantes, a nombre de fray Gabriel Téllez, dramaturgo mercedario de notables dotes creadoras, pero completamente alejado de los parámetros de composición de obras que corresponden al estilo teatral de Andrés de Claramonte.

Todo esto avala lo que Piero Menarini, ilustre especialista en el tema de Don Juan Tenorio, resumía de forma sucinta en su reseña a las ediciones de *Tan largo me lo fiais* y *El burlador de Sevilla:* «Don Giovanni. Giallo risolto: lo inventó un cómico» (Libero, Milán, 1-VI-2008), lo que en buen castellano se traduce como: «Don Juan. Enigma resuelto: lo creó un actor». Un actor y director de compañía teatral afincado en Sevilla entre 1610 y 1617, protegido por la poderosa familia Ulloa y autor de comedias de gran éxito popular, como mínimo desde el año 1604. La posterior atribución de esta obra, a Tirso primero y a Calderón después, es unos años posterior a la muerte en Madrid de Claramonte el 19 de agosto de 1626. La mención «murió sin testar», anotada en su partida de defunción, explica muy bien la dispersión de sus comedias y su posterior publicación a nombre de Lope de Vega, Calderón, Tirso de Molina, Guillén de Castro o Pérez de Montalbán. En algún caso concreto, como es *El infanzón de Illescas,* impresa en suelta a nombre de Lope de Vega, luego en la *Cuarta Parte* de Calderón y, ya en el siglo XIX, editada por Hartzenbusch a nombre de Tirso sin ningún documento que avale tanta audacia.

Esta edición

La edición de un texto clásico, cuando se trata de una obra de autoría discutida, está sujeta a una serie de problemas de notable complejidad. El texto que presentamos aquí alcanza los 3071 versos, lo que plantea una cuestión central respecto al contenido y a la forma de la edición. El capítulo de notas resultaría abusivo si tuviéramos que reseñar *todas* las variantes textuales que presentan TL y BS. El documento García Gómez permite abreviar esto asumiendo que en los pasajes comunes a las dos versiones las variantes léxicas divergentes deben priorizar la lección de TL. Al mismo tiempo, tampoco podemos obviar un problema básico de las ediciones al uso: circulan ediciones que divergen considerablemente de lo que la *princeps* del *Burlador* dice, y que incorporan enmiendas de las *sueltas abreviadas* de los siglos XVII y XVIII, de Hartzenbusch en el XIX y de Cotarelo o Américo Castro en el XX, de tal manera que el texto real, repleto de errores de todo tipo, queda desvanecido. No hemos podido recoger —sería tarea ilusoria— todas las variantes textuales que se han ido integrando a lo largo de los siglos, pero sí hemos querido hacer ver un número suficiente de ellas para dar una idea de la deturpación del texto, que la prioridad del *Tan largo* ha terminado por demostrar. Ofrecemos aquí una edición modernizada en su grafía, basada en la prioridad textual de TL, y que busca establecer el problema central de la transmisión, hoy en día ya bien encaminado. El tratamiento de algunas notas tiene que ver con el refuerzo de la atribución a Andrés de Claramonte, de modo que en pasajes concretos recurrimos a ofrecer variantes afines a otras obras suyas de consulta asequible. Hemos renunciado a repetir las argumentaciones de detalle, que incluíamos en ediciones anteriores de esta misma obra, respecto a cotejos que avalaban la propuesta de prioridad de *Tan largo me lo fiáis,* ahora mismo ya innecesarias. Incluimos, al igual que en nuestra edición anterior, la *Loa* de Quiñones de Benavente y el entremés cantado *El doctor,* por ser ambas de interés para el rastreo de la transmisión textual de la última fase de la obra. Prescindimos, en cambio, del entremés «El talego» y del «Baile de la Mesonerica», anteriormente editados antes y después de la jornada segunda.

Bibliografía

AA.VV., *Don Juan, Tirso, Molière, Pushkin, Lenau* (Pierre Brunel y J. M. Losada Goya, eds.), París, Klincksieck, 1993.
— *El Mito de Don Juan,* Cuadernos de Teatro Clásico, núm. 2, Madrid, CSIC, 1988.
ARELLANO, I., *Historia del teatro español del siglo XVII,* Madrid, Cátedra, 1995.
— OTEIZA, B. y ZUGASTI, M. (eds.), *El ingenio cómico de Tirso de Molina,* Actas del Congreso Internacional, Pamplona, Universidad de Navarra/Revista Estudios, 1988.
ARJONA, J. H., «Una nota a *El burlador de Sevilla*», *Hispanic Review,* 28 (1960).
BECERRA SUÁREZ, C., *Mito y Literatura (Estudio comparado de Don Juan),* Vigo, Universidade de Vigo, 1997.
BERTINI, G. M., «Il *Convidado de piedra* in Italia», *Quaderni Iberoamericani,* 7, Turín, 1948.
BOLAÑOS DONOSO, P. y DE LOS REYES PEÑA, M., «Presencia de comediantes españoles en el Patio de las Arcas de Lisboa (1608-1640)», en *En torno al teatro del Siglo de Oro,* Jornadas VII-VIII, Almería, Instituto de Estudios Almerienses, 1992.
BRUERTON, C., «Three Notes on *El Burlador de Sevilla*», *HR,* 11 (1943).
BRUNEL, P. (ed.), *Dictionnaire de Don Juan,* París, Robert Laffont, 1999.
CALDERÓN, P., *Tan largo me lo fiáis,* Madrid, Revista Estudios, 1967, edición, introducción y notas de Xavier A. Fernández.
CANTALAPIEDRA, F., «El motivo "escritura" en la obra de Andrés de Claramonte», en *Actas del II Simposio Internacional de Semiótica,* Oviedo, Universidad de Oviedo, 1988.

- *El infanzón de Illescas y las comedias de Claramonte*, Kassel, Reichenberger/Universidad de Granada, 1990.
- *El teatro de Claramonte y «La Estrella de Sevilla»*, Kassel, Reichenberger, 1993.

Casa, F. P. y Mac Gaha, M. (eds.), *Editing the Comedia*, Michigan, Ann Arbor/Michigan Romance Studies, 1985.

Cicognini, G., *Il convitato di Pietra,* Bolonia, Antonio Pissarri; ejemplar en la BM, ms. R.-13498; edición de G. Macchia, véase Macchia (1977).

Claramonte, A. de, *El valiente negro en Flandes. Deste agua no beberé. De lo vivo a lo pintado.* vol. XLIII, *BAE, Dramáticos contemporáneos a Lope de Vega.* vol. I, ed. Ramón de Mesonero Romanos, Madrid, Rivadeneyra, 1881.

- *Comedias,* Murcia, Academia Alfonso X el Sabio, ed., introd. y notas de M.ª del Carmen Hernández Valcárcel (contiene *El nuevo rey Gallinato. Deste agua no beberé.*)
- *El burlador de Sevilla,* atribuido tradicionalmente a Tirso de Molina, Kassel, Reichenberger, 1987, ed. de Alfredo Rodríguez López-Vázquez.
- *La infelice Dorotea,* Londres, Tamesis Books, 1988, ed., introd. y notas de Charles F. Ganelin.
- *Tan largo me lo fiáis,* Kassel, Reichenberger, 1990, ed., introd. y notas de Alfredo Rodríguez López-Vázquez.
- *El secreto en la mujer,* Londres, Tamesis Books, 1991, ed. de Alfredo Rodríguez López-Vázquez.
- *La estrella de Sevilla,* Madrid, Cátedra, 1991, ed., introd. y notas de Alfredo Rodríguez López-Vázquez.
- *El ataúd para el vivo y tálamo para el muerto,* Londres/Madrid, Tamesis Books, 1993, ed., introd. y notas de Alfredo Rodríguez López-Vázquez.
- *El honrado con su sangre,* Kassel, Reichenberger, ed. de Erasmo Hernández González.
- *Dineros son calidad,* Kassel, Reichenberger, 1999, ed. de Alfredo Rodríguez López-Vázquez.

Córdova y Maldonado, A., *La venganza en el sepulcro,* estudio preliminar de Piero Menarini, ed. crítica de Patrizia Campana, Bolonia, Atesa Editrice, 1989.

Cotarelo y Mori, E., «Últimos estudios acerca de *El burlador de Sevilla*», RABM, 18, Madrid, 1908.

CRUICKSHANK, D. W., «The First Edition of *El Burlador de Sevilla*», *Hispanic Review*, 49 (1981).
— «Some notes on the printing of plays in seventeenth-century Seville», *The Library*, tomo XI, serie VI, 1989.
CZARNOCKA, H., «La figura del rey Don Pedro el Cruel en *Deste agua no beberé*, de Andrés de Claramonte», RLA, 4 (1992).
DE ARMAS, F. A., «A King is he... Seneca, Covarrubias and Claramonte's *Deste agua no beberé*», *Neophilologus*, 73 (1990).
DE LOS REYES PEÑA, M., «La Sevilla de Cervantes a través de una loa de Andrés de Claramonte», en *Cervantes y la puesta en escena de la sociedad de su tiempo*, Actas del Coloquio de Montreal, 1999 (véase BOLAÑOS DONOSO, P.).
DIECKMANN, F., *Die Geschichte Don Giovannis*, Frankfurt, Insel Verlag, 1991.
DOLFI, L., «La fortuna del "Burlador de Sevilla": sobre el "Convitato di Pietra" di Cicognini», *Estudios*, núm. 189-190, Madrid, 1995.
Dos versiones dramáticas primitivas del Don Juan, Las (edición facsímil de la *suelta* de la colección Arturo Sedó en el Institut del Teatre de Barcelona, y de la *princeps* del *Burlador de Sevilla y Convidado de piedra)*, Madrid, Revista Estudios, 1988, ed. de Xavier A. Fernández.
DUBOIS, Claude-Gilbert, *Le Baroque en Europe et en France*, París, PUF, 1995.
DUMOULLIÉ, C., *Don Juan ou l'héroïsme du Désir*, París, PUF, 1995.
EBERSOLE, Alva V., «Simbolismo en *Deste agua no beberé* de Andrés de Claramonte», en *Perspectivas de la comedia*, Carolina del Norte, Estudios de Hispanófila, 6 (1978).
EGIDO, A. (ed.), *Historia y Crítica de la Literatura Española. 3.1. Siglos de Oro. Barroco. Primer Suplemento*, Barcelona, Crítica, 1992.
FARINELLI, A., *Don Giovanni*, Milán, Fratelli Bocca, 1946.
FERNÁNDEZ, Xavier A., «En torno al texto del *Burlador de Sevilla y Convidado de Piedra*», Revista *Segismundo*, 1969-1971, número extraordinario.
FERRER VALLS, T., «Actores del siglo XVII: los hermanos Valenciano y Juan Jerónimo Almella», *Scriptura*, 17 (2002).
FUCILLA, Joseph G., «*El convidado de piedra* in Naples in 1625», *Bulletin of the comediantes*, 10 (1958).
GARCÍA GÓMEZ, A., «Un cartapacio de comedias del siglo XVII», en Congreso Internacional AISO, Londres, 2005.

Homenaje a Archer M. Huntington, Massachusetts, Wellesley College, 1952.

Lida De Malkiel, R. M., «Sobre la prioridad del *Tan largo me lo fiáis*», en *Estudios de Literatura española y Comparada,* Buenos Aires, Eudeba, 1966.

Macchia, G., *Vita, Avventure e Morte di Don Giovanni,* Turín, Piccola biblioteca Einaudi, 1977 [trad. francesa: *Vie, Aventures et Mort de Don Juan,* París, Desjonquières, 1990].

Martínez López, E., *Tablero de ajedrez. Imágenes del negro heroico en la comedia española,* París, Fundaçao Calouste Gulbenkian, 1998.

Maurel, S., *L'Univers dramatique de Tirso de Molina,* Poitiers, Presses Universitaires, 1973.

Menarini, P., *Quante volte, Don Giovanni?,* Bolonia, Atesa Ed., 1984.

Molho, M., *Mitologías. Don Juan. Segismundo,* Madrid, Siglo XXI, 1993.

Morley, S. G., «The Use of Verse-Forms (Strophes) by Tirso de Molina», en *Bulletin Hispanique,* 1911.

Ojeda Calvo, V. y Bruerton, C., *La versificación en las comedias de Lope de Vega,* Madrid, Gredos, 1968.

Ojeda Calvo, Valle (ed.), *Anónimo. El hijo de la cuna de Sevilla,* Kassel, Reichenberger, 1996.

Revenga, Nàdia, *La estrella de Sevilla y las potencialidades de la edición digital,* Valencia, Universitat de València, 2021.

Rodríguez López-Vázquez, A., *Andrés de Claramonte y El Burlador de Sevilla,* Kassel, Reichenberger, 1987.

— «Catalinón, Gallardo, Pánfilo y la necedad de los graciosos», en *El ingenio cómico de Tirso de Molina* (véase Arellano, I., Oteiza, B. y Zugasti, M., eds.).

— *Lope, Tirso y Claramonte. La autoría de las obras maestras del Siglo de Oro,* Kassel, Reichenberger, 1999.

Rogers, D., *Tirso de Molina. «El burlador de Sevilla»,* Londres, Grant & Cutler, 1977.

Rousset, J., *Le mythe de Don Juan,* París, Armand Colin, 1978 [trad. española: México, FCE, 1984].

Ruano de la Haza, J. M., «La relación textual entre *El burlador de Sevilla* y *Tan largo me lo fiáis*», en *Tirso de Molina: del Siglo de Oro al Siglo XX,* Madrid, Revista Estudios, 1995.

Ruiz Ramón, F. y Oliva, C. (eds.), *El mito en el teatro clásico español,* Madrid, Taurus, 1988.

SÁNCHEZ-ARCILLA BERNAL, J., *Reyes de Castilla y León. Alfonso XI (1312-1350)*, Palencia, Diputación de Palencia, 1995.

SCHACK, Adolfo Federico, conde de, *Historia de la Literatura y el Arte Dramático en España* (5 vols.), Madrid, M. Tello, 1887, trad. y anejos de Eduardo de Mier.

SCHNEIDER, M., *Don Juan et le procès de la séduction*, París, Aubier, 1994.

SLOMAN, A. E., «The two versions of *El Burlador de Sevilla*», *BHS*, 42 (1965).

SOUILLER, D., *Tirso de Molina/El Burlador de Sevilla*, París, Klincksieck, 1993.

«Tirso de Molina (Homenaje a)», *Actas del congreso del IV Centenario de Tirso*, Madrid, Revista Estudios, 1981.

TIRSO DE MOLINA, *El burlador de Sevilla y Convidado de piedra*, Nueva York, Charles Scribner's and Son, 1969, ed. y notas de Gerald E. Wade.

— *El burlador de Sevilla y Convidado de piedra*, Madrid, Alhambra, 1982, ed., introd. y notas de Xavier A. Fernández.

— y ZORRILLA, J., *El Burlador de Sevilla. Don Juan Tenorio*, Madrid, Círculo de Lectores, ed., introd. y notas de Carmen Romero, prólogo de F. Rico, «Don Juan, infierno y gloria».

— *El burlador de Sevilla*, Madrid, Espasa-Calpe, nueva colección Austral, ed. de Ignacio Arellano, 1994.

— *El burlador de Sevilla*, Madrid, Alianza, ed. de Héctor Brioso, 1999.

VAREY, J. E., *Cosmovisión y escenografía*, Madrid, Castalia, 1987.

VEGA CARPIO, Félix Lope de, *Obras Completas. Prosa, II*, ed. de Donald McGrady, Madrid, Biblioteca Castro, 1998.

— *Teatro* (13 vols.), Ed. Academia Nueva (1913-1930).

— *Obras escogidas*, Tomo III. *Teatro, II*, Madrid, Aguilar, 1974.

WADE, G. E. y MAYBERRY, R. J., «*Tan largo me lo fiáis* and *El burlador de Sevilla y el Convidado de Piedra*», *Bulletin of the Comediantes*, 14 (1962).

— «The Fernández edition of *Tan largo me lo fiáis*», *BCom*, 20 (1968).

— «Para una comprensión del tema de Don Juan y el Burlador», *RABM*, núm. 77 (1974).

WARDROPPER, B. W., «El tema central de *El Burlador de Sevilla*», *Segismundo*, 17-18 (1973).

WEIMER, C. B., «Invisibility as *Pharmakon*: Derrida and Claramonte's *El Rey Don Pedro en Madrid*», *RLA*, 4 (1992).

*El burlador de Sevilla
o
El convidado de piedra*

LOA CON QUE EMPEZÓ EN LA CORTE ROQUE DE FIGUEROA

Luis Quiñones de Benavente

(Aparece Roque *sentado en una silla durmiendo, y* Bezón *en un bofetón hablándole, y él respondiéndole entre sueños.)*

Bezón.	Despierta, Roque, despierta.
Roque.	¿Quién eres, sombra o fantasma?
Bezón.	No soy fantasma ni sombra.
Roque.	Pues paréceslo en la cara.
Bezón.	Dormiente sobredorado, 5
	cidra gruesa valenciana,
	autor de barba pajiza
	como pastoril cabaña,
	escúchame.
Roque.	Pues, ¿quién eres,
	que de esa suerte me tratas? 10
Bezón.	Soy visión, digo Bezón.

Acotación inicial: bofetón: «Tramoya de teatro que se funda en un quicio como de puerta y que al girar hace aparecer o desaparecer ante los espectadores personas u objetos» *(Diccionario de Autoridades)*.

2-11. Entre estos dos versos reaparece el verso 2578 del *Burlador: Sombra, fantasma o visión*.

6. *cidra*. «Tiene virtud contra veneno; y este árbol tiene juntamente un fruto maduro, otro verde y otro en flor. Es de perpetuo verdor, de mucha fragancia y hermosísima vista. Hácense de la cidra diversas conservas, como diacitrón, cidrada, costrada, jalea del agro, gran remedio contra la peste» (Covarrubias).

Roque.	Pues visión o Bezón, habla.
Bezón.	¿Sabes dónde estás ahora?
Roque.	Representando las Pascuas

        con toda mi compañía   15
        en Alcalá.
Bezón.   Pues te engañas,
        que no estás sino en la corte,
        de nobleza mundi-mapa,
        que esotro de mapa-mundi
        es hablilla muy usada.   20
Roque. ¿En Madrid, dices que estoy?
Bezón. Y no menos que en las tablas
        del más insigne teatro
        que ha ocasionado la fama,
        en poder de coladores   25
        que están siempre como urracas,
        sin saber otro vocablo,
        diciéndonos: «paga, paga».
        Y luego, para embestirte,
        detrás de la puerta aguardan   30
        tres autores campesinos,
        pues en sus nombres se hallan
        Prados, Robles y Romeros;
        y tras ellos, diz que baja
        el rayo de la comedia,   35
        el autor de más pujanza,
        Gran Turco, Andrés de la Vega,
        y Amarilis, Gran Sultana;
        el que, pujando corrales,
        se ha introducido en la danza   40

---

33. Alusión a tres célebres *autores* de la época. A la compañía de Antonio de Prado, como a la de Roque de Figueroa, le escribió Quiñones de Benavente una loa similar a ésta, recogida por Hannah Bergman en su edición de *Entremeses* (Madrid, Anaya, 1968) en donde se cita precisamente a Bartolomé Romero y a Roque de Figueroa: «porque ¿qué suceso espero / compitiendo con Romero / donde el gran Roque madruga?». El chiste vegetal sobre «prados, robles y romeros» apoya la broma sobre autores «del campo».

37-38. *Amarilis*. Por nombre, María de Córdova. Es la esposa de Andrés de la Vega y dirigió compañía propia.

| | de arrendador, aunque yo
no le arriendo la ganancia. | |
|------------|--------------------------------|----|
| ROQUE. | ¿Cómo puede ser, si he puesto
carteles esta mañana
por las calles de Alcalá,
y mi compañía estaba
no ha media hora ensayando? | 45 |
| BEZÓN. | Autor dormilón, repara
que aquí está tu compañía. | |

(Sale ARIAS.*)*

  Éste que miras, ¿no es Arias,   50
  de los versos nueva vida,
  y de las acciones alma?

(Sale LORENZO HURTADO.*)*

  ¿No es Lorenzo el que le sigue,
  parte de tanta importancia,
  que para hacer los segundos   55
  sólo la humildad bastara?

(Sale PÉREZ.*)*

  ¿Éste no es Pérez, famoso
  por la voz y por la barba,
  excediéndose a sí mismo
  cuando representa o canta?   60

(Sale PERNÍA.*)*

  ¿No es Pernía éste que sale,
  que representa, que baila,
  que hace versos, que remedia,

---

61. Aunque no hay tilde en los textos de la época, la medida del octosílabo revela que este apellido se pronuncia como trisílabo.

    si sucede una desgracia,
doce o diez y seis colunas 65
de la noche a la mañana?

(Sale Luis de Cisneros.*)*

    ¿Éste no es Cisneros, que hace
segundos viejos, que andan,
aquí, como cartas de Indias,
con las barbas duplicadas? 70

(Salen Pedro de Contreras *y el* Muchacho.*)*

    ¿Éste no es Pedro Contreras
con el muchacho, que canta,
si no lo mejor del orbe,
de lo mejor que en él se halla?

(Sale Herrera, *músico famoso.)*

    ¿No es Herrera éste que viene, 75
músico nuevo en las tablas,
mas, tan diestro que se duda
quién más la letra declara,
o en la garganta la voz,
o en la mano la garganta? 80

(Sale Juan López.*)*

    Éste, ¿no es el gran Juan López,
el de las bellidas barbas,
sobre quien ha echado el tiempo
un mosqueadillo de canas?

(Sale Miguel Jerónimo.*)*

    Éste, ¿no es Miguel Jerónimo, 85
que tiene, si baila o danza,
en las castañetas lengua,
y en los pies ligeras alas?

(Sale Isabel, *la Velera.)*

    Aquésta, ¿no es Isabel,
    que hace las primeras damas,   90
    alias, la Velera, que
    sale encogida y turbada,
    temblando como si hubieran
    dádole algunas tercianas?

(Sale Ana María.*)*

    La hija del lapidario   95
    ¿no es ésta, que un par de cartas
    trae de recomendación
    en los años y en la cara?

(Sale Doña Francisca.*)*

    ¿No es ésta doña Francisca,
    mujer de Lorenzo, dama   100
    que no pierde sus papeles
    ni por brío ni por galas?

(Sale Ana María.*)*

    Aquésta, ¿no es la Bezona,
    que está, con certeza tanta,
    tocada a mi original,   105
    que tiene sus propias gracias?
    Pues no dudes de que estás
    en Madrid; y, si no basta,
    sacaré al apuntador,

(Sale el apuntador.)

    al que los carteles planta   110

(Sale con una pala.)

    al guardarropa, al que cobra

(Salen el guardarropa y el cobrador.)

        y a todas las zarandajas.

(Salen los mozos unos tras otros.)

    Que hay debajo del tablado,
de criados, hato y arcas.
Míralos qué temerosos   115
están, qué sin confianza
de saber cuán poderosa
está la parte contraria;
que si ensalcé su humildad
con algunas alabanzas,   120
más por animarlos fue
que porque en ellos se hallan.
¡Ea, Roque dormitorio,
ea, no temas, levanta,
que un pasito de dormido   125
en cualquiera parte encaja!
Pide perdón al senado;
que yo, aunque no me lo mandas,
me arrugo, *quam mihi et vobis,*
risa aquí, y después ganancia.   130

(Desaparece Bezón *y despierta* Roque.*)*

Roque.   ¡Espera, ilusión, espera!
¡Aguarda, Bezón, aguarda!
¡Válgame Dios! ¿Dónde estoy?
Mas, ¿qué dudo, si en las alas
de mi deseo he venido,   135
Madrid, a besar tus plantas?
Era tanto, corte insigne,
lo que venir deseaba,
que aun pienso que estoy soñando
gloria tal y dicha tanta.   140
Amparad mi compañía
por su humildad tan preciada

de vuestra, que sólo estriba
en eso su confianza.
Que si alabándola quiso   145
Bezón usar de su gracia,
cuanto merecen es sueño,
cuanto pueden, cuanto alcanzan,
que sólo la voluntad
de serviros no es soñada.   150
Yo, cuanto soy, cuanto valgo,
con la vida, con el alma,
a vuestras plantas ofrezco.
¿Qué os ofrezco a vuestras plantas?
En la tierra y polvo humilde   155
donde vuestros pies se estampan
pondré mi boca mil veces,
corte ilustre, común patria
de todos los afligidos
que humildes de vos se amparan. 160
Madrid, ya estoy en mi centro,
que en esta ausencia tan larga,
¡qué trabajos no he pasado
en la bolsa y en la fama
hasta venir a deciros   165
(Dios guarde, amén, mi garganta)
que me habían ahorcado!
Y ahora, cuantos me hablan
dicen que les debo llantos,
responsos y misas de alma,   170
pésames, Avemarías,
oraciones y plegarias.
Y a todos pienso pagar.
(¡Así mis deudas pagara
que yo estuviera en la Iglesia   175
rezando treinta semanas!)
En relación me ahorcaron,
no fueron nuevas muy falsas,
porque, ¿qué más ahorcado
que un autor que está sin blanca? 180
Sabios y críticos bancos,

gradas bien intencionadas,
piadosas barandillas,
doctos desvanes del alma,
aposentos, que callando   185
sabéis suplir nuestras faltas;
infantería española,
—porque ya es cosa muy rancia
el llamaros mosqueteros—
damas, que en aquesta jaula   190
nos dais con pitos y llaves
por la tarde alboreada.
A serviros he venido.
Seis comedias estudiadas
traigo, y tres por estudiar,   195
todas nuevas. Los que cantan
letras y bailes famosos,
aunque acá dicen que bailan
a cuarenta, y que, bailando,
corren toros, juegan cañas,   200
los que traigo son de a ocho;
y si más gente os agrada,
vive Dios que baile yo,
porque de más importancia
es hacer lo que mandáis   205
que los silbos que me aguardan.
Entremeses también traigo,
aunque hay pocos que los hagan,
y el que más suele escribirlos,
anda mendigando gracias.   210
Con amor vengo y sin fuerzas,
perdonad yerros y faltas,
que los hechos por amores,
perdón merecido alcanzan.

---

200. «Correr toros» es la forma habitual de la época para «lidiar». En *El burlador/Tan largo* se hace un juego de palabras sobre el participio «corrido», aludiendo a los cuernos del toro / marido, por Batricio.

EL BVRLADOR DE SEVILLA,
y combidado de piedra.

COMEDIA FAMOSA.

DEL MAESTRO TIRSO DE MOLINA.

Representòla Roque de Figueroa.

Hablan en ella las personas siguientes.

Don Diego Tenorio viejo.
Don Iuan Tenorio su hijo.
Catalinon lacayo.
El Rey de Napoles.
El Duque Ottauio.
Don Pedro Tenorio.
El Marquès de la Mota.
Don Gonçalo de Vlloa.
El Rey de Castilla.

Fabio criado.
Isabela Duquesa.
Tisbea pescadora.
Belisa viliana.
Anfriso pescador.
Coridon pescador.
Gaseno labrador.
Patricio labrador.
Ripio criado.

IORNADA PRIMERA.

Salen don Iuan Tenorio, y Isabela Duquesa.

Isab. Duque Octauio, por aqui podràs salir mas seguro.

d.Iu. Duquesa, de nueuo os juro de cumplir el dulce si.

Isa. Mis glorias, seràn verdades promesas, y ofrecimientos,
regalos

Hablan en ella las personas siguientes:

El Rey de Castilla
Don Gonzalo de Ulloa
El embajador Don Pedro Tenorio
Don Juan Tenorio
[Tenorio el Viejo]
Catalinón
Tisbea
Batricio
El Duque Octavio
El Marqués de la Mota
Isabela, duquesa
Arminta
Belisa
Doña Ana
El Rey de Nápoles
Coridón
Gazeno
Anfriso
Ripio
Guardas, Labradores y Criados

El burlador de Sevilla y convidado de piedra

JORNADA PRIMERA

Salen Isabela, duquesa, *y* Don Juan Tenorio *de noche*

Isabela.	Salid sin hacer ruïdo,
	Duque Octavio.
Don Juan.	El viento soy,
Isabela.	Aun así, temiendo estoy
	que aquí habéis de ser sentido,
	que haberos dado en palacio 5
	entrada de aquesta suerte
	es crimen digno de muerte.
Don Juan.	Señora, con más espacio
	te agradeceré el favor.
Isabela.	Mano de esposo me has dado, 10
	Duque.
Don Juan.	Yo en ello he ganado.

1-254. En función de la prioridad de *TL* y de la gran cantidad de errores y omisiones del texto de *BS,* editamos este episodio de palacio según *TL*.

1. *Ruïdo,* con lectura trisílaba, conforme a su etimología y conforme al verso 355, de la relación que le hace Don Pedro Tenorio al Duque Octavio, *«a las voces y al ruïdo»* verso común a *TL* y a *BS*.

Isabela.	El aventurar mi honor,
	Duque, de esta suerte, ha sido
	segura, con entender
	que mi marido has de ser. 15
Don Juan.	Digo que soy tu marido,
	y otra vez te doy la mano.
Isabela.	Aguárdame, y sacaré
	una luz para que dé
	de la ventura que gano 20
	fe, duque Octavio. ¡Ay de mí!
Don Juan.	Mata la luz.
Isabela.	Muerta soy.
	¿Quién eres?
Don Juan.	Un hombre soy
	que aquí ha gozado de ti.
Isabela.	¿No eres el Duque?
Don Juan.	¿Yo? No. 25
Isabela.	Pues di quién eres.
Don Juan.	Un hombre.
Isabela.	¿Tu nombre?
Don Juan.	No tengo nombre.
Isabela.	Este traidor me engañó.
	¡Gente, criados!
Don Juan.	Detente.
Isabela.	Mal un agravio conoces. 30
Don Juan.	No des voces.
Isabela.	Daré voces.
	¡Ah del Rey! ¡Soldados, gente!

(Sale El rey de Nápoles.*)*

Rey.	¿Qué es esto?
Isabela.	¡Favor! (¡Ay, triste,
	que es el rey!)
Rey.	¿Qué es?
Don Juan.	¿Qué ha de ser?
	Un hombre y una mujer. 35
Rey.	Esto en prudencia consiste.
	Quiero el daño remediar.

(Salen el Embajador de España y Criados.*)*

Don Pedro.	¿En tu cuarto, gran señor,
	voces? ¿Quién causa el rumor?
Rey.	Haced prender y matar 40
	ese hombre y esta mujer.
Don Pedro.	¿Quién son?
Rey.	No es bien conocerlos,
	porque si aquí llego a verlos
	no me queda más que ver.
	Pues me venzo y me resisto, 45
	vosotros no me incitéis,
	que en estos que ver queréis,
	sin verlos, mi ofensa he visto.
	Don Pedro Tenorio, a vos
	esta prisión os encargo. 50
	Si ando corto, andad vos largo,
	y ved quién son esos dos.
Don Pedro.	Daos a prisión, caballero.
Don Juan.	No llegue ninguno a mí,
	si morir no quiere aquí. 55
Don Pedro.	Matadle.
Don Juan.	La muerte espero
	por la punta de esta espada.
	Llegad a comprar mi vida,
	que ha de ser tan bien vendida
	como de todos comprada. 60
Don Pedro.	¡Matadle!
	¡Qué mal lo adviertes!
	Las fieras puntas desvía;
	considera que la mía
	ha de costar muchas muertes.

42-48. Según Xavier A. Fernández estos versos son un aparte del Rey. No parece lógico, dada la interlocución «vosotros», a los presentes.

51. Un ejemplo de superioridad textual de *TL* sobre *BS,* que aquí lee: «*Siendo corto, andad vos largo*». La idea es: «Si yo me quedo corto, por no averiguarlo, averiguadlo vos».

52. *Quién son*. El uso habitual de la época es neutralizar en la forma *quien* tanto el singular como el plural para relativo y para interrogativo.

	A muerte estoy condenado,	65
	y pues es cierta mi muerte,	
	matándoos de aquesta suerte	
	moriré más consolado.	
	Que he de vender de este modo	
	mi vida, os quiero advertir;	70
	y pues sé que he de morir,	
	quiero aquí morir por todo.	
Soldado.	¡Muere, vil!	
Don Juan.	¿Quién os engaña?	
	Ved que caballero soy.	
Don Pedro.	Rabiando de enojo estoy.	75
Don Juan.	El Embajador de España	
	llegue sólo, que a él no más,	
	pues es forzoso el morir,	
	mi espada quiero rendir.	
Don Pedro.	Ahora más cuerdo estás.	80
	Todos con esa mujer	
	a ese cuarto os retirad.	
Isabela.	¡Tal traición, tan gran maldad,	
	en hombre pudo caber!	
	[*Ap.*] Diré quién soy; mas mi agravio	85
	a voces dirá quién soy,	
	pues hoy sin honor estoy	
	y estoy sin el Duque Octavio. *(Vanse.)*	
Don Pedro.	Ya estamos solos los dos.	
	Muestra aquí tu esfuerzo y brío.	90
Don Juan.	Aunque tengo esfuerzo, tío,	
	jamás le tuve con vos.	

76-79. En *BS*, la réplica está transmitida de forma confusa: «Porque caballero soy del Embajador de España. Llegue, que solo ha de ser quien me rinda». Fray Luis Vázquez, que sostiene la prioridad textual de *BS,* elige una puntuación complicada para evitar el recurso enmendatorio a *TL:* «Llegue, que, solo, ha de ser» y hace observar alegremente que «una vez más, puntuando correctamente, se demuestra que la *princeps* no tiene tantos errores como se ha dicho».

92. *Jamás le tuve.* En *BS,* el verso es: *no le tengo para vos.* El referente del pronombre es el sustantivo «esfuerzo», lo que denota leísmo en el autor de la obra, en ambas variantes. A. Prieto señala «*Le* por *lo* es frecuente en Tirso, en quien se percibe claramente el leísmo». Y Fray Luis Vázquez insiste: «El leísmo es caracte-

Don Pedro.	¿Quién eres?
Don Juan.	Don Juan.
Don Pedro.	¿Don Juan?
Don Juan.	Sí, señor.
Don Pedro.	¿De aquesa suerte lo dices?
Don Juan.	Dame la muerte, 95 y mis desdichas tendrán fin en tus manos.
Don Pedro.	¡Traidor! ¡Alevoso! No imagino que eres Don Juan mi sobrino, porque no tienes honor. 100 ¡Tú con dama en el palacio del Rey! ¡Y en ofensa mía haces tal alevosía!
Don Juan.	Mi culpa no pide espacio, tío, si me has de prender, 105 préndeme, llévame preso, y advierte que aqueste exceso por amor se pudo hacer.
[Don Pedro.]	Amor es una cautela y es ciego y loco quien ama. 110 ¿Quién es la dama?
Don Juan.	Es la dama...
Don Pedro.	Prosigue. ¿Quién?
Don Juan.	Isabela.
Don Pedro.	¿La camarera?
Don Juan.	Señor, sí, que por el Duque Octavio la engañé.

---

rístico de Tirso. No hay una sola comedia donde no aparezca. Se da en los acusativos no personales». Y sorprendentemente añade: «En *TL* la modificación es indicio de lenguaje más moderno: "jamás le tuve *con* vos"». El leísmo es típico de Tirso, de Claramonte, de Lope, de Vélez y de cualquier autor de la época. Las notas de A. Prieto, de Fray Luis Vázquez y de otros ilustres tirsistas tratan de hacer pasar el leísmo como evidencia de rasgo de estilo y prueba de autoría.

109. *Cautela*. Con el valor semántico de «engaño, trampa». El término reaparece a lo largo de la obra en las dos variantes textuales.

| DON PEDRO. | ¡Mayor agravio | 115 |

y desventura mayor!
 Tu padre desde Castilla
a Nápoles te envió
por insufrible, y te dio
cárcel la espumosa orilla   120
 del mar de Italia, causando
mil escándalos en ella,
no reservando doncella
ni casada reservando.
 Ya no te sufre la tierra   125
y estoy por matarte aquí;
pero como veo en ti
sangre que mi pecho encierra,
 por fuerza te he de librar.
¿Tienes por dónde escaparte?   130

DON JUAN. Aquí está un balcón.
DON PEDRO.   ¿Colgarte
puedes por él y bajar
al suelo?
DON JUAN.   Aunque está muy alto,
por la capa bajaré.
DON PEDRO. Baja pues, porque no esté   135
el Rey con más sobresalto,
 que yo diré que te echaste
por una ventana, huyendo
de mí.
DON JUAN.   Ya va amaneciendo.
DON PEDRO. Pues tú este daño causaste,   140
 pon remedio en él, partiendo
de Nápoles luego a España,
que si ahora el Rey se engaña
de la suerte que pretendo,

117-122. Un llamativo pasaje con varios encabalgamientos seguidos. El pasaje homólogo de *BS* presenta variantes: «tierra» por «cárcel», «atendiendo» por «causando mil escándalos» y, sobre todo, la omisión de los versos «no reservando doncella ni casada reservando». No parece probable que el autor de la obra renunciara a esa precisión sobre el pasado de Don Juan. Parece superior el original de *TL,* al que nos atenemos.

	con la Duquesa Isabela,	145
	si puedo, te casaré,	
	para que pagues con fe	
	lo que hiciste con cautela.	
DON JUAN.	En todo, señor, me honráis.	
DON PEDRO.	Pues vete con Dios, y advierte	150
	que hay castigo, infierno y muerte.	
DON JUAN.	¿Tan largo me lo fiáis?	
DON PEDRO.	Esa presunción te engaña.	
	Llega. ¿Si es éste el balcón?	
DON JUAN.	Con tan larga pretensión	155
	gozoso me parto a España.	

(Vanse, y sale el REY.)

REY.	Envidian las coronas de los reyes	
	los que no saben la pensión que tienen,	
	y mil quejas y lástimas previenen,	
	porque viven sujetos a sus leyes.	160
	Pero yo envidio los que guardan bueyes	
	y en cultivar la tierra se entretienen,	
	que aunque de su trabajo se mantienen	
	ni agravios lloran, ni gobiernan greyes.	
	Porque aunque con más ojos que Argos	
	[vivan	165

---

148. De nuevo la mención a la «cautela» o engaño con que ha actuado Don Juan. Este verso tampoco aparece en *BS,* que presenta una modificación importante en las réplicas de Don Pedro. De estos nueve versos de *TL* no ha quedado nada y también se ha hecho desaparecer la réplica de Don Pedro (vv. 150-151) que da lugar a la primera respuesta temática de Don Juan: «¿Tan largo me lo fiáis?».

156-170. Este soneto está omitido en *BS.* Obviamente el Rey de Nápoles es el tercer *barba,* y no se ha podido rescatar un fragmento en donde está él solo en escena.

165. *Argos.* Príncipe de la mitología griega. De sus cien ojos tenía siempre abiertos cincuenta, con lo que velaba incansablemente. Hera le confió la vigilancia de Io, metamorfoseada en ternera, pero Hermes lo durmió y lo mató. Hera pasó sus cien ojos a la cola del pavo real. En *De lo vivo a lo pintado* Claramonte concentra esta idea: «Argos, no siendo pavón, fue emblema de este cuidado».

               y miren por la espalda y por el pecho,
               los reyes no proceden como sabios
                  si del oír, con el mirar se privan:
               que un rey siempre ha de estar orejas
                                             [hecho,
               oyendo quejas y vengando agravios.   170

   (Sale Don Pedro Tenorio.*)*

Don Pedro.   Ejecutando, señor,
               lo que mandó Vuestra Alteza
               el hombre...
Rey.   ¿Murió?
Don Pedro.   Escapóse.
Rey.   ¿Qué decís?
Don Pedro.   ¿Quién lo creyera?
               Di con la guarda sobre él,   175
               y él, con la misma fiereza
               que un hombre desesperado
               siempre en tales casos muestra,
               juzgando flacas aristas
               las valientes puntas nuestras,   180
               con la suya se metía
               haciendo notable ofensa.
               Di voces: «Muera, matadle»
               y enlazando en una reja
               la capa, fue en el caer   185
               Luzbel, como en la soberbia.
               Acudí, y vi con la luna
               un hombre que por la tierra
               llevaba el pecho arrastrando
               como la cauta culebra.   190
               Di voces, y en la distancia
               que tardé en tomar la puerta,
               el que arrastrándose huía
               corrió con tal ligereza
               que no pareció jamás.   195
               Y, no habiendo casa abierta,
               pareció cosa imposible

	que escapárseme pudiera.	
	Y porque lo que está oculto	
	en la Corte no se sepa,	200
	excusando el alboroto,	
	excusé las diligencias.	
Rey.	Mostrasteis, Embajador,	
	vuestra cordura y prudencia;	
	pero mucho me ha pesado	205
	de que el hombre no muriera.	
	Y ¿sabéis quién es la dama?	
Don Pedro.	Es, gran señor, la Duquesa	
	Isabela.	
Rey.	¿Qué decís?	
Don Pedro.	Lo que escucha Vuestra Alteza.	210
Rey.	Pues el hombre es de importancia	
	y es más pesada la ofensa.	
	Id por ella.	
Don Pedro.	Ya la guarda	
	viene, gran señor, con ella.	

(Sale Isabela.*)*

Isabela.	¿Con qué ojos veré al Rey?	215
Rey.	Ya estoy corrido de verla.	
Isabela.	Amor, dame aquí tus ojos	
	ya que me diste tu venda.	
Rey.	Duquesa...	
Isabela.	Señor, confieso	
	mis culpas y mis ofensas,	220
	mas sírvame de castigo	
	el verme en vuestra presencia.	
	Profané vuestro palacio.	
	discúlpenme Troya y Grecia,	
	si hay disculpa, gran señor,	225
	bastante en tanta bajeza.	
	El Duque Octavio me dio	
	mano de esposo, y con ella	
	le di entrada, y le di el alma	
	y la más costosa prenda.	230

	Perdóname las palabras	
	si las obras consideras,	
	que al punto que no fui casta	
	a ese mismo no fui honesta.	
Rey.	¿Que aquél era el Duque Octavio?	235
Isabela.	Sí, señor.	
Rey.	Al Duque prendan	
	con diligencia y cuidado	
	y a esa mujer llevad presa.	
Isabela.	Gran señor, volvedme el rostro.	
Rey.	Ofensa a mi espalda hecha	240
	es justicia y es razón	
	castigarla a espalda vuelta. *(Vase el* Rey.)	
Don Pedro.	Su Alteza está justamente	
	sentido de Vuexcelencia.	
Isabela.	No será tan grande el yerro	245
	si el Duque Octavio lo enmienda.	
Don Pedro.	Vamos, señora.	
Isabela.	*(Aparte.)* ¡Ay, Amor,	
	ya que me engañaste a ciegas,	
	en este engaño me ayuda,	
	y en esta traición me esfuerza.	250
Don Pedro.	*(Aparte.)* Si puedo, yo haré que al [Duque	
	le disculpe su inocencia,	
	y que Don Juan, mi sobrino,	
	se case con Isabela.	

(Vanse, y sale el Duque Octavio, *y* Ripio, *su criado.)*

Ripio.	¿Tan de mañana, señor,	255
	te levantas?	
Octavio.	No hay sosiego	
	que pueda apagar el fuego	
	que enciende en mi alma Amor,	
	porque, como al fin es niño,	
	no apetece cama blanda,	260
	entre regalada holanda	
	cubierta de blanco armiño.	

	Acuéstase, no sosiega,	
	siempre quiere madrugar	
	por levantarse a jugar,	265
	que al fin, como niño, juega.	
	Pensamientos de Isabela	
	me tienen, amigo, en calma,	
	que, como vive en el alma,	
	anda el cuerpo siempre en [vela]	270
	guardando ausente y presente	
	el castillo del honor.	
Ripio.	Perdóname, que tu amor	
	es amor impertinente.	
Octavio.	¿Qué dices, necio?	
Ripio.	Esto digo:	275
	Impertinencia es amar	
	como amas. [¿Vas a] escuchar?	
Octavio.	[Sí.] Prosigue.	
Ripio.	Ya prosigo.	
	¿Quiérete Isabela a ti?	
Octavio.	¿Eso, necio, has de dudar?	280
Ripio.	No, mas quiero preguntar.	
	Y tú, ¿no la quieres?	
Octavio.	Sí.	

---

270. En *BS*, «anda el cuerpo siempre en pena», con error de rima consonante. Hartzenbusch vio la rima correcta y lo enmendó. El pasaje correspondiente de *TL* es distinto y está escrito en quintillas. En dos estrofas, en el discurso del criado (luego transformado en Ripio) se rima Isabela: la primera vez: «Isabela / cautela / desvela», y la segunda «Isabela / desvela». Sin embargo esta variante de *BS* parece fiable, al introducir la idea de «guardar el castillo del honor» y «estar el cuerpo siempre en vela». Según Fray Luis Vázquez «aquí se da una disemia muy tirsiana, aludiendo a la *embarcación, al cuerpo de guarda*». No sé cuánto de tirsiana, porque este uso está también en la obra de Claramonte. Por ejemplo, *Deste agua no beberé:* «En el castillo cerrados nos tiene el rey (...) El cuerpo de la batalla, vos, Honor, tomad».

276-277. En *BS, quies escuchar. Prosigue. Ya prosigo.* Fray Luis Vázquez acepta que «en la *princeps* estos versos son defectuosos métricamente», pero acepta el *quies* como hacen también Prieto y otros editores. Sucede que esta forma no vuelve a reaparecer en el texto, y el fragmento presenta más errores de metro y rima. Es mejor enmendar.

283. Fray Luis Vázquez observa que «el vocablo majadero abunda en las comedias tirsianas». Naturalmente. Y en las de Claramonte y en las de Vélez y Lope.

Ripio.	Pues ¿no seré majadero,	
	y de solar conocido,	
	si pierdo yo mi sentido	285
	por quien me quiere y la quiero?	
	Si ella a ti no te quisiera	
	fuera bien el porfiarla,	
	regalarla y adorarla,	
	y aguardar que se rindiera.	290
	Mas si los dos os queréis	
	con una misma igualdad,	
	dime, ¿hay más dificultad	
	de que luego os desposéis?	
Octavio.	Eso, necio, fuera a ser	295
	de lacayo o lavandera	
	la boda.	
Ripio.	Pues, ¿es quienquiera	
	una lavandriz mujer	
	lavando y fregatrizando,	
	defendiendo y ofendiendo,	300
	los paños suyos tendiendo,	
	regalando y remendando?	
	Dando, dije, porque al dar	
	no hay cosa que se le iguale,	
	y si no, a Isabela dale,	305
	a ver si sabe tomar.	

(Sale un criado.)

Criado.	El Embajador de España
	en este punto se apea

298-300. *lavandriz, fregatrizando*. Los partidarios de la atribución a Tirso ponen estas palabras como ejemplos de la creatividad lingüística del mercedario; sin embargo *fregatriz* ya está en las *Novelas ejemplares* de Cervantes (1613) y en *La católica princesa Leopolda,* de Claramonte (1612). La formación verbal con el sufijo *-izar* es típica de la época, no de un autor concreto. «He visto por estos ojos pecatrices», en el *Quijote de Avellaneda,* cap. XXII, o «las amistades de las pecatrices», en el *Entremés de las Gorronas* (anónimo, ms. BM 15603, publicado por Cotarelo, vol. I, pág. 91).

| | en el zaguán, y desea,
con ira y fiereza extraña,   310
    hablarte, y si no entendí
yo mal, entiendo es prisión.
| Octavio. | ¿Prisión? Pues, ¿por qué ocasión?
Decid que entre.

(Entra Don Pedro Tenorio *con guardas.)*

| Don Pedro. | Quien así
con tanto descuido duerme   315
limpia tiene la conciencia.
| Octavio. | Cuando viene Vuexcelencia
a honrarme y favorecerme,
    no es justo que duerma yo.
Velaré toda mi vida.   320
¿A qué y por qué es la venida?
| Don Pedro. | Porque aquí el Rey me envió.
| Octavio. | Si el Rey mi señor se acuerda
de mí en aquesta ocasión,
será justicia y razón   325
que por él la vida pierda.
    Decidme, señor, qué dicha.
o qué estrella me ha guiado,
que de mí el Rey se ha acordado.
| Don Pedro. | Fue, Duque, vuestra desdicha.   330
    Embajador del Rey soy,
de él os traigo una embajada.
| Octavio. | Marqués, no me inquieta nada.
decid, que aguardando estoy.
| Don Pedro. | A prenderos me ha enviado   335
el Rey. No os alborotéis.

314-315. ¿Cómo interpretar esta réplica de Don Pedro? Él sabe que Octavio es inocente y pese a ello va a acusarlo. En *TL* el texto tiene contenido similar, pero la forma varía: «Quien así / con tanto descuido duerme / sin culpa está. Duque. Cuando a mí / a honrarme y favorecerme». Sustituir la estrofa manteniendo la rima «duerme / favorecerme», ajustando el resto de la estrofa sin error, apunta a remodelación del propio autor de la obra.

OCTAVIO.	¿Vos por el Rey me prendéis?
	Pues, ¿en qué he sido culpado?
DON PEDRO.	Mejor lo sabéis que yo;
	mas, por si acaso me engaño, 340
	escuchad el desengaño,
	y a lo que el Rey me envió.
	Cuando los negros Gigantes,
	plegando funestos [t]oldos
	[ya] del crepúsculo huían, 345
	[unos tropezando en] otros,
	estando yo con su Alteza
	tratando ciertos negocios,
	porque Antípodas del Sol
	son siempre los poderosos, 350
	voces de mujer oímos,
	cuyos ecos, [medio] roncos,
	por los artesones sacros
	nos repitieron «¡Socorro!».

---

343. Este verso coincide en *TL* y *BS*. En él comienza la relación de Don Pedro. En *TL* es un romance de 52 versos, más cuatro iniciales anteriores, que siguen al pasaje en redondillas: «Sabed que en Palacio ha habido / esta noche un alboroto, / desbrido para el Rey, / para el pueblo escandaloso». Entiendo que estos versos han podido desaparecer en la accidentada transmisión de *BS*, pero cabe también la posibilidad de que el pasaje haya sido remodelado por Claramonte y que el actor que representa a Don Pedro los haya conservado. En todo caso, el romance en la versión *TL* tiene, a partir de aquí casi veinte versos más que el pasaje de *BS*. Sigo a la *princeps*, pero anoto las variantes de algunos pasajes según *TL*.

344. En *BS, soldos,* que Fray Luis Vázquez mantiene en su edición sugiriendo que se trata de «un cultismo, proveniente del *solidus > soldus* latino, y que aquí se distingue entre "funestos soldos" (sólidas tinieblas nocturnas) y "del crepúsculo (sólidas tinieblas del amanecer"). Todos los editores, incluso Arellano, Fernández y Prieto, defensores de la posterioridad de *TL,* asumen que hay que leer *toldos*. Cfr. Claramonte, *El Tao de San Antón:* «La noche su ausencia siente / y *entolda* negras cortinas».

345. En *BS, y del crepúsculo huyen.* Corrijo según *TL,* a la vista de que el relato de Don Pedro está en pretérito, y no en presente, y que el texto de *BS* es muy irregular.

346. En *BS, Tropezando unos con otros.* Son versos sin duda equivalentes. Mantengo la lección de *TL* asumiendo el pasaje de forma global.

352. En *BS, menos roncos.* Probable error de transmisión.

                A las voces, y al ruïdo 355
                acudió, Duque, el rey propio;
                halló a Isabela en los brazos
                de algún hombre poderoso.
                Mas, quien al Cielo se atreve,
                sin duda es Gigante o Monstro. 360
                Mandó el rey que los prendiera,
                quedé con el hombre solo.
                Llegué, y quise desarmarle,
                pero pienso que el demonio
                en él tomó forma humana, 365
                porque, vuelto en humo y polvo,
                se arrojó por los balcones
                entre los pies de esos olmos
                que coronan del palacio
                los chapiteles hermosos. 370
                Hice prender la Duquesa,
                y en la presencia de todos
                dice que es el Duque Octavio
                el que con mano de esposo
                la gozó.
OCTAVIO.   ¿Qué dices?
DON PEDRO.   Digo 375
                lo que al mundo es ya notorio,
                y que tan claro se sabe,
                que Isabela, por mil modos,

355-356. La asociación léxica «Duque-propio» de este verso corresponde al siguiente pasaje de *TL:* «Sin darme licencia a mí, / tomó una luz el rey solo; / y saliendo a ver quién era, / como gallardo, brioso, / vio que en el salón estaban / las causas de este alboroto. / Salí con el capitán / de la guarda y con él todos / los nobles que le acompañan, / haciendo, Duque, lo propio». ¿Hay realmente una remodelación que suprime este pasaje, o es que el actor que hace el papel no recuerda bien todo el texto?

372-374. En vez de estos versos, el texto de *TL* nos da un pasaje más detallado, con el añadido dramatúrgico de explicitar su propósito aconsejando al Duque Octavio la inmediata fuga: «En la presencia del rey, / con lágrimas y sollozos, / dijo que era el Duque Octavio / el que con nombre de esposo / de su honor había gozado, / estimándola en tan poco. / Mandóla el Rey llevar presa, / y manda que haga lo propio / con vos. Vuestro amigo soy: / huid o poneos en cobro».

	[con vos, señor, o con otro,	
	esta noche en el Palacio,	380
	la habemos hallado todos.]	
OCTAVIO.	Dejadme, no me digáis	
	tan gran traición de Isabela.	
	Mas, ¿si fue su amor cautela?	
	Proseguid, ¿por qué calláis?	385
	Mas, si veneno me dais,	
	[a] un firme corazón toca,	
	y así a decir me provoca	
	que imita a la comadreja,	
	que concibe por la oreja	390
	para parir por la boca.	
	¿Será verdad que Isabela,	
	alma, se olvidó de mí	
	para darme muerte? Sí,	
	que el Bien suena y el Mal vuela.	395
	Ya el pecho nada recela	
	juzgando si son antojos,	
	que por darme más enojos	
	al entendimiento entró,	

379-381. En *BS* el relato de Don Pedro termina abruptamente en el verso *que Isabela por mil modos*. El documento García Gómez permite apostar por la enmienda según *TL,* para completar el sentido del discurso. No obstante el texto entero de *TL* es más retórico y elaborado: «Como es verdad que hay estrellas, / del cielo brillantes ojos, / muerte, vida, pena, gloria, / bien, mal, contentos y enojos, / así es verdad que a Isabela, / con vos, señor, o con otro, esta noche en el Palacio / la habemos hallado todos». El verso de *BS*, *que Isabela, por mil modos,* último del parlamento de don Pedro, corresponde a la asonancia. El dilema editorial es que tenemos dos versos distintos con el mismo contenido básico: *así es verdad que a Isabela.* La alternativa consistiría en suprimir el verso 378 e introducir dos puntos, como se hizo en nuestra edición anterior.

384 y ss. En *BS: que aun firme coraçon toca / y así a decirme proboca.* La décima entera ha dado quebraderos de cabeza a la crítica, al no disponer de cotejo con *TL,* que tiene aquí otra décima diferente. Interpreto que el pasaje de Octavio procede de reelaboración del autor original, y que ha sido transmitido de forma imprecisa por la compañía de Roque de Figueroa. La enmienda que propongo es la simple supresión de uno de los *que.* La referencia a la comadreja era un tópico de la época, y Covarrubias usa casi exactamente los mismos términos para hablar de ese motivo fabuloso de concebir por la oreja para parir por la boca.

	y por la oreja escuchó	400

                    y por la oreja escuchó 400
                    lo que acreditan los ojos.
                       Señor Marqués, ¿es posible
                    que Isabela me ha engañado
                    y que mi amor ha burlado?
                    Parece cosa imposible. 405
                    ¡Oh, mujer! Ley tan terrible
                    de Honor, a quien me provoco
                    a emprender. Mas ya no toco
                    en tu honor esta cautela.
                    ¿Anoche con Isabela 410
                    hombre en Palacio? Estoy loco.
Don Pedro.   Como es verdad que en los vientos
                    hay aves, en el mar peces,
                    que participan a veces
                    de todos cuatro elementos, 415
                    como en la gloria hay contentos,
                    lealtad en el buen amigo,
                    traición en el enemigo,
                    en la noche oscuridad,
                    y en el día claridad, 420
                    así es verdad lo que digo.
Octavio.   Marqués, yo os quiero creer,
                    [ya] no hay cosa que me espante,
                    que la mujer más constante
                    es, en efecto, mujer. 425
                    No me queda más que ver,
                    pues es patente mi agravio.
Don Pedro.   Pues que sois prudente y sabio,
                    elegid el mejor medio.
Octavio.   Ausentarme es mi remedio. 430
Don Pedro.   Pues sea presto, Duque Octavio.
Octavio.   Embarcarme quiero a España
                    y dar a mis males fin.

---

423. En *BS* falta una sílaba: *no hay cosa que me espante*. Se suele enmendar añadiendo [ya] en posición inicial, pero también valdría en posición interior: «no hay ya cosa», «no hay cosa ya», «no hay cosa que ya».

DON PEDRO.	Por la puerta del jardín,	
	Duque, esta prisión se engaña.	435
OCTAVIO.	¡Ah, veleta, ah débil caña!	
	A más furor me provoco,	
	y extrañas provincias toco	
	huyendo de esta cautela.	
	¡Patria, adiós! ¿Con Isabela	440
	hombre en Palacio? Estoy loco.	

(Vase y sale TISBEA, *pescadora, con una caña de pescar en la mano.)*

TISBEA.	Yo, de cuantas el mar,	
	pies de jazmín y rosa,	
	en sus riberas besa	
	con fugitivas olas,	445
	sola de Amor exenta,	
	como en ventura sola,	
	tirana me reservo	
	de sus prisiones locas.	
	Aquí donde el sol pisa	450
	soñolientas las ondas,	
	alegrando zafiros	
	las que espantaba sombras,	
	por la menuda arena,	
	unas veces aljófar,	455
	y átomos otras veces	
	del Sol, que así le adora,	
	oyendo de las aves	

---

437. Sigo aquí a *BS,* aunque el texto alternativo de *TL* es tal vez superior estéticamente: *Ah veleta, ah débil caña / fácil al viento más poco.*

442-450. Sigo de nuevo a *BS,* confiado en que existe una remodelación textual de todo el pasaje. No obstante la *princeps* presenta bastantes problemas de lógica gramatical. El texto alternativo de *TL* es mucho más claro con la sustitución del verso 445: *Yo de cuantas el mar / pies de jazmín y rosas, / en sus riberas pisan / matizadas alfombras, / en pequeñuelo esquife, / ya en compañía de otras, / tal vez al mar le peino / la cabeza espumosa.* El fragmento de *TL* es gongorino, pero el sentido es claro, si asumimos un hipérbaton: Yo de cuantas matizadas alfombras, pies de jazmín y rosas, pisan el mar en sus riberas.

      las quejas amorosas,
      y los combates dulces   460
      del agua entre las rocas,
      ya con la sutil caña
      que [el] débil peso dobla
      del [tierno] pececillo,
      que el mar salado azota,   465
      o ya con la atarraya,
      que en sus moradas hondas
      prende cuantos habitan
      aposentos de conchas,
      seguramente tengo   470
      que en libertad se goza
      el alma, que [a] Amor áspid
      no le ofende ponzoña.
      En pequeñuelo esquife,
      [ya] en compañía de otras   475
      tal vez al mar le peino

463-464. En *BS, que al débil peso dobla / del necio pececillo*. Para admitir estos versos de *BS* habría que volver a encontrar un pasaje en donde a los peces se les calificara de *necios*. En cambio sí es natural que el «débil peso del tierno pececillo» haga doblar la sutil caña.

466. *Atarraya.* «Especie de red de pescar, semejante al esparavel, que se arroja en el río a fuerza de brazo», según Covarrubias.

470. En *BS, seguramente tengo.* Hay que seguir el texto de *TL,* conforme al uso del adjetivo *segura* en otros pasajes de la obra, por ejemplo v. 535, *segura de lisonjas.* Muy artificiosa parece la justificación que da I. Arellano para defender el verso de *BS* «Pienso, (tengo para mí) que el alma no enamorada se goza en su libertad: por eso no quiero enamorarme y prefiero ser libre: interpreto, pues, *tengo,* en el sentido de "pensar, creer"». No aporta ningún pasaje que avale esto.

472. En *BS, que amor áspid,* anacoluto con el verbo. Es más sencillo asumir que el original era «a amor áspid», en transmisión oral indistinguible de «amor áspid», que proponer una enmienda en *si al alma, de amor áspid* (como hace Xavier A. Fernández, o mantener la lección de *BS,* como hace Arellano, obligado a justificarse así: «goza su libertad el alma a quien el amor (que es como un áspid) no le ofende siendo para ella ponzoña o veneno». Esto sigue presentando un problema sintáctico, ya que sin la preposición, «Amor» no resulta sintácticamente el correferente del pronombre *le.* Sin preposición sólo puede ser sujeto de la frase. En cambio la asociación *amor/áspid* la tenemos otra vez en *De lo vivo a lo pintado:* «niñerías, hijas de amor (...) que juntas quedan a ser áspides del alma».

        la cabeza espumosa,
        y cuanto más perdidas
        querellas de amor forman,
        como de todos río,   480
        envidia soy de todas.
        Dichosa yo mil veces,
        Amor, pues me perdonas,
        si ya, por ser humilde,
        no desprecias mi choza.   485
        Obeliscos de paja
        mi edificio coronan;
        nidos, si no [a] cig[üeñas],
        [a] tortolillas locas.
        Mi honor conservo en pajas   490
        como fruta sabrosa,
        vidrio guardado en ellas
        para que no se rompa.
        De cuantos pescadores
        con fuego Tarragona   495
        de piratas defiende
        en la argentada costa,
        desprecio soy, encanto,
        a sus suspiros, sorda;
        a sus ruegos, terrible;   500
        a sus promesas, roca.
        Anfriso, a quien el cielo,
        con mano poderosa,

488-489. En *BS, nidos, si no ay cigarras*. Sigo la sugerencia (comunicación personal) de William F. Hunter, que supone un error de transmisión y rescata la idea lógica de las cigüeñas en los nidos altos (obeliscos de paja). Arellano acepta también esta enmienda, pero no A. Prieto y Fray Luis Vázquez, que mantienen a las cigarras. Este último puntúa así el verso: «nidos; si no, hay cigarras», recordando al paso que «son los machos quienes cantan en el ardiente estío». O sea, los cigarros.

497. *Argentada*. Es decir, «plateada», adjetivo típicamente gongorino. En *De lo vivo a lo pintado*, Claramonte usa estos versos para aludir al paisaje marino: «*a su margen cristalino, / con cortesías de perlas, / te está convidando el río; / llega, que por calles de oro / va quebrando precipicios / de plata, quedando en ellos / más argentados los riscos*».

<pre>
            prodig[ó] un cuerpo y alma
            [dotado] en gracias todas,   505
            medido en las palabras,
            liberal en las obras,
            sufrido en los desdenes,
            modesto en las congojas,
            mis pajizos umbrales,   510
            que heladas noches ronda,
            a pesar de los tiempos,
            las mañanas remoza,
            pues con [los] ramos verdes,
            que de los olmos corta,   515
            [cubiertos amanecen
            de flores sin lisonjas.]
            ya con vigüelas dulces
            y sutiles zampoñas,
            músicas me consagra,   520
            y todo no le importa,
            porque en tirano imperio
            vivo, de Amor señora,
            que halla gusto en sus penas
            y en sus infiernos gloria.   525
</pre>

502-505. En *TL: Anfriso, un pescador / a quien los cielos dotan / de gracia y bizarría/ más que a los de la costa*. La idea de *prodigar un cuerpo y alma dotado en gracias*, puede asumirse como una remodelación, y con ello aceptar el texto de *BS*. De todos modos esto implica una ligera enmienda, ya que *BS* lee: *prodigio en cuerpo y alma / dotó de gracias todas*, Fray Luis Vázquez, consciente de que el sustantivo *prodigio* no es admisible, lo enmienda en el neologismo *prodigió*, del verbo «prodigiar». Xavier A. Fernández propone «prodigó un cuerpo y alma / que dotó en gracias todas». La idea es similar a la de nuestra enmienda, pero la nuestra es fácil de defender por mala lectura de *dotado en* leído como *de todo en,* error tal vez en imprenta por mala lectura del manuscrito de Figueroa.

514. En *BS, pues con ramos verdes,* verso heptasílabo. Se puede enmendar añadiendo una partícula «los», «ya», o, menos probablemente, «que», como hace Xavier A. Fernández.

517. Para entender este verso conviene saber que la lisonja es también una flor. Covarrubias señala: «Ay una flor que llaman lisonja, a cuya imitación se suelen hacer ciertas pieças de oro del mismo nombre». Con el valor de *flor*, el término *lisonja* aparece en obras de Andrés de Claramonte, por ejemplo, en *De lo vivo a lo pintado:* «Y agora que aquestos sotos / hacéis los campos Elíseos / voy a prevenir en ellas / lisonjas para serviros».

Todas por él se mueren,
y yo, todas las horas
le mato con desdenes,
de amor condición propia:
querer donde aborrecen,   530
despreciar donde adoran,
que, si le alegran, muere,
y vive, si le oprobian.
En tan alegre día,
segura de lisonjas,   535
mis juveniles años
Amor no los malogra.
que en edad tan florida,
Amor, no es suerte poca,
no ver, tratando en [redes]   540
las tuyas amorosas.
Pero, necio discurso
que mi ejercicio estorbas,
que él no me diviertas
en cosa que no importa.   545
Quiero entregar la caña
al viento, y a la boca
del pececillo [el] cebo;
pero al agua se arrojan
dos hombres de una nave,   550
antes que el mar la sorba,
que [sobreaguada] viene
y en un escollo aborda.
Como hermoso pavón

---

540. En *BS, tratando enredos*. El verso siguiente, con la referencia a *las tuyas (tus redes)* avala la corrección según *TL*.

548. En *BS, al cebo,* error sintáctico, ya corregido por Américo Castro.

552. En *BS que sobre el agua viene,* frase digna de Pero Grullo, hablando de una nave. El término *sobreaguada* del pasaje homólogo de *TL* aclara lo que el espectador debe entender en el discurso de Tisbea. Cfr. «Estos banquetes tales llamábamos nosotros jubileos, porque iba el río vuelto y *sobreaguados* los peces». *Guzmán de Alfarache*, I, 2, cap. VI. La nave viene sobrecargada de agua.

       [hacen] las velas cola,   555
       adonde los pilotos
       todos los ojos pongan.
       Las olas va escarbando,
       y ya su orgullo y pompa
       casi [se] desvanece: 560
       agua un costado toma.
       Hundióse, y dejó al viento
       la gavia, que la escoja
       para morada suya,
       que un loco en gavias mora.   565

(Dentro: *¡Que me ahogo!*)

       Un hombre a[l] otro aguarda
       que dice que se ahoga.
       ¡Gallarda cortesía!
       En los hombros le toma,
       Anquises le hace Eneas,   570
       si el mar está hecho Troya;
       ya, nadando, las aguas
       con valentía corta,
       y en la playa no veo
       quien le ampare y socorra.   575
       Daré voces: «¡Tirseo,
       Anfriso, Alfredo, hola!».

---

555. En *BS, hace las velas cola*. La figura es, como apunta Arellano, «las velas desplegadas del barco, semejan la cola». Pero para que esto sea así hay que concertar el sujeto *las velas* con el verbo *hacen*, y no con el singular *hace*. Otra muestra de errores en la *princeps*.
560. En *BS, casi la desvanece*. Hay una metáfora muy clara sobre el *pavón* como imagen suntuosa con los gallardetes y velas desplegados, y el naufragio que deshace o desvanece esa pompa del pavón o pavo real.
563. La *gavia*, derivada del latín *cavea*, «jaula», vale tanto para enjaular locos como para la «cofa del navío». El viento, cambiante e inestable, se compara aquí al loco. Cfr. «tiraron dél tan recio, que hicieron que el loco le soltase, quedándose riendo muy a su placer en la gavia», *Quijote de Avellaneda*, cap. XXXVI.
570. La referencia a Don Juan como Eneas en su faceta de «pius Aeneas» llevando en hombros a su viejo padre, esconde la figura oculta de Eneas seductor de Elisa Dido.

                            Pescadores me miran,
                            plega a Dios que me oigan.
                            Mas milagrosamente   580
                            ya tierra los dos toman;
                            sin aliento el que nada,
                            con vida el que le estorba.

   (Saca en brazos CATALINÓN *a* DON JUAN, *mojados.)*

CATALINÓN.   ¡Válgame la Cananea,
                            y qué salado [es] el mar!   585
                            aquí puede bien nadar
                            el que salvarse desea,
                               que allá dentro es desatino
                            donde la muerte se fragua.
                            Donde Dios juntó tanta agua   590
                            ¿no juntara tanto vino?
                               ¡Agua [, y] salada! Extremada
                            cosa para quien no pesca.
                            si es mala aún el agua fresca,
                            ¿qué será el agua salada?   595
                               ¡Oh, quién hallara una fragua
                            de vino, aunque algo encendido!
                            Si [del] agua que he bebido
                            [hoy] escapo, no más agua.
                               Desde hoy a[bre]nuncio de ella   600
                            que la devoción me quita

---

584. *la Cananea*. La exclamación de Catalinón ha dado lugar a una nutrida polémica sobre cómo ha de interpretarse. El contexto de las bromas de Catalinón sobre el agua y el vino avala la relación con la mujer de Caná de Galilea y el primer milagro de Cristo según el Evangelio de San Juan. En el *Segundo Lazarillo* (1555) hay un pasaje que refuerza esto: «y de aquel buen vino que solía pregonar. Rogaba a Dios repitiese el milagro de la cena de Galilea, y que no permitiese que muriese a manos del agua, mi peor enemigo» (cap. C).

592. En *BS*, *agua salada*. Prefiero la lección de *TL*, más maliciosa. Son dos males.

596. Para avivar el fuego de la fragua hay que echarle agua de vez en cuando. Catalinón preferiría mejor una fragua a la que hubiera que echarle vino.

598-599. En *BS*, *si de la agua que he bebido / escapo yo*. Corrijo según *TL*.

600. En *BS*, *abernuncio*.

> tanto, que [aun] agua bendita
> no pienso ver, por no vella.
> ¡Ah, señor! Helado [y frío
> está. ¿Si estará ya] muerto? 605
> Del mar fue este desconcierto
> y mío este desvarío.
> ¡Mal haya aquel que primero
> pinos en [el] mar sembró
> y [el] que sus rumbos midió 610
> con quebradizo madero!
> ¡Maldito sea el vil sastre
> que cosió el mar, que dibuja
> con astronómica aguja,
> causa[ndo] tanto desastre! 615
> ¡Maldito sea Jasón,
> y Ti[f]is maldito sea!
> Muerto está. No hay quien lo crea.
> ¡Mísero Catalinón!
> ¿Qué he de hacer?

---

602. En *BS*, *tanto que agua bendita*, que es un heptasílabo. Corrijo según *TL*, como se hace habitualmente. Fray Luis Vázquez acepta *BS*, proponiendo una dialefa: que/agua.

604-605. En *BS*, *Ah señor helado está. / Señor, si está muerto*. El primer verso no rima y el segundo es hexasílabo. Casi todos los editores corrigen según *TL*, con rima y medida completa, salvo Fray Luis Vázquez, que propone: «Es muy fácil que el editor confundiera "está" con "estío", y suprimiera "señor", que se reitera». De donde «fiados en la intuición» propone enmendar: *¡Ah señor, helado estío! / Señor, señor, ¿si está muerto?*, anotando sobre el texto de *TL*: «El afán de reconstruir la rima y completar las sílabas, pasando "está" al otro verso, muestra, de nuevo, la posterioridad de *TL*». En cuanto al supuesto pleonasmo «helada y fría», criticado por los detractores de *TL*, es un uso normal de la época. Lo vemos también en *Deste agua no beberé*: «El agua vengo a traer / de respeto helada y fría».

609-610. En *BS*, *pinos en la mar sembró / y que sus rumbos midió*. Sigo aquí a *TL*.

615. En *BS*, *causa de tanto desastre*. Esta redondilla no está en *TL*, que puede haberla omitido por distracción, o bien puede ser redondilla añadida en la remodelación. Enmiendo proponiendo el gerundio *causando* como alternativa a *causa de*.

617. En *BS*, *Titis*, error del cajista de imprenta, confundiendo t con f, o bien error de transmisión. Tifis es el piloto de la nave de Jasón y los Argonautas. Claramente alude a Tifis en varias ocasiones, ya desde 1604 en *El nuevo rey Gallinato* «y por primer argonauta / cobre nombre inmortal Tifis». No aparece mencionado en ninguna obra de Tirso.

Tisbea.	Hombre, ¿qué tienes? 620
Catalinón.	En desventuras iguales,
	pescadora, muchos males
	y falta de muchos bienes.
	Veo, por librarme a mí
	sin vida a mi señor. Mira 625
	si es verdad.
Tisbea.	No, que aún respira.
Catalinón.	¿Por dónde? ¿Por aquí?
Tisbea.	Sí,
	pues, ¿por dónde...?
Catalinón.	Bien podía
	respirar por otra parte.
Tisbea.	Necio estás.
Catalinón.	Quiero besarte 630
	las manos de nieve fría.
Tisbea.	Ve a llamar los pescadores
	que en aquella choza están.
Catalinón.	Y si los llamo, ¿vendrán?
Tisbea.	Vendrán presto, no lo ignores. 635
	¿Quién es este caballero?
Catalinón.	Es hijo, aqueste señor,
	del Camarero mayor
	del Rey, por quien ser espero
	antes de seis días Conde 640
	en Sevilla, adonde va,
	y adonde su Alteza está,
	si a mi amistad corresponde.
Tisbea.	¿Cómo se llama?
Catalinón.	Don Juan
	Tenorio.
Tisbea.	Llama mi gente, 645
Catalinón.	Ya voy.

---

621. En *BS* este verso aparece atribuido a Tisbea, lo que es ilógico. Sigo a *TL*. Se trata de un fino juego de palabras del gracioso: «muchos males» y «falta de muchos bienes» son *desventuras iguales*. En la edición de I. Arellano falta este verso y se omite la nota que necesitaría.

(Vase. Coge en el regazo Tisbea *a* Don Juan.)

Tisbea.	Mancebo excelente,
	gallardo, noble y galán,
	volved en vos, caballero.
Don Juan.	¿Dónde estoy?
Tisbea.	Ya podéis ver.
	En brazos de una mujer. 650
Don Juan.	Vivo en vos, si en el mar muero,
	[y en estos extremos dos,
	veo el mar manso y cruel,
	pues cuando moría en él
	me sacó a morir en vos.] 655
	Ya perdí todo el recelo
	que me pudiera anegar,
	pues del infierno del mar
	salgo a vuestro claro cielo.
	Un espantoso huracán 660
	dio con mi nave al través,
	para arrojarme a esos pies
	que abrigo y puerto me dan,
	y en vuestro divino oriente
	renazco, y no hay que espantar, 665
	pues veis que hay de mar a amar
	una letra solamente.
	[Y en ver tormentos mayores
	crece Amor en mis pesares;

652-655. Incorporo estos cuatro versos del pasaje correspondiente de *TL*. Se han debido de perder en la transmisión Figueroa, a la vista de que en esta escena no tenemos a Catalinón. El rescate del texto se ha debido hacer a partir de la actriz que incorpora a Tisbea, que lógicamente, no recuerda el texto de su interlocutor a la perfección.

666. En *BS de amar a mar.* Ordeno el texto según *TL*. Este juego de palabras aparece ya en *Pastores de Belén,* obra de Lope editada en 1612, así que estaba al alcance de cualquiera. Parece abusivo presentarlo como «ingeniosidad tópica cultivada por Tirso», según afirma Fray Luis Vázquez, mercedario, que añade: «este solo ejemplo basta para consolidar la tesis de que *TL* es posterior y fruto de autor distinto que refunde cuanto no entiende».

668-675. Un caso similar al anterior. Nuestra edición ofrece 25 versos en la réplica de Don Juan, frente a 13 según *BS*. Entendemos que no tiene sentido

	y, si moría de mares,	670
	desde hoy moriré de amores,	
	y pues tan dulce rigor	
	en vos he llegado a hallar,	
	dejadme volver al mar	
	para huir del mal de Amor].	675
TISBEA.	Muy grande aliento tenéis	
	para venir [sin aliento],	
	y tras de tanto tormento	
	[muy gran contento] ofrecéis.	
	Pero si es tormento el mar	680
	y son sus ondas crueles	
	la fuerza de los cordeles	
	pienso que os hacen hablar.	
	Sin duda que habéis bebido	
	del mar la [ración] pasada,	685
	pues por ser de agua salada	
	con tan grande sal ha sido.	
	Mucho habláis cuando no habláis,	
	y cuando muerto venís,	
	mucho al parecer sentís.	690
	¡Plega a Dios que no mintáis!	
	Parecéis caballo griego	
	que el mar a mis pies desagua,	
	pues venís formado de agua	
	y estáis preñado de fuego.	695
	Y si mojado abrasáis,	
	estando enjuto, ¿qué haréis?	

---

postular una refundición que abrevia el pasaje; los problemas de transmisión de la compañía de Figueroa explican lo que ha pasado: la actriz que hace de Tisbea recuerda el texto de Don Juan de forma fragmentaria.

677. En *BS, para venir soñoliento,* que parece error de lectura. Sigo a *TL*.

685. En *BS, del mar la oración pasada.* Arellano, fiel a la *princeps,* alude a que se trata del «razonamiento del mar» *(sic).* El texto de *TL* parece más fiable, sin concederle al mar una licenciatura en Cánones. Beber «la ración pasada» es beber más de la cuenta. La alusión al tormento de la *toca* apunta a «beber ininterrumpidamente».

692-695. Con la alusión al caballo de Troya se completa la base imaginaria que empezó con «Anquises le hace Eneas» y culminará aludiendo a la seducción de Dido.

	Mucho fuego prometéis.	
	¡Plega a Dios que no mintáis!	
Don Juan.	A Dios, zagala, pluguiera	700
	que en el agua me anegara	
	[sin que de ella me escapara	
	al fuego que en vos me espera,	
	que Amor, bien considerado,	
	como este daño entendió,	705
	en el mar antes me aguó	
	y ardo en vos, estando aguado,]	
	que el mar pudiera anegarme	
	entre sus olas de plata	
	que sus límites desata,	710
	mas no pudiera abrasarme.	
	[En agua abrasado llego,	
	que tal vuestro incendio ha sido,	
	que aun el agua no ha podido	
	librarme de vuestro fuego.]	715
	Gran parte del sol mostráis,	
	pues que el sol os da licencia,	
	pues sólo con la apariencia,	
	siendo de nieve, abrasáis.	
Tisbea.	Por más helado que estáis,	720
	tanto fuego en vos tenéis,	
	que en este mío os ardéis.	
	Plega a Dios que no mintáis.	

(Salen Catalinón, Coridón *y* Anfriso, *pescadores.)*

| Catalinón. | Ya vienen todos aquí. | |
| Tisbea. | Y ya está tu dueño vivo. | 725 |

702-707. En *BS* la redondilla se completa así: *para que cuerdo acabara / y loco en vos no muriera.* El pasaje de *TL* es más amplio, más rico y más sugerente.

712-715. Omitidos en *BS*.

720-723. Estos cuatro versos de Tisbea aparecen en *TL* repartidos entre Don Juan y Tisbea: Pesc. ¿Tan helado os abrasáis? D. Ju. Tanto fuego en vos tenéis. Pesc. Mucho habláis. D. Ju. Mucho encendéis. Pesc. Ruego a Dios que no mintáis. El texto de *TL* parece superior y más vivaz, pero dado que el papel de Tisbea ha sido notablemente ampliado se puede asumir una reelaboración como la de *BS*.

DON JUAN.	Con tu presencia recibo
	todo el gusto que perdí.
ANFRISO.	¿Qué es lo que mandas, Tisbea,
	que por labios de clavel
	no lo habrás mandado a aquel 730
	que idolatrarte desea
	apenas, cuando al momento,
	sin reservar llano o sierra,
	surque el mar, [are] la tierra,
	[tale el fuego y pare el viento?]. 735
TISBEA.	(¡Oh, qué mal me parecían
	estos requiebros ayer,
	y hoy echo en ellos de ver
	que sus labios no mentían!)
	Estando, amigos, pescando 740
	sobre este peñasco, vi
	hundirse una nao, y allí,
	entre las olas, nadando
	dos hombres, y compasiva
	di voces, que nadie oyó; 745
	y en tanta aflicción, llegó,
	libre de la furia esquiva
	del mar, sin vida, a la arena,
	de éste en los hombros cargado,
	un hidalgo ya anegado, 750
	y envuelta en tan triste pena
	a llamaros envié.
ANFRISO.	Pues aquí todos estamos,
	manda que en tu gusto hagamos
	lo que pensado no fue. 755
TISBEA.	Que a mi choza los llevemos
	quiero, donde agradecidos,

734-735. En *BS*, *tale la tierra, pise el fuego, el ayre, el viento*. El último verso es incongruente y todos los editores —salvo Fray Luis Vázquez— lo corrigen según *TL*.

737. En *BS*, *estas lisonjas*, que podría ser correcto. Sin embargo prefiero aquí a *TL*, basado en la sospecha de que el texto de Tisbea se está reconstruyendo de memoria, y que el vocablo *lisonja* se ha colado por atracción del monólogo anterior, donde se repite.

	reparemos sus vestidos,	
	y a ellos los regalemos,	
	que mi padre gusta mucho	760
	de esta debida piedad.	
Catalinón.	Extremada es su beldad.	
Don Juan.	Escucha aparte.	
Catalinón.	Ya escucho.	
Don Juan.	Si te preguntan quién soy	
	di que no sabes.	
Catalinón.	¿A mí	765
	quieres advertirme [aquí]	
	lo que he de hacer?	
Don Juan.	Muerto voy	
	por la hermosa pescadora;	
	esta noche he de gozalla.	
Catalinón.	¿De qué suerte?	
Don Juan.	Ven y calla.	770
	Anfriso, dentro de un hora	
	los pescadores prevén	
	que cantan y bailan.	
Anfriso.	Vamos,	
	y esta noche nos hagamos	
	rajas. Y paños también.	775

(Vanse, y quedan Don Juan, Catalinón *y la pescadora.)*

---

767. En *BS, quieres advertirme a mí,* con una autorrima del pronombre en los dos versos. Sigo a *TL.*

775. En *rajas y palos también.* Enmiendo siguiendo a *TL.* La expresión *hacerse rajas,* atestiguada ya desde «La ilustre fregona» de Cervantes, equivale a «excederse en algo». Falta por saber si el juego de palabras se hace sobre *paños,* como dice *TL,* o sobre *palos,* según *BS.* La transmisión accidentada de *BS* sugiere buscar una lógica para el texto de *TL.* Entiendo que se está haciendo un juego de palabras sobre el hecho de que *rajas* es un tipo de paño prensado, de modo que «hacerse rajas y paños» es un retruécano que vale por «hacerse doblemente rajas», como «helado y frío» en el pasaje de Catalinón y Tisbea. La asociación «rajas, paños» está bien documentada en la época: «¿No es cosa peregrina las muchas rajas y paños que se labran en ella?», en *Viaje de Turquía,* o «Llevaba en el portamanteo un capote de raja o paño», *Guzmán,* I, 2, cap. VIII.

Don Juan.	Muerto voy.
Tisbea.	¿Cómo, si andáis?
Don Juan.	Ando en pena, como veis.
Tisbea.	Mucho habláis.
Don Juan.	Mucho encendéis.
Tisbea.	¡Plega a Dios que no mintáis! *(Vanse.)*

(Salen Don Gonzalo de Ulloa *y* El Rey de Castilla.*)*

Rey.	[¿Cómo os ha sucedido en la embajada, 780 Comendador Mayor?
Don Gonzalo.	Hallé en Lisboa al Rey Don Juan, juntando gruesa armada para los mares de la ardiente Goa. Recibióme muy bien.
Rey.	Temió la espada en el famoso brazo de un Ulloa, 785 cuyo esfuerzo y valor, cuyo decoro tantas veces temor le ha puesto al moro. ¿Es buen lugar Lisboa?
Don Gonzalo.	Es maravilla octava. Tanto puede y tanto vale. Merece bien que vuestra regia silla 790 para corte del mundo la señale.
Rey.	¿Es mayor que Sevilla?
Don Gonzalo.	Con Sevilla no hay ciudad en el mundo que se iguale, que si es Tajo a su mar, su claro río, estocada es al nuestro el Betis frío.] 795

---

780 y ss. Sigo el texto en octavas reales de *TL,* frente al pasaje en endecasílabos sueltos con errores de rima y metro de *BS.* El actor que hace de Gonzalo no recupera bien el texto de su interlocutor, pero sí la réplica inicial que le da pie, idéntica en ambos textos. A partir de ahí el texto de *TL* es impecable, y la mención al Tajo en el penúltimo verso de la octava permite hacer entrar la larga descripción de la loa a Lisboa, que, con todos los errores que tiene, hay que considerar obra del autor original, y no de un refundidor ajeno al texto.

De las entrañas de España,
que son las [s]ierras de Cuenca,
nace el caudaloso Tajo,
que media España atraviesa.
Entra en el mar Océano,   800
en las sagradas riberas
de esta ciudad, por la parte
del Sur, mas antes que pierda
su curso y su claro nombre,
hace un cuarto entre dos sierras,   805
donde están, de todo el Orbe,
barcas, naves, carabelas.
Hay galeras y saetías,
tantas, que desde la tierra
parece una gran ciudad   810
adonde Neptuno reina.
A la parte del Poniente
guardan del puerto dos fuerzas,
de Cascaes y San Gián,
las más fuertes de la tierra.   815
Está de esta gran ciudad
poco más de media legua,
Belén, convento del Santo,
conocido por la piedra
y por el León de guarda,   820

---

797. En *BS, tierras de Cuenca*. Sin embargo ya Américo Castro hizo ver que el sintagma natural es «las sierras de Cuenca», para aludir al nacimiento del Tajo. Los textos de la época, desde Virués hasta Agustín de Rojas y Lope de Vega confirman la enmienda de Castro. «A unos he oído decir que nace en las sierras de Molina y a otros en las sierras de Cuenca», *Viaje de Turquía*. «El que en las sierras de Cuenca / tiene nacimiento humilde», *Los amores de Albanio e Ismenia*, Lope de Vega. «De la sierra de Cuenca despeñado», *Égloga a Filis*, Lope.

805. Así en *BS*. Frente a la corrección de Hartzenbusch, seguida por casi todos los editores: *hace un puerto*, mantengo el texto de la *príncipe*: el Tajo *hace un cuarto*, en su acepción marina, un giro de 90° entre las sierras de Sintra y Arrábida.

806. En *BS, está*, con defecto de concordancia sobre el sujeto múltiple.

820. Se alude aquí a una leyenda sobre San Jerónimo, que es el santo al que da nombre el convento de Belén, de frailes jerónimos. La leyenda dice que una

    donde los reyes y reinas
    Católicos y Cristianos
    tienen sus casas perpetuas.
    Luego, esta máquina insigne,
    desde Alcántara comienza   825
    una gran legua a extenderse
    al Convento de Jabregas.
    En medio está el valle hermoso
    coronado de tres cuestas,
    que quedara corto Apeles   830
    cuando [pi]ntarlas quisiera,
    porque, miradas de lejos,
    parecen piñas de perlas
    que están pendientes del Cielo,
    en cuya grandeza inmensa   835
    se ven diez Romas cifradas
    en Conventos y en Iglesias,
    en edificios y calles,
    en solares y encomiendas,
    en las letras y en las armas;   840
    en la Justicia, tan recta,
    y en una Misericordia
    que está honrando su ribera
    y pudiera honrar a España,
    y aun enseñar a tenerla.   845
    Y lo que yo más alabo
    de esta máquina soberbia,
    es que, del mismo castillo
    en distancia de seis leguas,
    se ven sesenta lugares   850

---

vez entró un león con una espina clavada en la cueva del santo y que él se la levantó, tras lo cual el león, agradecido, se quedó a ayudar en lo que menester fuere. No es difícil reconocer en este milagro la leyenda griega de Androcles y el león.

827. En *BS, Jobregas*.

831. En *BS, contarlas*. Dada la actividad por la que es conocido Apeles, conviene enmendar, como hacen ya las *sueltas* de Padrino y Suriá desde el siglo XVIII. Fray Luis Vázquez mantiene el verso explicando que Apeles *cuenta* lo que ve a través de la pintura.

que llega el mar a sus puertas,
uno de los cuales es
el Convento de [Odivelas]
en el cual vi, por mis ojos,
seiscientas y treinta celdas   855
y entre monjas y beatas
pasan de mil y doscientas.
Tiene, desde allá a Lisboa,
en distancia muy pequeña,
mil y ciento treinta quintas   860
que en nuestra provincia Bética
llaman cortijos, y todas
con sus huertos y alamedas.
En medio de la ciudad
hay una plaza soberbia   865
que se llama del Ruzío,
grande, hermosa y bien dispuesta,
que habrá cien años, y aún más,
que el mar bañaba su arena,
y ahora, de ella a la mar   870
hay treinta mil casas hechas,
que perdiendo el mar su curso
se tendió a partes diversas.
Tiene una calle que llaman
Rúa Nova, o calle nueva,   875
donde se cifra el Oriente
en grandezas y en riquezas,
tanto, que el rey me contó
que hay un mercader en ellas
que, por no poder contarlo,   880
mide el dinero a fanegas.
El Terrero, donde tiene

---

853. En *BS, Olivelas*. Se trata de Odivelas, donde está enterrado el rey Don Diniz. Estos errores constantes confirman la transmisión imprecisa de *BS*.

882. O Terreiro do Paço es la plaza del palacio. Toda esta minuciosa descripción de Lisboa encaja bien con la estancia de Claramonte a principios de 1612 en la capital lusa, en donde hizo imprimir por Pedro Craesbeck su *Relación al nacimiento de la Infanta,* también impresa por Diego Gómez de Loureyro en Coimbra.

Portugal su casa regia
tiene infinitos navíos
varados siempre en la tierra   885
de sólo cebada y trigo
de Francia y de Ingalaterra.
Pues el Palacio Real,
que el Tajo sus manos besa,
es edificio de Ulises,   890
que basta para grandeza,
de quien toma la ciudad
nombre en la latina lengua,
llamándose Ulisibona,
cuyas armas son la esfera,   895
por pedestal de las llagas
que en la batalla sangrienta
al rey Don Alfonso Enríquez
dio la majestad inmensa.
Tiene en su gran Tarazana   900
diversas naves, y entre ellas
las naves de la Conquista,
tan grandes, que de la tierra
miradas, juzgan los hombres
que tocan en las estrellas.   905
Y lo que de esta ciudad
te cuento por excelencia
es que, estando sus vecinos
comiendo, desde las mesas
ven los copos del pescado   910
que junto a sus puertas pescan,
que, bullendo entre las redes
vienen a entrarse por ellas,

---

890. El mito de la fundación de Lisboa por Ulises está muy extendido en el Renacimiento y encaja con el espíritu navegante de Portugal y la magnífica escuela de Sagres.

898. El Rey Don Alfonso Enríquez. Se trata de Alfonso I de Portugal, nieto de Alfonso VI de Castilla, que tomó Lisboa en el siglo XII.

902. Esta mención a la Conquista en una obra cuya acción transcurre a mediados del XIV es anacronismo voluntario. Escénicamente la loa cumple una función de «documental» de la época.

| | y, sobre todo, el llegar
| | cada tarde a su ribera   915
| | más de mil barcos cargados
| | de mercancías diversas,
| | y de sustento ordinario,
| | pan, aceite, vino y leña,
| | frutas de infinita suerte,   920
| | nieve de Sierra de Estrella,
| | que por las calles a gritos
| | puesta sobre sus cabezas
| | la venden. Mas, ¿qué me canso?,
| | porque es contar las estrellas   925
| | querer contar una parte
| | de la ciudad opulenta.
| | Ciento y treinta mil vecinos
| | tiene, gran señor, por cuenta,
| | y, por no cansarte más,   930
| | un Rey que tus manos besa.
Rey.   Más estimo, Don Gonzalo,
               escuchar de vuestra lengua
               esta relación sucinta
               que haber visto su grandeza.   935
                 ¿Tenéis hijos?
Don Gonzalo.   Señor, sola una hija
               a mi vejez de báculo prevengo,
               en cuya frente rayos ensortija
               el Sol, por quien sostengo y vida tengo.
               En ella mi vejez se regocija,   940
               y en ella mis trabajos entretengo.
Rey.   Yo la quiero casar como merece.
Don Gonzalo.   ¿Quién la merecerá, si tanto crece?
Rey.   Sabed que hay en Italia un caballero
               de sangre ilustre y de valor notorio, 945
               con quien, por su beldad, casarla quiero,
               y ser padrino en boda y desposorio.
               Es hijo de Don Juan, mi Camarero,
               conocido en España por Tenorio,
               hermano del famoso y gran Don
                                          [Pedro,   950

	por quien tanto en Italia crezco y medro.
	Con título de Conde de Lebrija,
	villa que por servicios ha ganado
	su padre, es vuestro yerno, aunque tal
	[hija
	merecía más alto y digno estado. 955
	Vuestra quietud el término corrija
	al caballo del tiempo acelerado,
	que en la inquietud de un padre en años
	[puesto
	al fin conduce del vivir más presto.
Don Gonzalo.	Dame esos sacros pies por honras
	[tales. 960
Rey.	Salid a publicar vuestra alegría.
Don Gonzalo.	Jamás toque tu vida los umbrales
	del olvido que yace en sombra fría.
Rey.	Premios, como es razón, piden iguales
	hechos notorios.
Don Gonzalo.	La ventura mía 965
	por Sevilla diré, señor, a voces.
Rey.	Volvedme a ver.
Don Gonzalo.	Tu reino inmortal goces.

(Vanse, y sale Don Juan Tenorio, *y* Catalinón.)

Don Juan.	Esas dos yeguas prevén,
	pues acomodadas son.
Catalinón.	Aunque soy Catalinón, 970
	soy, señor, hombre de bien,
	que no se dijo por mí
	«Catalinón es el hombre»,
	pues sabes que aqueste nombre
	me sienta al revés aquí. 975
Don Juan.	Mientras que los pescadores
	van de regocijo y fiesta,

---

971. Catalinón es aumentativo de «catalina» (cagarruta) y también de Catalina. Sería pues, o bien «afeminado» o bien «cagón», sin descartar ambas alusiones conjuntas.

	tú las dos yeguas apresta,
	que de sus pies voladores
	sólo nuestro engaño fío.	980
CATALINÓN.	¿Al fin pretendes gozar
	a Tisbea?
DON JUAN.	Si el burlar
	es hábito antiguo mío,
	¿qué me preguntas sabiendo
	mi condición?
CATALINÓN.	Ya sé que eres	985
	langosta de las mujeres.
DON JUAN.	Por Tisbea estoy muriendo,
	que es buena moza.
CATALINÓN.	¡Buen pago
	a su hospedaje deseas!
DON JUAN.	Necio, lo mismo hizo Eneas	990
	con la reina de Cartago.
CATALINÓN.	Los que fingís y engañáis
	las mujeres de esa suerte
	lo pagaréis en la muerte.
DON JUAN.	¡Qué largo me lo fiáis!	995
	Catalinón con razón
	te llaman.
CATALINÓN.	Tus pareceres
	sigue, que en burlar mujeres
	quiero ser Catalinón.
	Ya viene la desdichada.	1000
DON JUAN.	Vete, y las yeguas prevén.
CATALINÓN.	¡Pobre mujer! Harto bien
	te pagamos la posada.

(Vase CATALINÓN *y sale* TISBEA.*)*

| TISBEA. | El rato que sin ti estoy |
| | estoy ajena de mí. | 1005 |

990-991. La referencia a la seducción y abandono de Dido por Eneas era popular en la época a través de varios romances, sin necesidad de haber leído a Virgilio. Aparece en gran cantidad de comedias de época.

Don Juan.	Por lo que finges así
	ningún crédito te doy.
Tisbea.	¿Por qué?
Don Juan.	Porque si me amaras
	mi alma favorecieras.
Tisbea.	Tuya soy.
Don Juan.	Pues di, ¿qué esperas, 1010
	o en qué, señora, reparas?
Tisbea.	Reparo en que fue castigo
	de Amor el que he hallado en ti.
Don Juan.	Si vivo, mi bien, en ti,
	a cualquier cosa me obligo. 1015
	Aunque yo sepa perder
	en tu servicio la vida,
	la diera por bien perdida,
	y te prometo de ser
	tu esposo.
Tisbea.	Soy desigual 1020
	a tu ser.
Don Juan.	Amor es Rey
	que iguala con justa ley
	la seda con el sayal.
Tisbea.	Casi te quiero creer,
	mas sois los hombres traidores. 1025
Don Juan.	¿Posible es, mi bien, que ignores
	mi amoroso proceder?
	Hoy prendes con tus cabellos
	mi alma.
Tisbea.	Yo a ti me allano
	bajo la palabra y mano 1030
	de esposo.
Don Juan.	Juro, ojos bellos
	que mirando me matáis,
	de ser vuestro esposo.
Tisbea.	Advierte,
	mi bien, que hay Dios y que hay muerte.

1034. En *TL, que hay infierno y muerte*. Dado que la variante de *TL* es correcta métricamente la asumo como una posible remodelación del autor, aunque la referencia al «infierno» parece más atinada.

Don Juan.	¡Qué largo me lo fiáis!	1035
	Ojos bellos, mientras viva	
	yo vuestro esclavo seré.	
	Ésta es mi mano y mi fe.	
Tisbea.	No seré en pagarte esquiva.	
Don Juan.	Ya en mí mismo no sosiego.	1040
Tisbea.	Ven, y será la cabaña	
	del amor que me acompaña,	
	tálamo de nuestro fuego.	
	Entre estas cañas te esconde	
	hasta que tenga lugar.	1045
Don Juan.	¿Por dónde tengo de entrar?	
Tisbea.	Ven, y te diré por dónde.	
Don Juan.	Gloria al alma, mi bien, dais.	
Tisbea.	Esa voluntad te obligue,	
	y si no, Dios te castigue	1050
Don Juan.	¡Qué largo me lo fiáis!	

(Vanse, y salen Coridón, Anfriso, Belisa y Músicos.)

Coridón.	¡Hola, llamad a Tisbea	
	y las zagalas llamad,	
	para que en la soledad	
	el huésped la Corte vea!	1055
Anfriso.	¡Tisbea, Lucinda, Antandra!	
	No vi cosa más cruel:	
	triste y mísero de aquel	
	que en su fuego es salamandra.	
	Antes que el baile empecemos	1060
	a Tisbea prevengamos.	
Belisa.	Vamos a llamarla.	
Coridón.	Vamos.	
Belisa.	A su cabaña lleguemos.	
Coridón.	¿No ves que estará ocupada	
	con los huéspedes dichosos,	1065
	de quien hay mil envidiosos.	

1052. En *BS*, *Ea, llamad a Tisbea*, que parece verso de remiendo. Dado lo que Tisbea dice en el verso 575, parece más fiable atenerse a *TL*.

Anfriso.	Siempre es Tisbea envidiada.
Belisa.	Cantad algo, mientras viene, porque queremos bailar.
Anfriso.	¿Cómo podrá descansar cuidado que celos tiene?

1070

(Cantan:)

A pescar sale la niña
tendiendo redes,
y en lugar de pececillos
las almas prende.

1075

(Sale Tisbea.*)*

Tisbea. ¡Fuego, fuego, que me quemo,
que mi cabaña se abrasa!
Repicad a fuego, amigos,
que ya dan mis ojos agua.
Mi pobre edificio queda 1080
hecho otra Troya en las llamas,
que después que faltan Troyas
quiere Amor quemar cabañas.
Mas si Amor abrasa peñas
con gran ira y fuerza extraña, 1085
mal podrán de su rigor
reservarse humildes pajas.
¡Fuego, zagales, fuego, [fuego y rabia]!
¡Amor, clemencia, que se abrasa el alma!

1074. En *BS, y en lugar de peces. TL* da la variante correcta de medida (los versos impares son octosílabos) y de timbre (la alternancia i-a, i-o, con tónica aguda, frente a e-e de los versos pares.

1076. El motivo *fuego* es central a todo lo largo de la obra. Parece estar construido a partir del episodio de Vélez en *La Serrana de la Vera*. Resulta infantil sostener que el motivo es «típico de Tirso» como pretende Blanca de los Ríos. En *De lo vivo a lo pintado* Claramonte condensa en una redondilla el temperamento de fuego: «Mas, pues yo mi fuego soy / y el fuego en sí es tan ligero, / yo mismo en mí mismo quiero / arderme en mis llamas hoy».

1088. En *BS, fuego, zagales, fuego, agua, agua* como estribillo constante. Parece superior la variante de *TL*, que evita la repetición *agua, agua*.

¡Oh choza, oh vil instrumento 1090
de mi deshonra y mi infamia,
cueva de ladrones fiera
que mis agravios amparas!
Rayos de ardientes estrellas
en tus cabelleras caigan, 1095
porque abrasadas estén,
si del viento mal peinadas.
¡Ah falso huésped, que dejas
una mujer deshonrada!
¡Nube, que del mar saliste 1100
para anegar mis entrañas!
¡Fuego, zagales, fuego, [fuego y rabia]!
Amor, clemencia, que se abrasa el alma.
Yo soy la que hacía siempre
de los hombres burla tanta, 1105
que siempre las que hacen burla
vienen a quedar burladas.
Engañóme el caballero
debajo de fe y palabra
de marido, [profanando] 1110
mi honestidad y mi cama.
Gozóme al fin, y yo propia
le di a su rigor las alas
en dos yeguas que crié,
con que me burla y se escapa. 1115
¡Seguidle todos, seguidle!
Mas no importa que se vaya,

1094-1097. Estos versos parecen paráfrasis del verso de Petrarca: *Fiamma del Ciel sulle tue treccie piova,* popularizado en España a través de un soneto de Góngora en donde se incluye en cita literal.

1100. En *BS, nube que del mar salió.* El dicurso de Tisbea se basa en la imprecación a un «tú» poético, por lo que el texto de *TL* resulta más coherente.

1110. En *BS, y profanó,* que parece provocado por el entorno gramatical. Sigo a *TL*.

1117-1119. El motivo de la venganza, que veremos en la lápida de Don Gonzalo en el tercer acto, aparece aquí ya apuntado. El pasaje recuerda el topos renacentista de las lamentaciones de Olimpa tras el abandono de Vireno, pasaje también popularizado por el Romancero Nuevo.

                        que en la presencia del rey
                        tengo de pedir venganza.
                        ¡Fuego, zagales, fuego, fuego y rabia!   1120
                        ¡Amor, clemencia, que se abrasa el alma!

    (Vase Tisbea.*)*

Coridón.   Seguid al vil caballero.
Anfriso.   Triste del que pena y calla.
             Mas, ¡vive el Cielo que en él
             me he de vengar de esta ingrata!   1125
             Vamos tras ella nosotros,
             porque va desesperada
             y podrá ser que ella vaya
             buscando mayor desgracia.
Coridón.   Tal fin la soberbia tiene.   1130
             Su locura y confianza
             paró en esto.

    (Dice Tisbea *dentro: «¡Fuego, fuego!».)*

Anfriso.   Al mar se arroja.
Coridón.   Tisbea, detente, [aguarda].
Tisbea.   ¡Fuego, zagales, fuego, [fuego y rabia!]
             Amor, clemencia, que se abrasa el
                                          [alma.   1135

1133. En *BS*, *Tisbea, detente y para*. Lo habitual en esta situación es *detente, aguarda*, como se dice en *TL*.

JORNADA SEGUNDA

Salen el Rey don Alonso, *y* Don Diego Tenorio, *de barba.*

Rey.   ¿Qué esto pasa?
Tenorio.   Señor, esto me escribe
de Nápoles Don Pedro, que le hallaron
con dama en el Palacio, y apercibe
remedio en este caso.
Rey.   ¿Y le dejaron
con vida?
Tenorio.   Por Don Pedro, señor, vive,   1140
que, sin que se supiese, le ausentaron;
y la dama, inocente de este agravio,
agresor hizo de esto al Duque Octavio,
    y ya en Sevilla está.
Rey.   Sí, mas ¿qué haremos
con Gonzalo de Ulloa, que le había   1145
tratado el casamiento?

1136 y ss. Mantengo aquí las octavas reales de *TL,* frente al texto de *BS,* en endecasílabos sueltos con varios errores. Al aparecer el Duque Octavio en escena *TL* y *BS* coinciden en el uso de octavas, lo que parece una prueba de que el actor que hace de Duque Octavio dispone de su texto escrito, o lo recuerda muy bien para el proceso de reconstrucción. Frente a las lagunas y errores de *BS,* el texto de *TL* aclara las motivaciones de los personajes y la situación escénica.

Tenorio.	Bien podremos poner remedio, pues el tiempo envía ocasión, y en la mano la tenemos: que el Duque Octavio remediar podría el yerro de Don Juan, pues que su casa 1150 a la de Don Gonzalo llega y pasa.
Rey.	No me parece mal, como no inquiete al Duque la pasión que de Isabela, con el amor que tuvo, nos promete, en cuya confusión hoy se desvela. 1155 pues la ocasión tenemos del copete, asirla, que es ligera y siempre vuela, y viene a ser aqueste el mejor medio, que a dos casos como éste da remedio. Y ¿adónde está ese loco?
Tenorio.	Jamás niego 1160 a Vuestra Alteza cosa que pretenda saber; y cuando aquí pende el sosiego de Don Juan, y con esto el yerro [enmienda, por quien se acabe el encendido fuego que él comenzó, es ya justo que lo [entienda, 1165 señor, tu Alteza; ya en Sevilla asiste, y así encubierto está mientras se viste.
Rey.	Pues decidle que de ella salga al [punto, que pienso que es travieso y la pasea, porque el remedio de esto venga junto. 1170
Tenorio.	A Lebrija se irá.
Rey.	Mi enojo vea en el destierro.
Tenorio.	Quedará difunto cuando lo sepa.
Rey.	Lo que digo sea sin falta.

1149-1151. El Rey deshace el matrimonio inicialmente previsto entre Doña Ana y Don Juan para casarla ahora con Octavio.

TENORIO.   El Duque Octavio es el que
                                              [viene.
REY.   Decid que llegue, que licencia tiene.   1175

(Sale el DUQUE OCTAVIO, *de camino.)*

OCTAVIO.   A esos pies, gran señor, un peregrino
            mísero, y desterrado, ofrece el labio,
            juzgando por más fácil el camino
            en vuestra [real] presencia, el Duque
                                              [Octavio.
            Huyendo vengo el fiero desatino   1180
            de una mujer, el no pensado agravio
            de un caballero, que la causa ha sido
            de que así a vuestros pies haya venido.
REY.   Ya, Duque Octavio, sé vuestra
                                              [inocencia,
            y al rey escribiré que os restituya   1185
            en vuestro estado, puesto que el ausencia
            que hicisteis, algún daño os atribuya.
            Yo os casaré en Sevilla, con licencia
            del rey, y con perdón y gracia suya,
            que, puesto que Isabela un ángel sea,   1190
            mirando la que os doy, ha de ser fea.
              Comendador Mayor de Calatrava
            es Gonzalo de Ulloa, un caballero
            a quien el Moro por temor alaba,
            que siempre es el cobarde lisonjero;   1195
            éste tiene una hija, en quien bastaba
            en dote la virtud, que considero
            después de la beldad, que es maravilla
            y el Sol de las estrellas de Sevilla.
              Ésta quiero que sea vuestra esposa.   1200
OCTAVIO.   Cuando yo este viaje le emprendiera
            sólo a eso, mi suerte era dichosa,

1179. En *BS, gran presencia.* El sintagma lógico es *real presencia,* como se dice en *TL*. Entiendo que hay error de transmisión en *BS*.

1185. *Puesto que,* tiene valor concesivo («admitiendo que»), no consecutivo.

	sabiendo yo que vuestro gusto fuera.
Rey.	Hospedaréis al Duque, sin que cosa en su regalo falte.
Octavio.	Quien espera 1205 en vos, señor, saldrá de premios lleno. Primero Alfonso sois, siendo el Onceno.

(Vase el Rey y Tenorio, y sale Ripio.)

Ripio.	¿Qué ha sucedido?
Octavio.	Que he dado el trabajo recibido, conforme me ha sucedido, 1210 desde hoy por bien empleado. Hablé al Rey, vióme y honróme, César con el César fui, pues vi, peleé y vencí, y [ya] hace que esposa tome 1215 de su mano, y se prefiere a desenojar al Rey en la fulminada ley.
Ripio.	Con razón el nombre adquiere de generoso en Castilla. 1220 ¿Al fin te llegó a ofrecer mujer?
Octavio.	Sí, amigo, y mujer de Sevilla, que Sevilla

1204. El Rey indica al Tenorio padre que cumpla con el hospedaje que al Duque se debe. Hay aquí dos motivos escénicos interesantes: el padre restituye indirectamente la falta del hijo por dos vías: le ofrece su propia casa, tras expulsar de ella a Don Juan, y le está ofreciendo, de acuerdo con el Rey, y por su consejo, la esposa que en principio estaba destinada a Don Juan. Éste es otro pasaje que demuestra la construcción impecable de *TL* y la funcionalidad del principio de sustitución filial, típico del segundo acto.

1215. En *BS, y hace que esposa tome,* heptasílabo.

1216. *Preferirse,* en el sentido de «adelantarse», según Covarrubias.

1218. *Fulminar* una ley es un uso jurídico que equivale a «dictar sentencia para ejecución».

                    da, si averiguarlo quieres
                —porque de oírlo te asombres—,　　1225
                si fuertes y airosos hombres
                también gallardas mujeres.
                    Un manto tapado, un brío
                donde el puro sol se esconde,
                si no es en Sevilla, ¿adónde　　1230
                se admite? El contento mío
                    es tal, que ya me consuela
                en mi mal.

(Salen Catalinón *y* Don Juan*.)*

Catalinón.　　　　　　Señor, detente,
que aquí está el Duque, inocente
sagitario de Isabela,　　1235
    aunque mejor le diré
Capricornio.
Don Juan.　　　　　Disimula.
Catalinón. Cuando le vende, le adula.
Don Juan. Como a Nápoles dejé
    por enviarme a llamar　　1240
con tanta prisa mi Rey,
y como su gusto es ley,
no tuve, Octavio, lugar
    de despedirme de vos
de ningún modo.
Octavio.　　　　　　Por eso,　　1245
Don Juan amigo, os confieso
que hoy nos juntamos los dos
    en Sevilla.
Don Juan.　　　　¿Quién pensara,
Duque, que en Sevilla os viera?

1235-1237. El chiste sobre Sagitario y Capricornio, se basa en los signos del zodíaco, pero se origina al aludir al *«sagitario»*, que es, en léxico de germanías, «el que llevan azotado por las calles», expuesto al escarnio público.

	¿Vos Puzol, vos la Ribera,	1250
	desde Parténope clara	
	dejáis? Mas, aunque es lugar,	
	Nápoles, tan excelente,	
	por Sevilla solamente	
	se puede, amigo, dejar.	1255
Octavio.	Si en Nápoles os oyera,	
	y no en la parte en que estoy,	
	del crédito que ahora os doy	
	sospecho que me riera.	
	Mas llegándola a habitar,	1260
	es, por lo mucho que alcanza,	
	corta cualquiera alabanza	
	que a Sevilla queráis dar.	
	¿Quién es el que viene allí?	
Don Juan.	El que viene es el Marqués	1265
	de la Mota.	
Octavio.	Descortés	
	es fuerza ser.	
Don Juan.	Si de mí	
	algo hubiereis menester,	
	aquí espada y brazo está.	
Catalinón.	*(Aparte:)* Y si importa, gozará	1270
	en su nombre otra mujer	
	que tiene buena opinión.	
Octavio.	De vos estoy satisfecho.	
	Si fuere de algún provecho,	
	señores, Catalinón,	1275
	vuarcedes continuamente	
	me hallarán, para servillos...	
Ripio.	¿En dónde?	

1250-1251. *Puzzoli,* o Puzol, es un lugar de los alrededores de Nápoles, célebre por sus solfataras. Parténope es el nombre clásico de Nápoles, como ilustra Virués en su *Montserrate:* «cuatro nobles mancebos, naturales / de la grande Parténope famosa», XIV, pág. 549.

1266. Esta réplica de Octavio no es difícil de entender. El que viene, el Marqués, da muestras de conocer a Don Juan, y Octavio, ante la llegada del intruso, se ve obligado a la «descortesía» de terminar la conversación y despedirse.

CATALINÓN.	En Los Pajarillos, tabernáculo excelente.	

(Vanse OCTAVIO *y* RIPIO, *y sale el* MARQUÉS DE LA MOTA.*)*

MOTA.	Todo hoy os ando buscando	1280
	y no os he podido hallar.	
	¿Vos, Don Juan, en el lugar,	
	y vuestro amigo penando	
	en vuestra ausencia?	
DON JUAN.	Por Dios,	
	amigo, que me debéis	1285
	esa merced que me hacéis.	
CATALINÓN.	Como no le entreguéis vos	
	moza, o cosa que lo valga,	
	bien podéis fiaros de él,	
	que, en cuanto en esto es cruel,	1290
	tiene condición hidalga.	
DON JUAN.	¿Qué hay de Sevilla?	
MOTA.	Está ya	
	toda esta Corte mudada.	
DON JUAN.	¿Mujeres?	
MOTA.	Cosa juzgada.	
DON JUAN.	¿Inés?	
MOTA.	A Vejer se va.	1295
DON JUAN.	Buen lugar para vivir	
	la que tan dama nació.	
MOTA.	El tiempo la desterró	
	a Vejer.	

1279. Juego de palabras evidente «taberna > Tabernáculo», que nos sitúa en la futura alusión a Noé y las tabernas, en la tercera jornada.

1280. *Todo hoy*, es decir, «durante todo el día de hoy».

1287-9121. Esta réplica de Catalinón se suele editar como un aparte, pero ni en *BS* ni en *TL* hay esa indicación, y dado que el Marqués y Don Juan son un par de redomados compinches, no es incongruente que Catalinón pueda decir esto en voz alta, a manera de irónica advertencia.

1295. Juego de palabras con la pronunciación andaluza relajada de la vibrante en posición final, indistinguible de la interdental relajada en la misma posición. El lugar es Vejer de la Frontera. En *TL, Vegel;* en *BS, Begel.*

Don Juan.	Irá a morir. ¿Constanza?
Mota.	Es lástima vella: 1300 lampiña de frente y ceja. llámala el portugués vieja y ella imagina que bella.
Don Juan.	Sí, que «velha» en portugués suena «vieja» en castellano. 1305 ¿Y Teodora?
Mota.	Este verano escapó del mal francés por un río de sudores, y está tan tierna y reciente que anteayer me arrojó un diente 1310 envuelto entre muchas flores.
Don Juan.	¿Julia, la de Candilejo?
Mota.	Ya con sus afeites lucha.
Don Juan.	¿Véndese siempre por trucha?
Mota.	Ya se da por abadejo. 1315
Don Juan.	El barrio de Cantarranas ¿tiene buena población?
Mota.	Ranas las más de ellas son.
Don Juan.	¿Y viven las dos hermanas?
Mota.	Y la mona de Tolú 1320 de su madre Celestina, que les enseña doctrina.

1307. El «mal francés» o «sífilis», que para los franceses es el mal italiano.

1312. La calle del Candilejo, una de las más tradicionales de Sevilla, asociada a la leyenda de la Cabeza del Rey Don Pedro. Hay una comedia de atribución dudosa a Lope de Vega, *Audiencias del rey Don Pedro* donde aparece esta leyenda.

1314. «Trucha». La calidad de las mujeres se compara a la del pescado. La trucha es de más categoría que el abadejo, que también recibe el nombre de «truchuela». Ambas con evidente acepción sexual aparecen en la literatura de la época. Por ejemplo: «Que si llegamos a Alcalá, le tengo de servir allí, como lo verá por la obra, un par de truchas que no pasan de los catorce, lindas a las mil maravillas y no de mucha costa», *Quijote de Avellaneda*, cap. XXIII, y «a quien acá nos trajo tan gentil carga de abadejo», *ibíd.*, cap. XXV. Sorprende que los partidarios de atribuir el *Burlador* a Tirso insistan en que es un estilema típico del fraile mercedario.

DON JUAN.	¡Oh, vieja de Belcebú!	
	¿Cómo la mayor está?	
MOTA.	Blanca, y sin blanca ninguna.	1325
	Tiene un santo a quien ayuna.	
DON JUAN.	¿Agora en vigilias da?	
MOTA.	Es firme y santa mujer.	
DON JUAN.	¿Y esotra?	
MOTA.	Mejor principio	
	tiene. No desecha ripio.	1330
DON JUAN.	Buen albañil quiere ser.	
	Marqués, ¿qué hay de perros muertos?	
MOTA.	Yo y Don Pedro de Esquivel	
	dimos anoche un cruel,	
	y esta noche tengo ciertos	1335
	otros dos.	
DON JUAN.	Iré con vos,	
	que también recorreré	
	ciertos nidos que dejé	
	en huevos para los dos.	
	¿Qué hay de Terrero?	
MOTA.	No muero	1340
	en terrero, que en terrado	
	me tiene mayor cuidado.	
DON JUAN.	¿Cómo?	

1330. *Ripio* es «piedra menuda»; de ahí el chiste sobre *buen albañir quiere ser*. *Albañir* es la forma habitual de la época, que he modernizado para este texto, y la erre se mantiene incluso en el plural, como en Vélez de Guevara: «Los albañires son bravos y honrados», en el *Entremés de Antonia y Perales*. También en Lope de Vega: «Que yo vi un albañir volar un día / y dio una pajarada», en *Los amores de Albanio e Ismenia*, III. En cuanto a la expresión «no desechar ripio» está ya atestiguada desde el estupendo *Viaje de Turquía*, «sin que se deseche ripio», ed. de F. G. Salinero, Madrid, Cátedra, col. Letras Hispánicas, pág. 160.

1332. *Dar perro muerto*, según Correas «dícese en la corte cuando engañan a una dama dándole a entender que uno es un gran señor». De acuerdo con los usos de la época, en materia de trato carnal, «dar perro muerto» es no pagar la cantidad estipulada por el servicio. Castillo Solórzano, en *La garduña de Sevilla* recoge «fundó un perro muerto en el más extraño capricho que se pudo imaginar», Madrid, Espasa-Calpe, col. Austral, pág. 21.

1340. «Hacer terrero» era cortejar a una dama en su casa. El «terrado» en cambio, era la azotea. De ahí el chiste del Marqués.

Mota.	Un imposible quiero.
Don Juan.	Pues, ¿no os corresponde?
	Sí,
	me favorece y estima. 1345
Don Juan.	¿Quién es?
Mota.	Doña Ana, mi prima
	que es recién llegada aquí.
Don Juan.	Pues, ¿dónde ha estado?
Mota.	En Lisboa,
	con su padre en la embajada.
Don Juan.	¿Es hermosa?
Mota.	Es extremada, 1350
	porque en Doña Ana de Ulloa
	se extremó Naturaleza.
Don Juan.	¿Tan bella es esa mujer?
	¡Vive Dios que la he de ver!
Mota.	Veréis la mayor belleza 1355
	que los ojos del Sol ven.
Don Juan.	Casaos, si es tan extremada.
Mota.	El Rey la tiene casada
	y no se sabe con quién.
Don Juan.	¿No os favorece?
Mota.	Y me escribe. 1360
Catalinón.	No prosigas, que te engaña
	el gran burlador de España.
Don Juan.	Quien tan satisfecho vive
	de su amor, ¿desdichas teme?
	Sacadla, solicitadla, 1365
	escribidla y engañadla
	y el mundo se abrase y queme.
Mota.	Agora estoy esperando
	la postrer resolución.
Don Juan.	Pues no perdáis ocasión, 1370
	que aquí os estoy aguardando.
Mota.	Ya vuelvo.

1372-1373. Según varios editores, Catalinón podría estar haciendo aquí un chiste sobre el nombre de algún actor que representaría el papel y sería más o

CATALINÓN.	Señor Cuadrado, o señor Redondo, adiós.
CRIADO.	Adiós.

(Vanse el MARQUÉS y el CRIADO.)

DON JUAN.	Pues solos los dos, amigo, habemos quedado, los pasos sigue al Marqués, que en el Palacio se entró.	1375

(Vase CATALINÓN, habla por una reja una MUJER.)

MUJER.	¡Ce!, ¿a quién digo?	
DON JUAN.	¿Quién llamó?	
MUJER.	Si sois prudente y cortés, y su amigo, dadle luego al Marqués este papel; mirad que consiste en él de una señora el sosiego.	1380
DON JUAN.	Digo que se lo daré. Soy su amigo y caballero.	1385
MUJER.	Basta, señor forastero, adiós. *(Vase.)*	
DON JUAN.	Ya la voz se fue. ¿No parece encantamiento esto que ahora ha pasado? A mí el papel ha llegado por la estafeta del viento. Sin duda que es de la dama que el Marqués me ha encarecido. Venturoso en esto he sido. Sevilla a voces me llama el Burlador, y el mayor gusto que en mí puede haber es burlar una mujer y dejarla sin honor.	1390 1395

---

menos conocido. Me parece más sencillo postular que Catalinón está explotando el retruécano «criado, cuadrado».

  ¡Vive Dios que le he de abrir,   1400
pues salí de la plazuela!
Mas, ¿si hubiese otra cautela?
Gana me da de reír.
  Ya está abierto el tal papel,
y que es suyo es cosa llana,   1405
porque aquí firma: «Doña Ana».
Dice así: «Mi padre infiel
  en secreto me ha casado
sin poderme resistir;
no sé si podré vivir,   1410
porque la muerte me ha dado.
  Si estimas, como es razón,
mi amor y mi voluntad,
y si tu amor fue verdad,
muéstralo en esta ocasión.   1415
  Porque veas que te estimo,
ven esta noche a la puerta,
que estará a las once abierta,
donde tu esperanza, primo,
  goces, y el fin de tu amor.   1420
Traerás, mi gloria, por señas
de Leonorilla y las dueñas,
una capa de color.
  Mi amor todo de ti fío,
y adiós». Desdichado amante.   1425
¿Hay suceso semejante?
Ya de la burla me río.
  Gozaréla, vive Dios,
con el engaño y cautela
que en Nápoles a Isabela.   1430

(*Sale* CATALINÓN.)

 1402. *Cautela*. Significa «engaño», como en la obra *Cautela contra cautela*, de Mira de Amescua, pero editada a nombre de Tirso en la poco fiable *Segunda Parte*, donde también se le atribuye *El condenado por desconfiado*.

 1418. *a las once abierta*. Texto modificado. En *TL* era «aquesta noche vendrás / a las once, y hallarás / abierto para este intento / cierto postigo».

CATALINÓN.	Ya el Marqués viene.
DON JUAN.	Los dos

aquesta noche tenemos
que hacer.
CATALINÓN. ¿Hay engaño nuevo?
DON JUAN. Extremado.
CATALINÓN. No lo apruebo.
Tú pretendes que escapemos   1435
una vez, señor, burlados,
que el que vive de burlar,
burlado habrá de [quedar]
pagando tantos pecados
de una vez.
DON JUAN. ¿Predicador   1440
te vuelves, impertinente?
CATALINÓN. La razón hace al valiente.
DON JUAN. al cobarde hace el temor.
El que se pone a servir
voluntad no ha de tener,   1445
y todo ha de ser hacer,
y nada ha de ser decir.
Sirviendo, jugando estás,
y si quieres ganar luego,
haz siempre, porque en el juego,   1450
quien más hace, gana más.
CATALINÓN. Y también quien hace, y dice,
topa, y pierde en cualquier parte.
DON JUAN. Esta vez quiero avisarte
porque otra vez no te avise.   1455

1438. En *BS*, *burlado habrá de escapar*. Parece mejor según *TL*.
1446-1451. Todo el pasaje se basa en léxico de juego de naipes. *Hacer, decir, topar, perder,* son lances del juego. Respecto a *topar*: «acudieron a la fama de su juego infinita gente, a manera de cierta la ganancia, porque no jugava como hombre de razón, estimando el dinero sino "¡topo aquí!, ¡reparo!, ¡topo a trece y a ocho! [...] y era tanta su desgracia que si topava, venía azar, y si maseava, encuentro"», A. Castillo Solórzano, *La garduña de Sevilla*.
1452-1455. *Dice / avise*. Rima con seseo, o andaluza, habitual en Claramonte. El pasaje es común a *TL* y *BS*. En *Deste agua no beberé*: «Si crédito no me das / oye esta voz que te *avisa* / de lo que ignorante estás. / El cabello se me *eriza*».

CATALINÓN.	Digo que de aquí adelante
	lo que me mandas haré,
	y a tu lado forzaré
	un tigre y un elefante;
	guárdese de mí un Prior, 1460
	que si me mandas que calle
	y le fuerce, he de forzalle
	sin réplica, mi señor.

(Sale el MARQUÉS DE LA MOTA.*)*

DON JUAN.	Calla, que viene el Marqués.
CATALINÓN.	Pues, ¿ha de ser el forzado? 1465
DON JUAN.	Para vos, Marqués, me han dado
	un recado harto cortés
	por esa reja, sin ver
	el que me le daba allí;
	sólo en la voz conocí 1470
	que me le daba mujer.
	[Díjome] al fin, que a las doce
	vayas secreto a la puerta,
	que estará esperando abierta,
	donde tu esperanza goce 1475
	la posesión de [su] amor
	y que llevases por señas
	de Leonorilla y las dueñas
	una capa de color.
MOTA.	¿Qué decís?
DON JUAN.	Que este recado 1480
	de una ventana me dieron
	sin ver quién.

1460-1463. Estos cuatro versos con evidente intención pícara y procaz no están ni en *TL* ni en las *abreviadas,* aunque sí están los cuatro anteriores que inician la réplica de Catalinón. Podrían ser obra de la segunda fase del texto, o una morcilla de Roque de Figueroa.

1470. En *BS, dícete.* Sigo a *TL* que no suele tener problemas de transmisión, al menos hasta el tercer acto.

1476. En *BS, de tu amor.* Parece más natural el texto de *TL,* pues de lo que va a gozar el Marqués es de *su amor,* del amor «de ella».

Mota.	Con él pusieron sosiego a tanto cuidado. ¡Ay, amigo, sólo en ti mi esperanza renaciera! Dame esos pies.
Don Juan.	Considera que no está tu prima en mí. Eres tú quien ha de ser quien la tiene de gozar, ¿y me llegas a besar los pies?
Mota.	Es tal el placer que me ha sacado de mí. ¡Oh, Sol, apresura el paso!
Don Juan.	Ya el Sol camina al ocaso.
Mota.	Vamos, amigo, de aquí y de noche nos pondremos. Loco voy.
Don Juan.	Bien se conoce. Más yo sé bien que a las doce harás mayores extremos.
Mota.	¡Ay prima del alma, prima que quieres premiar mi fe!
Catalinón.	¡Vive Cristo que no dé una blanca por su prima!

(Vase el Marqués *y sale* Tenorio *el Viejo.)*

Tenorio.	¡Don Juan!
Catalinón.	Tu padre te llama.
Don Juan.	¿Qué manda Vueseñoría?
Tenorio.	Verte más cuerdo querría más bueno y con mejor fama. ¿Es posible que procuras todas las horas mi muerte?

1490. En *BS, y me llegas a abrazar*. Sin embargo la norma refuerza la lectura de *TL*, «besar los pies», como hipérbole de «besar las manos».

Don Juan.	¿Por qué vienes de esa suerte?	1510
Tenorio.	Por tu trato y tus locuras.	

                 Al fin el Rey me ha mandado
que te eche de la ciudad,
porque está de una maldad
con justa causa indignado. 1515
                 Que aunque me la has encubierto,
ya en Sevilla el Rey la sabe,
cuyo delito es tan grave
que a decírtelo no acierto.
                 ¿En el Palacio real 1520
traición, y con un amigo?
Traidor, Dios te dé el castigo
que pide delito igual.
                 Mira que, aunque al parecer
Dios te consiente y aguarda, 1525
tu castigo no se tarda,
y que castigo ha de haber
                 para los que profanáis
su nombre, y que es juez fuerte
Dios en la muerte.

Don Juan.	¿En la muerte?	1530

¿Tan largo me lo fiáis?
                 De aquí allá hay larga jornada.

Tenorio.	Breve te ha de parecer.	
Don Juan.	Y la que tengo de hacer	

—pues a su Alteza le agrada— 1535
                 ahora, ¿es larga también?

Tenorio.	Hasta que el injusto agravio	

satisfaga el Duque Octavio,
y apaciguados estén
                 en Nápoles de Isabela 1540
los sucesos que has causado,
en Lebrija, retirado
por tu traición y cautela
                 quiere el rey que estés ahora.
Pena a tu maldad ligera. 1545

Catalinón.	*(Aparte.)* Si el caso también supiera	

de la pobre pescadora,
                 más se enojara el buen viejo.

Tenorio.	Pues no te venzo y castigo
	con cuanto hago y cuanto digo, 1550
	a Dios tu castigo dejo. *(Vase.)*
Catalinón.	Fuese el viejo enternecido.
Don Juan.	Luego las lágrimas copia,
	Condición de viejo propia.
	Vamos, pues ha anochecido 1555
	a buscar al Marqués.
Catalinón.	Vamos,
	y al fin gozarás su dama.
Don Juan.	Ha de ser burla de fama.
Catalinón.	Ruego al cielo que salgamos
	de ella en paz.
Don Juan.	¡Catalinón, 1560
	al fin!
Catalinón.	Y tú, señor, eres
	langosta de las mujeres;
	y con público pregón,
	porque de ti se guardara
	cuando a noticia viniera 1565
	de la que doncella fuera,
	fuera bien se pregonara:
	«Guárdense todos de un hombre
	que las mujeres engaña
	y es el burlador de España». 1570
Don Juan.	Tú me has dado gentil nombre.

(Sale el Marqués, *de noche, con* Músicos, *y pasea el tablado, y se entran cantando.)*

	El que un bien gozar espera,
	cuando espera, desespera.
Don Juan.	¿Qué es esto?
Catalinón.	Música es.
Mota.	Parece que habla conmigo 1575
	el poeta.

1553. *luego las lágrimas copia.* «Luego», vale por «pronto, enseguida», y «copia» por «acopia, acumula». La frase equivale a «tiene la lágrima fácil».

Don Juan.	¿Quién va?
Mota.	Amigo.
	¿Es Don Juan?
Don Juan.	¿Es el Marqués?
Mota.	¿Quién puede ser, si no yo?
Don Juan.	Luego que la capa vi,
	que érades vos conocí. 1580
Mota.	Cantad, pues Don Juan llegó.

(Cantan.)

El que un bien gozar espera,
cuando espera, desespera.

Don Juan.	¿Qué casa es la que miráis?
Mota.	De Don Gonzalo de Ulloa. 1585
Don Juan.	¿Dónde iremos?
Mota.	A Lisboa.
Don Juan.	¿Cómo, si en Sevilla estáis?
Mota.	Pues, ¿aqueso os maravilla?
	¿No vive, con gusto igual,
	lo peor de Portugal 1590
	en lo mejor de Sevilla?
Don Juan.	¿Dónde viven?
Mota.	En la calle
	de la Sierpe, donde ves
	a Adán, vuelto en portugués,
	que en aqueste amargo valle 1595

1592-1599. El pasaje entero en *BS* está lleno de errores métricos, de rima y de cohesión textual. La interpretación del pasaje según *TL* es muy clara y alude al episodio de la manzana de Eva, el bocado, y los jóvenes enamoradizos y galanteadores que frecuentan la calle de la Sierpe, territorio de manflas, manflotas y lupanares, en los que el bocado iba a precio. En el *Guzmán de Alfarache,* parte I, 1, cap. III, se aclara muy bien esta alusión: «mas los que los hombres toman por sus vicios y deleites, son píldoras doradas, que engañando la vista con apariencia falsa de sabroso gusto, dejan el cuerpo descompuesto y desbaratado: son verdes prados, llenos de ponzoñosas víboras, piedras (al parecer) de mucha estima, y debajo están llenos de alacranes». Parece claro que el pasaje alude a Adán, Eva y el bocado a la manzana, y no, en el erróneo texto de *BS,* a la tribu israelita de Dan.

	con ducados solicitan	
	mil Evas; que, aunque dorados,	
	en efecto son bocados	
	con que las vidas nos quitan.	
CATALINÓN.	Ir de noche no quisiera	1600
	por esa calle cruel,	
	pues lo que de día en miel,	
	de noche lo dan en cera.	
	Una noche, por mi mal,	
	la vi sobre mí [vertida],	1605
	y hallé que era corrompida	
	la cera de Portugal.	
DON JUAN.	Mientras a la calle vais,	
	yo dar un perro quisiera.	
MOTA.	Pues cerca de aquí me espera	1610
	un bravo.	
DON JUAN.	Si me dejáis,	
	señor Marqués, vos veréis	
	cómo de mí no se escapa.	
MOTA.	Vamos, y poneos mi capa	
	para que mejor lo deis.	1615
DON JUAN.	Bien habéis dicho; venid	
	y me enseñaréis la casa.	
MOTA.	Mientras el suceso pasa,	
	la voz y el habla fingid.	
	¿Veis aquella celosía?	1620
DON JUAN.	Ya la veo.	
MOTA.	Pues llegad	
	y decid «Beatrís», y entrad.	

1605. En *BS, la vi sobre mi ventana,* un ejemplo del estilo de errores de la *princeps,* que no respetan la rima consonante. *TL* da el texto impecable, que casi todos los editores asumen. Fray Luis Vázquez, a la vista del error de rima, propone *la vi sobre mi venida,* para no asumir la variante de *TL.*

1607. En la época «cera» alude al excremento, lo que explica el chiste escatológico de Catalinón, a partir de la costumbre de «¡agua va!», no siempre conteniendo líquido.

1623-1624. *rosada y fría. Cantimplora.* En *De lo vivo a lo pintado* tenemos este pasaje: *«las rosas y los jazmines / que hacen su mejillas nácar / y nieve, con que Amor bebe / sin cantimploras las almas».*

Don Juan.	¿Qué mujer?
Mota.	Rosada y fría.
Catalinón.	Será mujer cantimplora.
Mota.	En Gradas os aguardamos. 1625
Don Juan.	Adiós, Marqués.
Mota.	¿Dónde vamos?
Don Juan.	Calla, necio, calla ahora.
	Adonde la burla mía
	[se] ejecute.
Catalinón.	No se escapa
	nadie de ti.
Don Juan.	El trueco adoro. 1630
Catalinón.	Echaste la capa al toro.
Don Juan.	Escapéme por la capa. *(Vanse.)*
Marqués.	La mujer ha de pensar
	que soy yo.
Músico.	¡Qué gentil perro!
Mota.	Esto es acertar por yerro. 1635
Músico.	Todo este mundo es errar
	que está compuesto de errores.
Mota.	El alma en las horas tengo,
	y en sus cuartos me prevengo
	para mayores favores. 1640

1625. *Gradas.* Se trata de las «gradas» de la Catedral de Sevilla. En *El nuevo rey Gallinato,* Claramonte usa la misma refrencia: «Aguardadme los tres en la posada / que en Gradas quiero hablar con cierto amigo».

1628. Este verso es un error métrico, es supernumerario para las redondillas. Dado que es común a *TL* y *BS* hay que admitir que estaba en el original y que subsistió tras la remodelación. Se puede asumir como un despiste de rima. Sin embargo en *TL* no está el verso anterior *calla, necio, calla agora,* que tiene todo el aspecto de ser un verso ripioso, escrito para cumplir con la rima anterior. Mi sospecha es que en el original el autor de la obra se distrajo al buscar la rima y rimó *adonde la burla mía* con *rosada y fría,* creyendo haber completado ya la redondilla. En realidad *rosada y fría* es ya el final de la redondilla anterior, y no el verso inicial de la nueva. El autor original se saltó ese verso y esa rima, y los reelaboradores tardíos en el proceso de transmisión (la compañía de Roque de Figueroa o la anterior) completaron la redondilla con el verso supernumerario. El verso es innecesario para el sentido, y la réplica de Don Juan puede comenzar sin problema con «Adonde la burla mía / se ejecute».

                    ¡Ay, noche espantosa y fría,
                    para que largos los goce,
                    corre veloz a las doce,
                    y después no llegue el día!
MÚSICO.   ¿Adónde guía la danza?   1645
MOTA.   Cal de la Sierpe guiad.
MÚSICO.   ¿Qué cantaremos?
MOTA.   Cantad
                    lisonjas a mi esperanza.

(Cantan:)

                    El que un bien gozar espera
                    cuando espera, desespera.   1650

(Vanse, y dice DOÑA ANA *dentro:)*

                    ¡Falso, no eres el Marqués!
                    ¿Que me has engañado?
DON JUAN.   Digo
                    que lo soy.
DOÑA ANA.   Fiero enemigo,
                    mientes, mientes.

(Sale el COMENDADOR, *medio desnudo, con espada y rodela.)*

DON GONZALO.   La voz es
                    de Doña Ana la que siento.   1655
DOÑA ANA.   ¿No hay quien mate este traidor
                    homicida de mi honor?
DON GONZALO.   ¿Hay tan grande atrevimiento?
                        «Muerto honor», dijo. ¡Ay de mí!
                    y es su lengua tan liviana   1660
                    que aquí sirve de campana.
DOÑA ANA.   ¡Matadle!

(Sale DON JUAN *y* CATALINÓN, *con las espadas desnudas.)*

Don Juan.	¿Quién está aquí?
Don Gonzalo.	La barbacana caída

de la torre de ese honor
que has combatido, traidor, 1665
donde era alcaide la vida.

Don Juan. Déjame pasar.
Don Gonzalo. ¿Pasar?
Por la punta de esta espada.
Don Juan. Morirás.
Don Gonzalo. No importa nada.
Don Juan. Mira que te he de matar. 1670
Don Gonzalo. ¡Muere, traidor!
Don Juan. De esta suerte
muero yo.
Catalinón. Si escapo de esta,
no más burlas, no más fiesta.
Don Gonzalo. ¡Ay, que me has dado la muerte!
Mas, si el honor me quitaste, 1675
¿de qué la vida servía?
Don Juan. ¡Huye!
Don Gonzalo. Aguarda, que es sangría,
con que el valor me aumentaste.
Mas no es posible que aguarde...
Seguiréle mi furor, 1680
que es traidor, y el que es traidor
es traidor porque es cobarde.

(*Entran muerto a* Don Gonzalo, *y salen el* Marqués de la Mota, *y* Músicos.)

Mota. Presto las doce darán
y mucho Don Juan se tarda.
¡Fiera pensión del que aguarda! 1685

1685. *Pensión*. Vocablo que aparece también en el soneto del rey de Nápoles. La palabra es de uso generalizado en la época. «No hay dignidad sin pensión en esta vida», *Guzmán,* II, 4, 2. El texto de *BP* da *fiera prisión,* que parece error de lectura. Parece muy claro que el texto de *TL* es correctísimo, avalado ahora por el documento de 1617. Muchos editores omiten la explicación de

(*Salen* Don Juan *y* Catalinón.)

Don Juan.	¿Es el Marqués?
Mota.	¿Es Don Juan?
Don Juan.	Yo soy. Tomad vuestra capa.
Mota.	¿Y el perro?
Don Juan.	Funesto ha sido.
	Al fin, Marqués, muerto ha habido.
Catalinón.	Señor, del muerto te escapa. 1690
Mota.	¿Burlásteisla?
Don Juan.	Sí, burlé.
Catalinón.	(*Aparte.*) Y aun a vos os ha burlado.
Don Juan.	Caro la burla ha costado.
Mota.	Yo, Don Juan, lo pagaré,
	porque estará la mujer 1695
	quejosa de mí.
Don Juan.	Las doce
	darán.
Mota.	Como mi bien goce,
	nunca llegue a amanecer.
Don Juan.	Adiós, Marqués.
Catalinón.	Muy buen lance
	el desdichado hallará. 1700
Don Juan.	Huyamos.
Catalinón.	Señor, no habrá
	aguilita que me alcance. (*Vanse.*)
Marqués.	Vosotros os podéis ir
	todos a casa, que yo
	he de ir solo.
Músicos.	Dios creó 1705
	las noches para dormir.

(*Vanse y dicen dentro:*)

---

que existe aquí una variante para ambos textos. Fray Luis Vázquez asume el texto de *BP* sosteniendo que el Marqués «está como aprisionado, sin libertad de movimientos, mientras espera». Xavier A. Fernández prefiere enmendar siguiendo a *TL*.

1692. En *BP*, *y a vos os ha burlado*, heptasílabo. En *TL* la medida es correcta.

	¿Viose desdicha mayor,	
	y viose mayor desgracia?	
MOTA.	¡Válgame Dios, voces oigo	
	en la plaza del Alcázar!	1710
	¿Qué puede ser a estas horas?	
	Un hielo me baña el alma.	
	Desde aquí parece todo	
	una Troya que se abrasa,	
	porque tantas hachas justas	1715
	paren gigantes de llamas.	
	Mas, una escuadra de luces	
	se acerca a mí. ¿Por qué anda	
	el fuego emulando al Sol,	
	dividiéndose en escuadras?	1720
	Quiero preguntar lo que es.	

(Sale TENORIO *el Viejo, y la* GUARDA *con hachas.)*

TENORIO.	¿Qué gente?	
MOTA.	Gente que aguarda	
	saber de aqueste alboroto	
	la ocasión.	
TENORIO.	Ésta es la capa	
	que dijo el Comendador	1725
	en sus postreras palabras.	
	Préndanle.	
MOTA.	¿Prenderme a mí?	
TENORIO.	Volved la espada a la vaina,	
	que la mayor valentía	
	es no tratar de las armas.	1730
MOTA.	¿Cómo al Marqués de la Mota	
	hablan así?	
TENORIO.	Dad la espada,	
	que el rey os manda prender.	
MOTA.	¡Vive Dios...!	

(Sale el REY *y acompañamiento.)*

1715. *Hachas.* Es decir, «teas, antorchas».

Rey.	En toda España no ha de caber, ni tampoco 1735 en Italia, si va a Italia.
Tenorio.	Señor, aquí está el Marqués.
Mota.	¿Vuestra Alteza a mí me manda prender?
Rey.	Llevadle y ponedle la cabeza en una escarpia. 1740 ¿En mi presencia te pones?
Mota.	¡Ah, glorias de amor tiranas, siempre en el pasar ligeras, como en el vivir pesadas! Bien dijo un sabio que había 1745 entre la boca y la taza peligro; mas el enojo del rey me admira y me espanta. ¿No sabré por qué voy preso?
Tenorio.	¿Quién mejor sabrá la causa 1750 que Vueseñoría?
Mota.	¿Yo?
Tenorio.	Vamos.
Mota.	Confusión extraña. *(Vanse.)*
Rey.	Fulmínesele el proceso al Marqués luego, y mañana le cortarán la cabeza; 1755 y al Comendador, con cuanta solemnidad y grandeza se da a las personas sacras y reales, el entierro se haga; en bronce y piedra párea 1760 un sepulcro con un bulto le ofrezcan, donde en mosaicas labores, góticas letras den leguas a su venganza.

1753. *Fulminar un proceso.* «Vale lo mismo que causarle, cerrarle y concluirle estando sustanciado para sentenciar», Covarrubias, 615, a.
1760. *Piedra párea.* Es decir, mármol de Paros.

	Y entierro, bulto y sepulcro	1765
	quiero que a mi costa se haga.	
	¿Dónde Doña Ana se fue?	
Tenorio.	Fuese al sagrado Doña Ana	
	de mi señora la reina.	
Rey.	Ha de sentir esta falta	1770
	Castilla, tal capitán	
	ha de llorar Calatrava.	

(Vanse todos. Sale Batricio, *desposado con* Arminta, Gazeno, *viejo,* Belisa *y pastores músicos.)*

	Lindo sale el Sol de Abril	
	por trébol y toronjil,	
	y aunque le sirve de estrella	1775
	Arminta sale más bella.	
Batricio.	Sobre esta alfombra florida,	
	adonde en campos de escarcha	
	el sol sin aliento marcha	
	con su luz recién nacida,	1780
	os sentad, pues nos convida	
	al tálamo el sitio hermoso.	
Arminta.	Cantadle a mi dulce esposo	
	favores de mil en mil.	
Músicos.	*Lindo sale el Sol de Abril*	1785
	por trébol y toronjil.	
Gazeno.	Ya, Batricio, os he entregado	
	el alma y ser en mi Arminta.	
Batricio.	Por eso se baña y pinta	
	de más colores el prado.	1790
	Con deseos la he ganado,	
	con obras la he merecido.	
Músicos.	Tal mujer y tal marido	
	vivan juntos años mil.	
	Lindo sale el Sol de Abril,	1795
	por trébol y toronjil.	

1765. *Bulto.* Estatua.

BATRICIO.	No sale así el Sol de Oriente
	como el Sol que al Alba sale,
	que no hay Sol que al Sol se iguale
	de sus niñas y su frente; 1800
	a este Sol claro y luciente
	que eclipsa al Sol su arrebol,
	y así, cantadle a mi Sol,
	motetes de mil en mil.
MÚSICOS.	*Lindo sale el Sol de Abril* 1805
	por trébol y toronjil.
ARMINTA.	Batricio, aunque lo agradezco,
	falso y lisonjero estás;
	mas si tus rayos me das,
	por ti ser Luna merezco; 1810
	tú eres el Sol por quien crezco
	después de salir menguante,
	para que el Alba te cante
	la salva en tono sutil.
MÚSICOS.	*Lindo sale el Sol de Abril,* 1815
	por trébol y toronjil.

(Sale CATALINÓN, *de camino.)*

CATALINÓN.	Señores, el desposorio
	huéspedes ha de tener.
GAZENO.	A todo el mundo ha de ser
	este contento notorio. 1820
	¿Quién viene?
CATALINÓN.	Don Juan Tenorio.
GAZENO.	¿El viejo?
CATALINÓN.	No ese Don Juan.
BELISA.	Será su hijo, el galán.
BATRICIO.	Téngolo por mal agüero,
	que, galán y caballero, 1825
	quitan gusto y celos dan.

1804. *Motetes.* «Se dixo motete, sentencia breve y compendiosa, dando a entender a los maestros de capilla que la letra ha de ser breve y no han de componer a manera de lamentaciones», Covarrubias, 816, b.

	Pues, ¿quién noticia les dio	
	de mis bodas?	
CATALINÓN.	De camino	
	pasa a Lebrija.	
BATRICIO.	Imagino	
	que el demonio le envió;	1830
	mas, ¿de qué me aflijo yo?	
	Vengan a mis dulces bodas	
	del mundo las gentes todas;	
	mas, con todo... ¿un caballero	
	en mis bodas? Mal agüero.	1835
GAZENO.	Venga el Coloso de Rodas,	
	venga el Papa, el Preste Juan	
	y Don Alfonso el Onceno	
	con su corte, que en Gazeno	
	ánimo y valor verán.	1840
	Montes en casa hay de pan,	
	Guadalquivides de vino,	
	Babilonias de tocino,	
	y entre ejércitos cobardes	
	de aves, para que los lardes,	1845
	el pollo y el palomino.	

1837-1838. Sorprendentemente Fray Luis Vázquez apunta que esta rima es con seseo. Habrá que recordar que la rima consonante comienza a partir de la última vocal tónica, y aquí sólo afecta a *-eno*, y no a la consonante anterior.

1842. *Guadalquivides*. Con juego de palabras sobre *vides*. El texto dice en realidad *Guadalquivid es de vino*.

1841-1846. En *Deste agua no beberé*, Mencía se expresa de forma muy parecida: «No os daré mansos faisanes / adornados de matices, / mas dareos tiernas perdices / diezmos de mis gavilanes; / y encarcelados en panes, peces y aves peregrinas, / gazapos de estas encinas / y gallinas diferentes, / que en las comidas valientes / no pueden faltar gallinas».

1845. *lardes*, de acuerdo con *TL*. En *BS, para que las cardes* Wade y Hesse siguen a *TL*, y Xavier A. Fernández modifica el pasaje entero para proponer: «y porque los lardes, Babilonias de tocino». Fray Luis Vázquez asume la lectura de *BS* sin mayor problema: «¿No se dan cuenta todos los "correctores" de que se trata de un lenguaje hiperbólico y lleno de humor?» Pues no, no nos damos cuenta. *Lardar* son dos cosas: rellenar de tocino una carne, o bien trincharla. Por ejemplo, en *Guzmán de Alfarache*: «reluciendo el pellejo como si se lo lardaran con tocino». Tanto el pollo como el palomino pueden ser trinchados y lardados. Covarrubias dice: «Untar lo que se asa con el lardo.

	Venga tan gran caballero	

	Venga tan gran caballero
	a ser hoy en Dos Hermanas
	honra de estas nobles canas.
BELISA.	Es hijo del Camarero
	Mayor.
BATRICIO.	Todo es mal agüero
	para mí, pues le han de dar
	junto a mi esposa lugar.
	Aun no gozo, y ya los cielos
	me están condenando a celos.
	Amor, sufrir y callar.

Lines: 1850, 1855

(Sale Don Juan Tenorio.)

DON JUAN.	Pasando acaso he sabido
	que hay bodas en el lugar,
	y de ellas quiero gozar,
	pues tan venturoso he sido.
GAZENO.	Vueseñoría ha venido
	a honrallas y engrandecellas.
BATRICIO.	Yo, que soy el dueño de ellas
	digo entre mí que vengáis
	en hora mala.
GAZENO.	¿No dais
	lugar a este caballero?
	Con vuestra licencia quiero
	sentarme aquí.

Lines: 1860, 1865

(Siéntase junto a la novia.)

BATRICIO.	Si os sentáis
	delante de mí, señor,
	seréis de aquesa manera
	el novio.

Line: 1870

Martes lardero, el Martes de Carnestolendas, porque las cocinas están aquel día pingües». Tan pingües como las de Gazeno, con babilonias de tocino para poder lardar. I. Arellano corrige también según *TL*, apuntando que cree errata el texto de *BS*.

1857. *Acaso*. Es decir, casualmente.

Don Juan.	Cuando lo fuera no escogiera lo peor.
Gazeno.	¡Que es el novio!
Don Juan.	De mi error y ignorancia, perdón pido.
Catalinón.	¡Desventurado marido! 1875
Don Juan.	Corrido está.
Catalinón.	No lo ignoro. Mas, si tiene de ser toro, ¿qué mucho que esté corrido? No daré por su mujer, ni por su honor un cornado. 1880 ¡Desdichado tú, que has dado en brazos de Lucifer!
Don Juan.	¿Posible es que vengo a ser, señora, tan venturoso? Envidia tengo al esposo. 1885
Arminta.	Parecéisme lisonjero.
Batricio.	Bien dije que es mal agüero en bodas un poderoso.
Don Juan.	Hermosas manos tenéis para esposa de un villano. 1890
Catalinón.	Si al juego le dais la mano, vos la mano perderéis.
Batricio.	Celos, muerte no me deis.
Gazeno.	Ea, vamos a almorzar, porque pueda descansar 1895 un rato Su Señoría.

(Tómale Don Juan la mano a la novia.)

Don Juan.	¿Por qué la escondéis?
Arminta.	No es mía.
Gazeno.	Ea, volved a cantar.

1880. *Cornado*. Es moneda de bajo valor. El juego de palabras con los cuernos es evidente.

1891. *si al juego le dais la mano*. Con el equívoco sobre el juego de naipes. Para Don Juan, Arminta viene a ser una apuesta a los naipes.

Don Juan.	¿Qué dices de esto?
Catalinón.	Que temo muerte vil de estos villanos. 1900
Don Juan.	Buenos ojos, blancas manos, en ellos me abraso y quemo.
Catalinón.	Almagrar y echar a extremo. Con ésta cuatro serán.
Don Juan.	Ven, que mirándome están. 1905
Batricio.	¿En mis bodas caballero? Mal agüero.
Gazeno.	Cantad.
Batricio.	Muero.
Catalinón.	Canten, que ellos llorarán.
Músicos.	*Lindo sale el Sol de Abril por trébol y toronjil, 1910 y aunque le sirve de estrella Arminta sale más bella.*

1903. *Almagrar.* Es marcar el ganado con almagre. *Echar a extremo.* Es «apartar». Don Juan trata a las mujeres como reses. Arminta es la cuarta.

JORNADA TERCERA

Sale Batricio, *solo.*

Batricio.
Celos, reloj [de] cuidados,
que a todas las horas dais
tormentos, con que matáis, 1915
aunque [andéis] desconcertados.
 Celos, del vivir desprecios
¡con qué ignorancias [nacéis],
pues todo lo que tenéis
de ricos, tenéis de necios! 1920
 Dejadme de atormentar,
pues es cosa tan sabida

1913-1916. El verso inicial de esta redondilla es erróneo en *BS*: *Celos, relox y cuydado*. Se ha corregido siempre a partir de la redondilla de Juana Tenorio en *Deste agua no beberé*, dado que en *TL* no aparece esta redondilla inicial. El pasaje inicial sobre los celos son dos redondillas en *TL* y tres en *BS*. Dado que la que se añade e *BS* reaparece en *DANB* es una prueba de que la primera remodelación del texto original es obra de Claramonte.

1916. En *BS, aunque days,* error de transmisión que se enmienda según *TL*. Excepto Fray Luis Vázquez, que la mantiene y pasa *desconcertados* a singular, para rehacer el error de rima.

1918. En *BS, con que ignorancias haceys*. El verso ha dado lugar a muchas enmiendas y a gran perplejidad. Parece que lo más sencillo es admitir una mala lectura (otra más) de *ene* por *hache*. Tal vez no sea achacable a la compañía de Roque de Figueroa, sino a mala lectura en imprenta.

1921-1926. Compárense estos versos con la redondilla de Lisbella en *De lo vivo a lo pintado*, con que se cierra el segundo acto: «¡Ah celos, demonios sois, / pues me atormentáis así / en el alma. Mas, ¿qué mucho, / si en los infiernos vivís?». Dante Alighieri había popularizado la idea.

que, cuando Amor me da vida,
la muerte me queréis dar.
　¿Qué me queréis, caballero, 　　　1925
que me atormentáis así?
Bien dije cuando le vi
en mis bodas: «Mal agüero».
　¿No es bueno que se sentó
a cenar con mi mujer, 　　　1930
y a mí en el plato meter
la mano no me dejó?
　Pues cada vez que quería
meterla, la desviaba,
diciendo a cuanto tomaba: 　　　1935
«Grosería, grosería».
　No se apartó de su lado
hasta cenar, de manera
que todos pensaban que era
yo, padrino; él, desposado. 　　　1940
　Y si decirle quería
algo a mi esposa, gruñendo
me la apartaba, diciendo:
«Grosería, grosería».
　Pues llegándome a quejar 　　　1945
a algunos, me respondían,
y con risa me decían:
«No tenéis de qué os quejar»,
　«Eso no es cosa que importe»,
«No tenéis de qué temer», 　　　1950
«Callad, que debe de ser
uso de allá de la Corte».
　¡Buen uso! ¡Trato extremado!
¡Más no se usara en Sodoma!

　1929. El giro *¿No es bueno que...?* es habitual en el Siglo de Oro, con valor semejante al actual ¿No tiene gracia que...? cfr: «¿No es bueno que no me atrevo / a llegar, Tristán...?», en *El desdichado en fingir,* de Ruiz de Alarcón. O bien, «¿No es bueno que nunca pude oírla, por estarme vistiendo de moro?», en *El viaje entretenido* de Agustín de Rojas (1603).
　1954. La referencia a Sodoma es de intención sexual, con los valores eróticos de «comer» y «ayunar».

              ¡Que otro con la novia coma   1955
           y que ayune el desposado!
              Pues el otro bellacón,
           a cuanto comer quería,
           «¿Esto no coméis?» —decía—
           «No tenéis, señor, razón»,   1960
              y de delante al momento
           me lo quitaba. Corrido
           estoy. Pienso que esto ha sido
           culebra, y no casamiento.
              Ya no se puede sufrir,   1965
           ni entre cristianos pasar;
           y acabando de cenar,
           con los dos, mas ¿que a dormir
              se ha de ir también, si porfía,
           con nosotros, y ha de ser   1970
           el llegar yo a mi mujer
           «Grosería, grosería»?
              Ya viene. No me resisto.
           Aquí me quiero esconder
           pero ya no puede ser,   1975
           que imagino que me ha visto.

(Sale Don Juan Tenorio.)

Don Juan.	Batricio...
Batricio.	Su Señoría, ¿qué manda?
Don Juan.	Haceros saber...
Batricio.	Mas, ¿que a de venir a ser alguna desdicha mía? 1980
Don Juan.	...que ha muchos días, Batricio, que a Arminta el alma le di, y he gozado...

1965. *Culebra.* Es la broma pesada o novatada que se gasta entre mozos. Recuerda también las bromas de la noche de bodas que les hacen a los desposados en los pueblos.

BATRICIO.	¿Su honor?
DON JUAN.	Sí.
BATRICIO.	Manifiesto y claro indicio

      de lo que he llegado a ver,   1985
que si bien no le quisiera,
nunca a su casa viniera.
[Arminta] al fin, es mujer.

DON JUAN.   Al fin, Arminta, celosa,
o quizá desesperada   1990
de verse de mí olvidada,
y de ajeno dueño esposa
    esta carta me escribió
enviándome a llamar,
y yo prometí gozar   1995
lo que el alma prometió.
    Esto pasa de esta suerte.
Dad a vuestra vida un medio,
que le daré, sin remedio,
a quien lo impida, la muerte.   2000

BATRICIO.   Si tú en mi elección lo pones,
tu gusto pretendo hacer,
que el honor y la mujer
son malos en opiniones.
    La mujer en opinión   2005
siempre más pierde que gana,
que son como la campana,
que se estima por el son,
    y así es cosa averiguada
que [su honor] viene a perder   2010
cuando cualquiera mujer
suena a campana quebrada.

1988. En *BS, Al fin al fin es mujer,* que parece error de transmisión. Sigo a *TL*.

2004. *En opiniones*. Es decir, en boca de las gentes. En *Deste agua no beberé,* Juana Tenorio concluye la réplica que empieza en *Celos, reloj de cuidados,* con una reflexión sobre su honor: «que estoy celosa, y mujer / sin honra y sin opinión».

2010. En *BS, que opinión viene a perder*. Corrijo según *TL*. La repetición *opiniones/opinión* parece típica de mala transmisión textual.

              No quiero, pues me reduces
           el bien que mi amor ordena,
           mujer entre mala y buena,   2015
           que es moneda de dos luces.
              Gózala, señor, mil años,
           que yo quiero resistir
           [desengaños], y morir,
           y no vivir con engaños.   2020
DON JUAN.   Con el honor le vencí,
           porque siempre los villanos
           tienen su honor en las manos
           y siempre miran por sí,
              que por tantas [falsedades]   2025
           es bien que se entienda y crea
           que el honor se fue al aldea
           huyendo de las ciudades.
              Pero antes de hacer el daño
           le pretendo reparar: 2030
           a su padre voy a hablar
           para autorizar mi engaño.
              Bien lo supe negociar;
           gozarla [sin miedo] espero.
           La noche camina, y quiero   2035
           su viejo padre [engañar].
              ¡Estrellas que me alumbráis,
           dadme en este engaño suerte,
           si el galardón en la muerte
           tan largo me lo fiáis!   2040

2018. En *BS, desengañar* que parece mala lectura de *desengaños*. Es decir, postulo aquí un error de edición. El texto de *TL* «resistir/desengaños» se articula sobre un encabalgamiento, típico del autor, de verbo y objeto directo. La propuesta de *BS* hace repetir cuatro verbos en infinitivo, que no es un ejemplo de elegancia de estilo.

2025. En *BS, variedades*. Sigo a *TL*, como casi todos los editores, salvo Vázquez, Guenoun y el texto de mi primera edición en donde había mantenido el texto de *BS*.

2034. En *BS, gozarla esta noche,* que parece producido por atracción del vocablo en el verso siguiente.

2040. En *BS, tan largo me lo guardáis*. Mantengo el motivo de *TL*. Nótese que todas estas variantes se producen en un pasaje en el que está Don Juan solo en

(*Vase, y salen* ARMINTA *y* BELISA.)

BELISA.	Mira que vendrá tu esposo,
	entra a desnudarte, Arminta.
ARMINTA.	De estas infelices bodas
	no sé qué sienta, Belisa.
	Todo hoy mi Batricio ha estado 2045
	bañado en melancolía,
	todo en confusión y celos.
	¡Mira qué grande desdicha!
	Di, ¿qué caballero es éste
	que de mi esposo me priva? 2050
	La desvergüenza en España
	se ha hecho caballería.
	Déjame, que estoy sin seso,
	déjame, que estoy perdida.
	¡Mal hubiese el caballero 2055
	que mis contentos me quita!
BELISA.	Callad, que pienso que viene,
	que nadie en la casa pisa
	de un desposado tan recio.
ARMINTA.	Queda a Dios, Belisa mía. 2060
BELISA.	Desenójale en tus brazos.
ARMINTA.	Plegue a los cielos que sirvan
	mis suspiros de requiebros,
	mis lágrimas de caricias.

(*Vanse. Salen* DON JUAN, CATALINÓN, GAZENO.)

---

escena. Si en el rescate del texto por Roque de Figueroa no se disponía del texto escrito, como es muy probable, las reconstrucciones resultan aproximadas, por ello es más seguro fiarse de *TL*.

2043-204 y ss. El romance en tónica aguda *-í-a* y el motivo del falso caballero le dan a estas reflexiones de Arminta un valor premonitorio, y enlazan con las quejas de Tisbea («seguid al vil caballero»).

2051-2052. Se insiste sobre la degradación moral de los caballeros y su desvergüenza. El propio Don Juan en su monólogo anterior lo asumía: «El honor se fue al aldea huyendo de las ciudades». En *Deste agua no beberé:* «La desvergüenza anda suelta / si alguna ocasión le dan». En un pasaje más crítico, pues Mencía se refiere al rey Don Pedro.

Don Juan.	Gazeno, quedad con Dios.	2065
Gazeno.	Acompañaros querría	
	por darle de esta ventura	
	el parabién a mi hija.	
Don Juan.	Tiempo mañana nos queda.	
Gazeno.	Bien decís. El alma mía	2070
	en la muchacha os ofrezco.	
Don Juan.	Mi esposa, decid. *(Vase* Gazeno.*)*	
	Tú, ensilla,	
	Catalinón.	
Catalinón.	¿Para cuándo?	
Don Juan.	Para el alba, que de risa	
	muerta ha de salir mañana	2075
	de este engaño.	
Catalinón.	Allá en Lebrija	
	señor, nos está aguardando	
	otra boda. ¡Por tu vida	
	que despaches luego en ésta!	
Don Juan.	La burla más escogida	2080
	de todas ha de ser ésta.	
Catalinón.	Que saliésemos querría	
	de todas bien.	
Don Juan.	Si es mi padre	
	el dueño de la justicia	
	y es la privanza del Rey	2085
	¿qué temes?	
Catalinón.	De los que privan	
	suele Dios tomar venganza	
	si delitos no castigan,	
	y se suelen en el juego	
	perder también los que miran.	2090
	Yo he sido mirón del tuyo	
	y por mirón no querría	
	que me cogiese algún rayo	
	y me trocase en cecina.	
Don Juan.	Vete, ensilla, que mañana	2095
	he de dormir en Sevilla.	
Catalinón.	¿En Sevilla?	
Don Juan.	Sí.	

CATALINÓN.	¿Qué dices?
	Mira lo que has hecho, y mira
	que hasta la muerte, señor,
	es corta la mayor vida, 2100
	y que hay tras la muerte imperio.
DON JUAN.	Si tan largo me lo fías,
	vengan engaños.
CATALINÓN.	Señor...
DON JUAN.	Vete, que ya me amohinas
	con tus temores extraños. 2105
CATALINÓN.	Fuerza al Turco, fuerza al Scita,
	al Persa y al Garamanto,
	al Gallego, al Troglodita,
	al Alemán y al Japón,
	al sastre, con su agujita 2110
	de oro en la mano, imitando
	contino a la Blanca Niña. *(Vase.)*
DON JUAN.	La noche en negro silencio
	se extiende, y ya las Cabrillas
	entre racimos de estrellas 2115
	el Polo más alto pisan.
	Yo quiero poner mi engaño
	por obra; el amor me guía

2106-2112. Los garamantes o garamantos eran los antiguos libios. En *BS* se edita *Caramanto*. En el verso inicial hay que pronunciar *scita,* como bisílaba, de acuerdo con la grafía. En consecuencia la pronunciación del verso debe ser: fuerzals-cita. *Japón* es la forma normal del vocablo, antes de que se modificara en «japonés». Los versos 2108-2109, en *TL* tienen esta variante: *al japón y al troglodita / fuerça al etiope, al tracio.* Etiope tiene escansión tetrasilábica: e-ti-o-pe. Como se ve, hay una leve remodelación (sustitución de etíope y tracio por gallego y alemán), que no provoca error de rima o metro y que asumo textualmente al corresponder a una réplica de Catalinón.

212. La mención a la *blanca niña* puede tener que ver con el romance «Estaba la blanca niña / bordando en su bastidor», como observa A. Castro. Pierre Guenoun hace observar, no sin malicia, que «l'allusion est beaucoup moins innocente, beaucoup plus graveleuse». Las burlas sobre los sastres, en boca de un gracioso, alcanzan todos los tonos posibles, incluso el que en el siglo XXI es habitual, aludiendo a la condición de afeminados.

2114. *Las Cabrillas.* Es el nombre popular de la Osa Mayor. Como en el «Romance de la Loba Parda», «Las Cabrillas altas iban / y la luna repicaba».

	a mi inclinación, de quien	
	no hay hombre que se resista.	2120
	Quiero llegar a la cama.	
	¡Arminta!	

(Sale ARMINTA, *como que está acostada.)*

ARMINTA.	¿Quién llama a Arminta?
	¿Es mi Batricio?
DON JUAN.	No soy
	tu Batricio.
ARMINTA.	Pues ¿quién?
DON JUAN.	Mira
	despacio, Arminta, quién soy.	1125
ARMINTA.	¡Ay de mí, yo soy perdida!
	¿En mi aposento a estas horas?
DON JUAN.	Estas son las horas mías.
ARMINTA.	Volveos, que daré voces.
	No excedáis la cortesía	2130
	que a mi Batricio se debe.
	Ved que hay romanas Emilias
	en Dos Hermanas también,
	y hay Lucrecias vengativas.
DON JUAN.	Escúchame dos palabras,	2135
	y esconde de las mejillas
	en el corazón la grana,
	[en] ti más preciosa y [tibia].
ARMINTA.	Vete, que vendrá mi esposo.
DON JUAN.	Yo lo soy. ¿De qué te admiras?	2140
ARMINTA.	¿Desde cuándo?
DON JUAN.	Desde ahora.
ARMINTA.	¿Quién lo ha tratado?

2119. *Inclinación.* No tiene significado psicológico, sino astrológico, como se advierte en textos de Claramonte como *El secreto en la mujer* y *La infelice Dorotea*.

2141-2150. La división de un verso en dos réplicas se llama técnicamente *entilabé*. El recurso es clásico en la obra de Séneca, tan afín en algunos aspectos al autor de *El convidado de piedra*. El final del segundo acto de *El secreto en la mujer* está resuelto con esta misma técnica, que da viveza dramática al pasaje, aunque en esta obra el *entilabé* se prolonga hasta 36 versos.

Don Juan.	Mi dicha.
Arminta.	Y ¿quién nos casó?
Don Juan.	Tus ojos.
Arminta.	¿Con qué poder?
Don Juan.	Con la vista.
Arminta.	¿Sábelo Batricio?
Don Juan.	Sí,

           que te olvida.

Arminta.	¿Que me olvida?
Don Juan.	Sí, que yo te adoro.
Arminta.	¿Cómo?
Don Juan.	Con mis dos brazos.
Arminta.	Desvía.
Don Juan.	¿Cómo puedo, si es verdad

           que muero?

ARMINTA.　　　　　¡Qué gran mentira!
DON JUAN.　Arminta, escucha y sabrás,
　　si quieres que te la diga,
　　la verdad, si las mujeres
　　sois de verdades amigas.
　　Yo soy noble caballero,
　　cabeza de la familia
　　de los Tenorios, antiguos
　　ganadores de Sevilla.
　　Mi padre, después del Rey,
　　se reverencia y se estima
　　en la Corte, y de sus labios
　　penden las muertes y vidas.
　　Torciendo el camino acaso
　　llegué a verte, que Amor guía
　　tal vez las cosas de suerte
　　que él mismo de ellas se admira.
　　Vite, adoréte, abraséme,
　　tanto, que tu amor me obliga
　　a que contigo me case.
　　Mira qué acción tan precisa.
　　Y aunque lo murmure el reino,
　　y aunque el Rey lo contradiga,
　　y aunque mi padre, enojado,

| | con amenazas lo impida,
| | tu esposo tengo de ser, | 2175
| | dando en tus ojos envidia
| | a los que viere en su sangre
| | la venganza que imagina.
| | Ya Batricio ha desistido
| | de su acción, y aquí me envía | 2180
| | tu padre a darte la mano.
| | ¿Qué dices?
ARMINTA. No sé qué diga,
que se encubren tus verdades
con retóricas mentiras,
porque si estoy desposada, 2185
como es cosa conocida,
con Batricio, el matrimonio
no se absuelve, aunque él desista.
DON JUAN. En siendo no consumado,
por engaño o por malicia, 2190
puede anularse.
ARMINTA. Es verdad.
Mas, ¡ay Dios!, que no querría
que me dejases burlada
cuando mi esposo me quitas.
DON JUAN. Ahora bien, dame esa mano 2195
y esa voluntad confirma
con ella.
ARMINTA. ¿Que no me engañas?
DON JUAN. Mío el engaño sería.
ARMINTA. Pues jura que cumplirás
la palabra prometida. 2200
DON JUAN. Juro a esta mano, señora,
infierno de nieve fría,
de cumplirte la palabra.
ARMINTA. Jura a Dios que te maldiga
si no la cumples.
DON JUAN. Si acaso 2205
la palabra y la fe mía

2206-2210. Don Juan repite aquí las condiciones de su peripecia frente al Comendador en el segundo acto: muerte-traición-alevosía.

	te faltare, ruego a Dios	
	que a traición y alevosía	
	me dé muerte un hombre	

(Aparte:)

	(muerto,	
	que vivo, Dios no permita).	2210
ARMINTA.	Pues con ese juramento	
	soy tu esposa.	
DON JUAN.	El alma mía	
	entre los brazos te ofrezco.	
ARMINTA.	Tuya es el alma y la vida.	
DON JUAN.	¡Ay, Arminta de mis ojos!	2115
	Mañana, sobre virillas	
	de tersa plata, estrelladas	
	con clavos de oro de Tíbar,	
	pondrás los hermosos pies,	
	y en prisión de gargantillas	2220
	la alabastrina garganta,	
	y los dedos en sortijas	
	en cuyo engaste parezcan	
	estrellas las amatistas,	
	y en cuyas orejas pendan	2225
	transparentes perlas limpias.	
ARMINTA.	A tu voluntad, esposo,	
	la mía desde hoy se inclina.	
	Tuya soy.	
DON JUAN.	*(Aparte.)* ¡Qué mal conoces	
	al burlador de Sevilla!	2230

(Vanse, y salen DON PEDRO TENORIO *y* ISABELA.*)*

DON PEDRO.	¿De qué sirve, Isabela,
	la tristeza en el alma y en los ojos,

2216. *Virillas.* «Adorno en el calzado, especialmente en los zapatos de las mujeres, que le servía también de fuerza entre el cordobán y la suela», *Diccionario de Autoridades.*

2218. El oro de Tíbar, la Costa del Oro africana, era famoso en la época.

      si Amor todo es cautela,
y siempre da tristezas por despojos,
y sus mayores bienes 2235
son tormento, temor, pena y desdenes?
      Cuando de la ribera
de Nápoles partiste, fue muy justo
sentir su pena fiera;
mas ya puedes trocar la pena en gusto 2240
y mostrar alegría,
pues se pone tu noche y sale el día.
      Si ya Don Juan te aguarda
para enlazar tu mano hermosa y bella,
aun el bien no se tarda; 2245
suspende el triste llanto y la querella,
si es su casa en Sevilla
una de las mejores de Castilla.

ISABELA.   No nace mi tristeza
de ser esposa de Don Juan, que el
                                [mundo 2250
conoce su nobleza;
en la esparcida voz mi agravio fundo,
y esta ocasión perdida
he de llorar mientras tuviere vida.

DON PEDRO.   Muy presto entre sus brazos, 2255
como el olmo y la hiedra vividora,
os daréis tiernos lazos.

ISABELA. Hasta verme en el tálamo, que adora
el honor, afligida,
he de llorar esta opinión perdida. 2260

DON PEDRO.   Allí una pescadora
está sobre un peñasco al mar mirando,
y dulcemente llora,
y al cristalino cielo quejas dando,
pidiendo está venganza, 2265
perdida de algún bien ya la esperanza.
      Quiero llegar por ella,
para que aquí te haga compañía;
dirásle tu querella,
y mientras yo, con el sereno día, 2270

	desembarco la gente,
	lamentaréis las dos más dulcemente. *(Vase.)*
ISABELA.	¡Que me robase el sueño
	la prenda que estimaba y más quería!
	¡Oh, riguroso empeño 2275
	de la verdad! ¡Oh, máscara del día!
	¡Noche al fin tenebrosa,
	antípoda del Sol, del sueño esposa!

(Sale TISBEA.*)*

TISBEA. ¡Robusto mar de España,
ondas de fuego, fugitivas ondas, 2280
Troya de mi cabaña,
que ya el fuego por mares y por hondas
en sus abismos fragua,
y [en] el mar forma, por las llamas [de] [agua!
¡Maldito el leño sea 2285
que a tu amargo cristal halló camino,
y, antojo de Medea,
tu cáñamo primero o primer lino
aspado de los vientos,
para telas de engaños e instrumentos! 2290

2273. En *BS, que me robase el dueño.* Corrijo según *TL.* Véase la introducción para mayores precisiones.

2284. En *BS, y el mar forma por las llamas agua,* que es decasílabo, y con sintaxis defectuosa. Al no haber cotejo con *TL* hay que enmendar a partir de criterios ecdóticos.

Fray Luis Vázquez propone «y [ya] el mar forma por las llamas agua», repitiendo el «ya» del verso 2282. Algunos, como Prieto, ni siquiera advierten el error métrico.

2287. *Medea.* Esposa de Jasón, hechicera y pariente de Circe, es la quintaesencia de la mujer maléfica. Lugar común de la época. *v. gr.,* «De hombre tan bueno se convierta en fiera / cual si Medea o Circe le prendiera», Virués, *Montserrate,* II, BAE, Madrid, Hernando, 1905, pág. 509.

2289. *Aspado.* Es decir, tejido sobre un bastidor en forma de aspa, como suele suceder con las velas de los barcos, En el *Lazarillo* de 1555, «y atando las cuerdas a los cuatro pilares de la cama, quedé aspado como un San Andrés» (cap. XVI). También «torcido y aspado hilo», *Quijote,* I, XVIII.

ISABELA.	¿Por qué del mar te quejas
tan tiernamente, hermosa pescadora?
TISBEA.	[El] mar parió mis quejas.
Dichosa vos, que en su tormenta ahora
de él os estáis riendo. 2295
ISABELA.	También quejas del mar estoy haciendo.
¿De dónde sois?
TISBEA.	De aquellas
cabañas que miráis del viento heridas,
tan victorioso entre ellas,
cuyas pobres paredes, desparcidas 2300
van en pedazos graves,
dándole[s] mil graznidos [ya] las aves.
En sus pajas me dieron
corazón de fortísimo diamante,
mas las obras me hicieron, 2305
de este monstruo que ves tan arrogante,

2293. En *BS*, *Al mar formo mil quejas*. Dadas las pocas garantías de la transmisión de *BS* me atengo al verso de *TL*. Lo más llamativo no es el cambio *formo/parió*, sino la sustitución *mis > mil*, que hace cambiar el sintagma.

2302. En *BS*, *dándole mil graznidos a las aves*. Sintaxis incongruente: ¿Quién —sujeto— le da graznidos a las aves? ¿El viento? La coherencia textual hace pensar que el sujeto de dar graznidos es «las aves». Y el objeto indirecto, las pobres paredes esparcidas. La enmienda se basa en sustituir *a > ya*, de modo que se rescata el sujeto natural. Xavier A. Fernández asume el mismo sujeto gramatical, pero propone una enmienda innecesaria: «graznidos dando mil las locas aves». Hartzenbusch, enfrentado a este pasaje ofrece dos enmiendas distintas: «dándoles mientras, nidos a las aves» y más tarde, ya en la BAE «dando en mil grietas nidos a las aves», corrección aceptada por Américo Castro y transmitida a partir de él. Fray Luis Vázquez mantiene el original, explicando: «Caso típico de verso inteligente, mal interpretado desde Hartz. (...) *Son las pobres paredes las que dan mil graznidos a las aves.* ¡Ésta es la inesperada imagen expresiva! Yo veo una bisemia poética: el viento, al herir y destrozar las chozas, produce un sonido bronco y desapacible como el graznido (...) Las ruinas de las chozas después de la tormenta se extienden a lo largo de la costa, *dándole mil graznidos a las aves*. (= ofreciéndole la ocasión a las aves para reunirse allí con sus graznidos. ¡Las aves se reúnen en chozas destrozadas para graznar, multitudinariamente!». Fray Luis Vázquez completa su agudo excursus comparando este verso con el de Góngora: *señas aun a los buitres lastimosos*, y concluyendo que «es más original la imagen tirsiana que la de Góngora, suponiendo que en él se inspirase. ¡Privilegio de grandes poetas, superar a sus modelos!».

                    ablandarme, de suerte
                    que al Sol, la cera es más robusta y
                                                    [fuerte.
                    ¿Sois vos la Europa hermosa,
                    que esos toros os llevan?
ISABELA.   A Sevilla   2310
                    llévanme a ser esposa
                    contra mi voluntad.
TISBEA.   Si mi mancilla
                    a lástima os provoca,
                    y si injurias del mar os tienen loca,
                       en vuestra compañía,   2315
                    para serviros como humilde esclava
                    me llevad, que querría,
                    si el dolor o la afrenta no me acaba,
                    pedir al rey justicia
                    de un engaño cruel, de una malicia.   2320
                       Del agua derrotado
                    a esta tierra llegó un Don Juan Tenorio
                    difunto y anegado;
                    amparéle, hospedéle en tan notorio
                    peligro, y el vil huésped   2325
                    víbora fue a mi planta en tierno césped.
                       Con palabra de esposo,
                    la que de nuestra costa burla hacía
                    se rindió al engañoso.
                    ¡Mal haya la mujer que en hombres
                                                    [fía!   2330
                    Fuese al fin y dejóme.
                    Mira si es justo que venganza tome.
ISABELA.   ¡Calla, mujer maldita!
                    ¡Vete de mi presencia, que me has
                                                    [muerto!
                    Mas, si el dolor te incita   2335
                    no tienes culpa tú. Prosigue. [¿Es cierto?]

2310. En *BS* falta *A Sevilla*, que se rescata por *TL*.
2336. En *BS*, *prosigue el cuento*, con grosero error de rima. Otra vez el texto de *TL* da la lectura correcta. Fray Luis Vázquez propone otra variante: *Prosigue*

TISBEA.	Tan claro es como el día.
ISABELA.	¡Mal haya la mujer que en hombres fía!

        Pero sin duda el Cielo
a ver estas cabañas me ha traído,   2340
y de ti mi consuelo
en tan grave pasión ha renacido
para venganza mía.
¡Mal haya la mujer que en hombres fía!

TISBEA.   [Que me llevéis os ruego,   2345
con vos, señora, a mí y a un viejo padre,
porque de aqueste fuego
la venganza me dé que más me cuadre,
y al Rey pida justicia
de este engaño y traición, de esta
                           [malicia.   2350
        Anfriso, en cuyos brazos
me pensé ver en tálamo dichoso
dándole eternos lazos,
conmigo ha de ir, que quiere ser mi
                           [esposo.]

ISABELA.	Ven en mi compañía. 2355
TISBEA.	¡Mal haya la mujer que en hombres fía!

(Vanse y salen DON JUAN *y* CATALINÓN.*)*

CATALINÓN.	Todo en mal estado está.
DON JUAN.	¿Cómo?
CATALINÓN.	Que Octavio ha sabido
	la traición de Italia ya,

---

el tuerto, que según él «corresponde al sentido y restablece la rima», combinando con otra enmienda para el verso siguiente: *la dicha furia mía.* «Nuevo caso de sustantivos yuxtapuestos.»

2337. En *BS, la dicha fura mía,* que se suele corregir en *fuera mía,* pero que están dentro de un fragmento donde abundan los errores de todo tipo. En consecuencia, para la réplica de Isabela prefiero asumir el texto de *TL*.

2357. En *BS, todo enmalletado está,* que Fray Luis Vázquez mantiene, con esta explicación: «Metafóricamente "acumulado". Se trata, a mi juicio, de una creación tirsiana con finalidad humorística y expresiva. No aparece en los diccionarios». Los demás editores creemos que el texto de *TL* es muy claro y explica el error de *BS.*

	y el de la Mota, ofendido,	2360
	de ti justas quejas da,	
	y dice que fue el recado	
	que de su prima le diste,	
	fingido y disimulado,	
	y con su capa [emprendiste]	2365
	la traición que le ha infamado.	
	Dicen que viene Isabela	
	a que seas su marido	
	y dicen...	
Don Juan.	Calla.	
Catalinón.	Una muela	
	en la boca me has rompido.	2370
Don Juan.	¡Hablador! ¿Quién te revela	
	tanto disparate junto?	
Catalinón.	¿Disparate?	
Don Juan.	Disparate.	
Catalinón.	Verdades son.	
Don Juan.	No pregunto	
	si lo son. Cuando me mate	2375
	Octavio, ¿estoy yo difunto?	
	¿No tengo manos también?	
	¿Dónde me tienes posada?	
Catalinón.	En calle oculta.	
Don Juan.	Está bien.	
Catalinón.	La iglesia es tierra sagrada.	2380
Don Juan.	Di que de día me den	
	en ella la muerte. ¿Viste	
	al novio de Dos Hermanas?	
Catalinón.	Allí le vi, ansiado y triste.	
Don Juan.	Arminta estas dos semanas	2385
	no ha de caer en el chiste.	

2365. En *BS, enprestiste,* incomprensible. Salvo para Fray Luis Vázquez, que lo mantiene, justificando así: «*Emprestir*. "Prestar, traspasar, ceder", "hacer empréstito de algo"». Es otro bello caso de neologismo tirsiano, a partir del sustantivo *empréstito* (...) No hay pie, por lo tanto para sostener hipótesis engañosas, como la sugerida por Alfredo Rodríguez: «Aquí las abreviadas corrigen admirablemente bien». Incluso I. Arellano acepta la enmienda de las *abreviadas.*

CATALINÓN.	Tan bien engañada está
	que se llama Doña Arminta.
DON JUAN.	Graciosa burla será.
CATALINÓN.	Graciosa burla, y sucinta, 2390
	mas ella la llorará.

(Descúbrese un sepulcro de DON GONZALO DE ULLOA.*)*

DON JUAN.	¿Qué sepulcro es éste?
CATALINÓN.	Aquí
	Don Gonzalo está enterrado.
DON JUAN.	Éste es a quien muerte di.
	Gran sepulcro le han labrado. 2395
CATALINÓN.	Ordenólo el rey así.
	¿Cómo dice este letrero?
DON JUAN.	«Aquí aguarda del Señor
	el más leal caballero
	la venganza de un traidor». 2400
	Del mote reírme quiero.
	Y, ¿habéisos vos de vengar,
	buen viejo, barbas de piedra?
CATALINÓN.	No se las podrá pelar
	quien barbas tan fuertes medra. 2405
DON JUAN.	Aquesta noche a cenar
	os aguardo en mi posada;
	allí el desafío haremos,
	si la venganza os agrada;
	aunque mal reñir podremos 2410
	si es de piedra vuestra espada.
CATALINÓN.	Ya, señor, ha anochecido.
	Vámonos a recoger.

2405. En *BS, que en barbas muy fuertes medra.* La lección correcta es la de *TL*, con el verbo «medrar», con valor causativo «hacer que medren». El pasaje ha sido muy controvertido, pero la evidencia documental de la representación de *TL* en 1617 valida la enmienda.

2412. En *BS, quiero apercibir la cena,* con error de rima. La corrección natural implica una rima con seseo, que ya hemos visto existe en *El convidado de piedra* en pasaje común a *TL* y *BS*. Fray Luis Vázquez prefiere mantener este verso y proponer una enmienda en el último de la redondilla: «¡Qué flema tiene si en[fr]e[n]a!»,

DON JUAN.	Larga esta venganza ha sido;	
	si es que vos la habéis de hacer	2415
	importa no estar dormido,	
	que si a la muerte aguardáis	
	la venganza, la esperanza	
	ahora es bien que perdáis,	
	pues vuestro enojo y venganza	2420
	tan largo me lo fiáis.	

(Vanse, y salen dos CRIADOS, *con una mesa puesta.)*

CRIADO 1.	Quiero apercibir la [mesa],	
	que vendrá a cenar Don Juan.	
	Puestas las mesas están.	
CRIADO 2.	¡Qué flema tiene! ¿Si empieza?	2425
	Ya tarda, como solía	
	mi señor. No me contenta.	
	La bebida se calienta	
	y la comida se enfría.	
	Mas, ¿quién a Don Juan ordena	2430
	esta desorden?	

(Entran DON JUAN *y* CATALINÓN.*)*

DON JUAN.	¿Cerraste?
CATALINÓN.	Ya cerré, como mandaste.
DON JUAN.	¡Hola, tráiganme la cena!
CRIADO 2.	Ya está aquí.
DON JUAN.	Catalinón, siéntate.

---

añadiendo modestamente: «Creo haber recuperado —con la sola guía de la intuición y del instinto poético— el vocablo exacto y auténtico» *(sic:* pág. 255).

2425. En *BS, que flema tiene si empieça,* difícil de explicar sin cambiar la puntuación. ¡Qué flema tiene!, es expresión típica, con el valor de «¡Con qué tranquilidad se lo toma!». El valor de *si...* con sentido exhortativo es también un uso típico equivalente al actual «A ver si...».

2431. *Esta desorden.* En el Siglo de Oro aparece en femenino con el valor de «orden equivocada», frente al uso el «desorden», en masculino, como «falta de orden».

CATALINÓN.	Yo soy amigo	2435
	de cenar despacio.	
DON JUAN.	Digo	
	que te sientes.	
CATALINÓN.	La razón	
	haré.	
DON JUAN.	También es camino	
	éste. ¿Si cenas en él	
	conmigo?	

(Un golpe dentro.)

CATALINÓN.	Golpe es aquél.	2440
DON JUAN.	Que llamaron imagino.	
	Mira quién es.	
CRIADO 1.	Voy volando.	
CATALINÓN.	¿Si es la justicia, señor?	
DON JUAN.	Sea. No tengas temor.	

(Vuelve el CRIADO *huyendo.)*

	¿Quién es, de qué estás temblando?	2445
CATALINÓN.	De algún mal da testimonio.	
DON JUAN.	Mal mi cólera resisto.	
	Habla, responde. ¿Qué has visto?	
	¿Asombróte algún demonio?	
	Ve tú y mira aquella puerta.	2450
	Presto, acaba.	

2438. En *BS, este si come con el.* En *TL este si cenas en el.* Así, sin puntuación, se ha venido entendiendo con un uso de «si» condicional. La variante de *TL* es, para Xavier A. Fernández, «Verdadero galimatías. Esta frase la dice don Juan a Catalinón, después que el burlador le ha mandado a su criado que se siente, y éste, temblando, se sentó. Su sentido en el contexto es enigmático. Más enigmático que en el lugar paralelo del *Burlador* (...). La edición de 1649 hace absurda la frase al cambiar *come* por *como,* error que pasa a todas las ediciones dieciochescas y a Ochoa». Fray Luis Vázquez no ve el problema, ya que según él *«Ser camino algo,* "Venir a cuento", "Ser razonable"». Obviamente tampoco viene esto en los diccionarios. Entiendo que el texto de *TL,* puntuado de acuerdo con un "si..." dubitativo (¿a ver si va a cenar con él?), es perfectamente claro. Los criados se extrañan de que Don Juan vaya a cenar con su criado, fuera del decoro social.

CATALINÓN.	¿Yo?
DON JUAN.	Tú, pues.

    Acaba, menea los pies.
CATALINÓN.   A mi agüela hallaron muerta,
      como racimo colgada,
    y desde entonces se suena   2455
    que anda siempre su alma en pena.
    Tanto golpe no me agrada.
DON JUAN.   Acaba.
CATALINÓN.   Señor, si sabes
    que soy un Catalinón...
DON JUAN.   Acaba.
CATALINÓN.   Fuerte ocasión.   2460
DON JUAN.   ¿No vas?
CATALINÓN.   ¿Quién tiene las llaves
    de la puerta?
CRIADO 2.   Con la aldaba
    está cerrada no más.
DON JUAN.   ¿Qué tienes, por qué no vas?
CATALINÓN.   Hoy Catalinón acaba.   2465
      Mas, ¿si las forzadas vienen
    a vengarse de los dos?

(Llega CATALINÓN a la puerta y viene corriendo. Cae y levántase.)

DON JUAN.   ¿Qué es eso?
CATALINÓN.   ¡Válgame Dios!
    ¡Que me matan, que me tienen!
DON JUAN.   ¿Quién te tiene, quién te mata?   2470
    ¿Qué has visto?
CATALINÓN.   Señor, yo allí
    vide, cuando luego fui...
    ¿Quién me ase? ¿Quién me arrebata?
      Llegué, cuando después, ciego,
    cuando vile, juro a Dios,   2475
    habló y dijo: «¿Quién sois vos»?
    Respondió, respondí luego,
      topé y vide...

Don Juan.		¿A quién?
Catalinón.		No sé.
Don Juan.	Con el vino desatina.	
	Dame la vela, gallina,	2480
	y yo quién llama veré.	

(Toma Don Juan la vela y llega a la puerta, sale al encuentro Don Gonzalo en la forma que estaba en el sepulcro, y Don Juan se retira atrás turbado, empuñando la espada, y en la otra la vela, y Don Gonzalo hacia él, con pasos menudos, y al compás, Don Juan retirándose, hasta estar en medio del teatro.)

Don Juan.	¿Quién va?	
Don Gonzalo.	Yo soy.	
Don Juan.		¿Quién sois vos?
Don Gonzalo.	Soy el caballero honrado	
	que a cenar has convidado.	
Don Juan.	Cena habrá para los dos,	2485
	y si vienen más contigo	
	para todos cena habrá.	
	Ya puesta la mesa está.	
	Siéntate.	
Catalinón.		¡Dios sea conmigo!
	¡San Panuncio, San Antón!	2490
	Pues ¿los muertos comen? Di.	
	Por señas dice que sí.	
Don Juan.	Siéntate, Catalinón.	
Catalinón.	No, señor, yo lo recibo	
	por cenado.	
Don Juan.		Es desconcierto. 2495
	¿Qué temor tienes a un muerto?	

2489. *San Panuncio, San Antón*. Están lejos de ser juramentos ridículos del gracioso, como se ha venido diciendo. San Antón tiene que ver con las ánimas del Purgatorio, como vemos en el *Quijote de Avellaneda*, cap. VI: «una misa a las benditas ánimas y otra al señor San Antón». En cuanto a San Panucio o Panuncio, aparece como personaje en *El Tao de San Antón*, obra de Andrés de Claramonte.

	¿Qué hicieras estando vivo?	
	Necio y villano temor.	
CATALINÓN.	Cena con tu convidado,	
	que yo, señor, ya he cenado.	2500
DON JUAN.	¿He de enojarme?	
CATALINÓN.	Señor,	
	vive Dios que huelo mal.	
DON JUAN.	Llega, que aguardando estoy.	
CATALINÓN.	Yo pienso que muerto estoy	
	y está muerto mi arrabal.	2505

(Tiemblan los criados.)

DON JUAN.	Y vosotros, ¿qué decís	
	y qué hacéis? Necio temblar.	
CATALINÓN.	Nunca quisiera cenar	
	con gente de otro país.	
	¿Yo, señor, con convidado	2510
	de piedra?	
DON JUAN.	Necio temer.	
	Si es piedra, ¿qué te ha de hacer?	
CATALINÓN.	Dejarme descalabrado.	
DON JUAN.	Háblale con cortesía.	
CATALINÓN.	¿Está bueno? ¿Es buena tierra	2515
	la otra vida? ¿Es llano o sierra?	
	¿Préciase allá la poesía?	
CRIADO 1.	A todo dice que sí	
	con la cabeza.	
CATALINÓN.	¿Hay allá	
	muchas tabernas? Sí habrá,	2520
	si Noé reside allí.	
DON JUAN.	¡Hola, dadnos de cenar!	
CATALINÓN.	Señor muerto, ¿allá se bebe	
	con nieve?	

(Baja la cabeza.)

2505. *Arrabal*. Vale por «posaderas». «Se toma jocosamente por la parte posterior o las asentaderas», *Diccionario de Autoridades*.

	Así que allá hay nieve.	
	Buen país.	
Don Juan.	Si oír cantar	2525
	quieres, cantarán.	

(Baja la cabeza.)

Criado 1.	«Sí», dijo.
Don Juan.	Cantad.
Catalinón.	Tiene el señor muerto buen gusto.
Criado 1.	Es noble, por cierto, y amigo de regocijo.

(Cantan dentro:)

> *Si de mi amor aguardáis,* 2530
> *señora, de aquesta suerte,*
> *el galardón en la muerte,*
> *¡qué largo me lo fiáis!*

Catalinón. O es sin duda veraniego
el seor muerto, o debe ser   2535
hombre de poco comer.
Temblando al plato me llego.
   Poco beben por acá. *(Bebe.)*
Yo beberé por los dos:
brindis de piedra. Por Dios,   2540
menos temor tengo ya.

(Cantan.)

> *Si este plazo me convida*
> *para que serviros pueda,*
> *pues larga vida me queda,*
> *dejad que pase la vida.*   2545
> *Si de mi amor aguardáis,*
> *señora, de aquesta suerte*
> *el galardón en la muerte,*
> *¡qué largo me lo fiáis!*

Catalinón.	¿Con cuál de tantas mujeres como has burlado, señor, hablan?	2550
Don Juan.	De todas me río, amigo, en esta ocasión. En Nápoles, a Isabela burlé.	
Catalinón.	Ésa ya no es hoy burlada, pues que se casa contigo, como es razón. Burlaste a la pescadora que del mar te redimió. Pagándole el hospedaje en moneda de rigor. Burlaste a Doña Ana...	2555

2560 |
| Don Juan. | Calla, que hay parte aquí que lastó por ella, y vengarse aguarda. | |
| Catalinón. | Hombre es de mucho valor, que él es piedra y tú eres carne. No es buena resolución. | 2565 |

(Hace señas [Don Gonzalo] que se quite la mesa y queden solos.)

Don Juan.	Hola, quitad esa mesa, que hace señas que los dos nos quedemos y se vayan los demás.	2570
Catalinón.	Malo. Por Dios no te quedes, porque hay muerto	

2562. *lastó*. Covarrubias aclara el sentido de este verbo: «Es hazer el gasto en alguna cosa con ánimo y derecho de recobrarlo de otro a cuya cuenta se pone. Quando yo he sido fiador de uno, y me han hecho pagar por él la deuda principal y costas, se me da la carta de pago y lasto para cobrar de la parte a quien fié, y dízese lasto las cosas que me ha hecho por él». En el *Guzmán,* II, 3, II, se lee: «nadie sabe, sino el que lo lasta, lo que semejante casa gasta», donde la rima parece aludir a una sentencia proverbial.

	que mata de un mojicón	
	un gigante.	
Don Juan.	Salíos todos.	
	¡A ser yo Catalinón...!	2575
	Vete.	

(Vanse y quedan los dos solos, y hace señas el muerto que cierre la puerta.)

	¿Que cierre la puerta?	
	Ya está cerrada, y ya estoy	
	aguardando lo que quieres,	
	sombra, fantasma o visión:	
	si andas en pena o si buscas	2580
	alguna satisfacción,	
	aquí estoy, dímelo a mí,	
	que mi palabra te doy	
	de hacer todo lo que ordenes.	
	¿Estás gozando de Dios?	2585
	¿Eres alma condenada	
	o de la eterna región?	
	¿Dite la muerte en pecado?	
	Habla, que aguardando estoy.	
Don Gonzalo.	*(Paso, como cosa del otro mundo.)*	
	¿Cumplirásme una palabra	2590
	como caballero?	
Don Juan.	Honor	
	tengo y las palabras cumplo,	
	porque caballero soy.	
Don Gonzalo.	Dame esa mano. No temas.	
Don Juan.	¿Eso dices? ¿Yo, temor?	2595
	Si fueras al mismo infierno	
	la mano te diera yo. *(Dale la mano.)*	
Don Gonzalo.	Bajo esa palabra y mano	
	mañana a las diez te estoy	
	para cenar aguardando.	2600
	¿Irás?	
Don Juan.	Empresa mayor	
	entendí que me pedías.	

	Mañana tu huésped soy.	
	¿Dónde he de ir?	
Don Gonzalo.	A la capilla.	
Don Juan.	¿Iré solo?	
Don Gonzalo.	No, id los dos,	2605
	y cúmpleme la palabra	
	como la he cumplido yo.	
Don Juan.	Digo que la cumpliré,	
	que soy Tenorio.	
Don Gonzalo.	Y yo soy	
	Ulloa.	
Don Juan.	Yo iré sin falta.	2610
Don Gonzalo.	Yo lo creo, adiós. *(Va a la puerta.)*	
	Adiós.	
Don Juan.	Aguarda, te alumbraré.	
Don Gonzalo.	No alumbres, que en gracia estoy.	

(Vase muy poco a poco, mirando a Don Juan, *y* Don Juan *a él, hasta que desaparece y queda* Don Juan *con pavor.)*

Don Juan.	¡Válgame Dios! Todo el cuerpo	
	se ha bañado de un sudor	2615
	helado, y en las entrañas	
	se me ha helado el corazón.	
	Un aliento respiraba,	
	organizando la voz,	
	tan frío, que parecía	2620
	más que no vital calor.	
	Pero todo son ideas	
	que da a la imaginación	
	el temor, y temer muertos	
	es más villano temor.	2625
	Si un cuerpo con alma noble,	
	con potencias y razón,	
	y con ira, no se teme,	
	¿quién cuerpos muertos temió?	
	Iré mañana a la iglesia	2630
	donde convidado estoy	

porque se admire y espante
Sevilla de mi valor.

(Vase y salen el REY, TENORIO *el Viejo, y acompañamiento.)*

REY.	¿Llegó al fin Isabela?
TENORIO.	Y disgustada.
REY.	Pues, ¿no ha tomado bien el [casamiento? 2635
TENORIO.	Siente, señor, el nombre de infamada.
REY.	De otra causa procede su tormento. ¿Dónde está?
TENORIO.	En el convento está alojada de las Descalzas.
REY.	Salga del Convento luego al punto, que quiero que en [Palacio 2640 asista con la Reina, más de espacio.
TENORIO.	Si ha de ser con Don Juan el [desposorio, manda, señor, que tu presencia vea.
REY.	Véame y galán salga, que notorio quiero que este placer al mundo sea. 2645 Conde será desde hoy Don Juan Tenorio de Lebrija, él la mande y la posea; que si Isabela a un Duque corresponde, ya que ha perdido un Duque, gane un [Conde.
TENORIO.	Todos por la merced tus pies [besamos. 2650
REY.	Merecéis mi favor tan dignamente que si aquí los servicios ponderamos, me quedo atrás con el favor presente.

1644. En *BS, paréceme, Don Diego, que hoy hagamos*. Sin embargo, el análisis del texto apunta a que el padre de Don Juan es Don Juan Tenorio, el Viejo. Entiendo que el nombre de Don Diego ha sido modificado en la reconstrucción de la compañía de Figueroa. Corrijo del mismo modo en los versos 1709 y 1719.

	Paréceme, [Tenorio], que hoy hagamos
	las bodas de Doña Ana juntamente. 2655
Tenorio.	¿Con Octavio?
Rey.	No es bien que el [Duque Octavio sea el restaurador de aqueste agravio. Doña Ana, con la Reina, me ha pedido que perdone al Marqués, porque [Doña Ana, ya que el padre murió, quiere marido, 2660 porque si le perdió, con él le gana. Iréis con poca gente y sin ruïdo luego a hablarle a la fuerza de Triana. Por su satisfacción y por su abono de su agraviada prima, le perdono. 2665
Tenorio.	Ya he visto lo que tanto deseaba.
Rey.	Que esta noche han de ser, podéis decirle, los desposorios.
Tenorio.	Todo en bien se acaba, fácil será al Marqués el persuadirle, que de su prima amartelado estaba. 2670
Rey.	También podéis a Octavio prevenirle; desdichado es el Duque con mujeres, son todas opinión y pareceres. Hanme dicho que está muy enojado con Don Juan.
Tenorio.	No me espanto, si ha [sabido 2675 de Don Juan el delito averiguado, que la causa de tanto daño ha sido. El Duque viene.
Rey.	No dejéis mi lado, que en el delito sois comprehendido.

(Sale el Duque Octavio.)

Octavio.	Los pies, invicto Rey, me dé tu Alteza. 2680
Rey.	Alzad, Duque, y cubrid vuestra cabeza. ¿Qué pedís?

OCTAVIO.	Vengo a pediros,
	postrado ante vuestras plantas,
	una merced, cosa justa,
	digna de serme otorgada. 2685
REY.	Duque, como justa sea,
	digo que os doy mi palabra
	de otorgárosla. Pedid.
OCTAVIO.	Ya sabes, señor, por cartas
	de tu Embajador, y el mundo, 2690
	por la lengua de la Fama,
	sabe que Don Juan Tenorio,
	con española arrogancia,
	en Nápoles una noche,
	para mí noche tan mala, 2695
	con mi nombre profanó
	el sagrado de una dama.
REY.	No pases más adelante,
	ya supe vuestra desgracia.
	en efecto. ¿Qué pedís? 2700
OCTAVIO.	Licencia que en la campaña
	defienda cómo es traidor.
TENORIO.	Eso no, su sangre clara
	es tan honrada....
REY.	Tenorio...
TENORIO.	Señor...
OCTAVIO.	¿Quién eres, que hablas 2705
	en la presencia del Rey
	de esa suerte?
TENORIO.	Soy quien calla
	porque me lo manda el Rey,

2703-2704. Aquí hay una incongruencia en el texto de *BS*. Octavio conoce de sobra al padre de Don Juan, porque fueron presentados al comienzo del segundo acto y el Rey le encargó a Tenorio el Viejo que le diera hospedaje. Estas incongruencias no están en el pasaje homólogo del *Tan largo*, en donde el interlocutor es Pedro Tenorio. Esto hace que no se pueda sustituir un pasaje por otro, ya que en la nueva versión Fabio ha sustituido a Don Pedro, no por razones de la historia que se cuenta, sino del elenco de la compañía que la representa. Esto demuestra que la última fase de remodelación es ajena al autor original.

	que si no, con esta espada	
	te respondiera.	
OCTAVIO.	Eres viejo.	2710
TENORIO.	Ya he sido mozo en Italia	
	a vuestro pesar un tiempo;	
	ya conocieron mi espada	
	en Nápoles y en Milán.	
OCTAVIO.	Tienes ya la sangre helada.	2715
	No vale fui, sino soy.	
TENORIO.	Pues fui, y soy. *(Empuña.)*	
REY.	Tened, basta,	
	bueno está. Callad, [Tenorio].	
	que a mi persona se guarda	
	poco respeto, y vos, Duque,	2720
	después que las bodas se hagan,	
	más de espacio me hablaréis.	
	Gentilhombre de mi Cámara	
	es Don Juan, y hechura mía,	
	y de aqueste tronco rama.	2725
	Mirad por él.	
OCTAVIO.	Yo lo haré,	
	gran señor, como lo mandas.	
REY.	Venid conmigo, [Tenorio].	
TENORIO.	¡Ay hijo, qué mal me pagas	
	el amor que te he tenido.	2730
REY.	Duque...	
OCTAVIO.	Gran señor...	
REY.	Mañana	
	[estas] bodas se han de hacer.	
OCTAVIO.	Háganse, pues tú lo mandas.	

(Vanse y salen el MARQUÉS *y* TENORIO *el Viejo.)*

| TENORIO. | Muy bien le podéis quitar | |
| | las prisiones al Marqués. | 2735 |

2733. En *BS, vuestras bodas,* incongruente con la situación.
2735-274. Este pasaje no está en *BS*. Hay que rescatarlo de *TL,* que presenta omisiones detectables por los pasajes truncados de décimas.

MOTA.	Si para mi muerte es
	albricias os quiero dar.
TENORIO.	El Rey os manda soltar
	de la prisión.
MOTA.	¿Si ha sabido
	mi inocencia, y el que ha sido	2740
	de esta maldad agresor?
	Que callo por vuestro honor,
	aunque estoy tan ofendido.
TENORIO.	¿Por mi honor? Si a vuestro tío
	matáis, ¿soy culpado yo?	2745
MOTA.	Porque Don Juan le mató.

[.................................... -ío
.... -ío
.... -áis
.... -áis   2750
....
....]
y a mí la culpa me echáis.
A Don Juan mi capa di.
¡Ah, engañoso caballero!   2755
Sin culpa padezco y muero.

| TENORIO. | ¿Qué decís? |
| MOTA. | Que esto es así: |

Un recado recibí
para que a mi prima goce,
de quien su error se conoce,   2760
pues engañoso y cruel,
fue a las once para él,
y para mí fue a las doce.
[..
....   2765
....
....
....
.... -ase].
Y aunque siento que matase   2770
a mi tío, más sentido
estoy, y más ofendido
de que a mi prima gozase.

(Vanse, y sale Gazeno, Arminta *y* Octavio.)

Gazeno.	Este señor nos dirá
	dónde está Don Juan Tenorio. 2775
	Señor, ¿si está por acá
	un Don Juan, a quien notorio
	ya su apellido será?
Octavio.	Don Juan Tenorio diréis.
Arminta.	Sí, señor; ese Don Juan. 2780
Octavio.	Aquí está, ¿qué le queréis?
Arminta.	Es mi esposo ese galán.
Octavio.	¿Cómo?
Arminta.	¿Pues no lo sabéis,
	siendo del Alcázar vos?
Octavio.	No me ha dicho Don Juan nada. 2785
Gazeno.	¿Es posible?
Octavio.	Sí, por Dios.
Gazeno.	Doña Arminta es muy honrada
	cuando se casen los dos,
	que cristiana vieja es
	hasta los huesos, y tiene 2790
	de la hacienda el interés
	[............................ -ene]
	más bien que un Conde, un Marqués.
	Casóse Don Juan con ella
	y quitósela a Batricio. 2795
Arminta.	Decid cómo fui doncella
	a su poder.
Gazeno.	No es juicio
	esto, ni aquesta querella.

2793. Aquí falta un verso para completar la quintilla, y no se puede rescatar de *TL*, en donde el pasaje ha sido omitido. Hartzenbusch propuso, para completar: «que en Dos Hermanas mantiene», Xavier A. Fernández enmienda: «y aun a su virtud le aviene».

2797-2798. En *BS, dezid cómo fue donzella, su poder*. A. Castro corrige en «a su poder», pero mantiene *fue*, con lo que se hace hablar de sí misma en tercera persona a Arminta. Fernández apunta que *fue* es forma arcaica por *fui*, pero sin dar ningún ejemplo de este supuesto uso. Parece más lógico pensar que *fue* es simplemente una mala lectura de manuscrito en el proceso de edición.

OCTAVIO.	*(Aparte.)* (Esta es burla de Don Juan,
	y para venganza mía 2800
	éstos diciéndola están.)
	¿Qué pedís al fin?
GAZENO.	Querría,
	porque los días se van,
	que se hiciese el casamiento
	o querellarme ante el Rey. 2805
OCTAVIO.	Digo que es justo ese intento.
GAZENO.	Y razón, y justa ley.
OCTAVIO.	Medida a mi pensamiento
	ha venido la ocasión.
	En el Alcázar [tenemos] 2810
	bodas.
ARMINTA.	¿Si las mías son?
OCTAVIO.	Quiero, para que acertemos,
	valerme de una invención.
	Venid donde os vestiréis,
	señora, a lo cortesano, 2815
	y a un cuarto del rey saldréis
	conmigo.
ARMINTA.	¿Vos de la mano
	a Don Juan me llevaréis?
OCTAVIO.	*(Aparte.)* Que de esta suerte es cautela.
GAZENO.	El arbitrio me consuela. 2820
OCTAVIO.	Éstos venganza me dan
	de aqueste traidor Don Juan
	y el agravio de Isabela.

(Vanse y salen DON JUAN *y* CATALINÓN.*)*

CATALINÓN.	¿Cómo el Rey te recibió?
DON JUAN.	Con más amor que mi padre. 2825
CATALINÓN.	¿Viste a Isabela?
DON JUAN.	También.

2811. En *BS, En el Alcaçar teneys,* con error de rima. La enmienda, muy sencilla, es de Hartzenbusch.

Catalinón.	¿Cómo viene?
Don Juan.	Como un ángel.
Catalinón.	¿Recibióte bien?
Don Juan.	El rostro

bañado de leche y sangre,
como la rosa que al alba   2830
[revienta la verde cárcel].

Catalinón.   ¿Al fin esta noche son
              las bodas?
Don Juan.   Sin falta...
Catalinón.   Si antes
hubieran sido, no hubieras
engañado a tantas antes.   2835
Pero tú tomas esposa,
señor, con cargas muy grandes.

Don Juan.   Di, ¿comienzas a ser necio?
Catalinón.   Y podrás muy bien casarte
              mañana, que hoy es mal día.   2840
Don Juan.   Pues, ¿qué día es hoy?
Catalinón.   Es martes.
Don Juan.   Mil embusteros y locos
              dan en esos disparates.
              Sólo aquél llamo mal día,
              acïago y detestable,   2845

2832. En *BS, despierta la débil caña*. Error de transmisión que ni siquiera se ajusta a la rima asonante. Fernández propone: «despierta en la caña frágil». Castro acepta la variante de *TL*, como hacemos nosotros. No se entiende quién o qué tiene que despertar, pero se entiende muy fácilmente «revienta la verde cárcel» como imagen del botón de rosa que florece al alba. Compárese con *Entre bobos anda el juego*, de Rojas Zorrilla: «perfume el clavel del prado / en verde cárcel cubierto». Fray Luis Vázquez enmienda en *despierta la débil car[ne]* que al menos respeta la rima asonante.

2834-2836. Un pasaje controvertido. Es inaceptable (incluso para Fray Luis Vázquez) el texto de *BS*, que no respeta la asonancia: *fiambres vuieran sido / no uuieras / señor engañado a tantas*. Según Fernández «la frase de Catalinón en un verdadero galimatías semántico y sintáctico». Mi sospecha es que en el original perdido estaba el verso *engañado a tantas antes*, que se ajusta a la rima, y en la transmisión se perdió la última palabra. El verso debió completarse con ese inicial *señor*, que parece un ripio métrico. En cuanto a los *fiambres*, resultan muy difícil de encajar. Sospecho un error de transmisión a partir de *Si antes* y confusión posterior de *efe > ese*.

	en que no tengo dineros,
	que lo demás es donaire.
CATALINÓN.	Vamos, si te has de vestir,
	que te aguardarán, y es tarde.
DON JUAN.	Otro negocio tenemos 2850
	que hacer, aunque nos aguarden.
CATALINÓN.	¿Cuál es?
DON JUAN.	Cenar con el muerto.
CATALINÓN.	Necedad de necedades.
DON JUAN.	¿No ves que di mi palabra?
CATALINÓN.	Y, cuando se la quebrantes, 2855
	¿qué importa? ¿Habrá de pedirte
	una figura de jaspe
	la palabra?
DON JUAN.	Podrá el muerto
	llamarme a voces infame.
CATALINÓN.	Ya está cerrada la iglesia. 2860
DON JUAN.	Llama.
CATALINÓN.	¿Qué importa que llame?
	¿Quién tiene de abrir, si están
	durmiendo los sacristanes?
DON JUAN.	Llama a ese postigo.
CATALINÓN.	Abierto
	está.
DON JUAN.	Pues entra.
CATALINÓN.	Entre un fraile 2865
	con hisopo y con estola.
DON JUAN.	Sígueme y calla.
CATALINÓN.	¿Que calle?
DON JUAN.	Sí.
CATALINÓN.	[Ya callo.] Dios en paz
	de estos convites me saque.
	¡Qué oscura que está la iglesia, 2870
	señor, para ser tan grande!

2869. En *BS,* un nuevo error de medida: *si. Dios en paz.* Fernández propone «Dios en paz y con bien». Prefiero la enmienda de Hartzenbusch mejor que dejar el verso cojo de métrica como hacen algunos editores.

(Entran por una puerta y salen por otra.)

¡Ay de mí, tenme, señor,
porque de la capa me asen!

(Sale Don Gonzalo, *como de antes, y encuéntrase con ellos.)*

Don Juan.	¿Quién va?
Don Gonzalo.	Yo [soy].
Catalinón.	Muerto estoy.
Don Gonzalo.	El muerto soy, no te espantes. 2875
	No entendí que me cumplieras
	la palabra, según haces
	de todos burla.
Don Juan.	¿Me tienes
	en opinión de cobarde?
Don Gonzalo.	Sí, que aquella noche huiste 2880
	de mí cuando me mataste.
Don Juan.	Huí de ser conocido,
	mas ya me tienes delante.
	Di presto lo que me quieres.
Don Gonzalo.	Quiero a cenar convidarte. 2885
Catalinón.	Aquí excusamos la cena,
	que toda ha de ser fiambre,
	pues no parece cocina.
	[............................... a-e]
Don Juan.	Cenemos.
Don Gonzalo.	Para cenar 2890
	es menester que levantes
	esa tumba.
Don Juan.	Y si te importa,
	levantaré esos pilares.
Don Gonzalo.	Valiente estás.
Don Juan.	Tengo brío
	y corazón en las carnes. 2895

2889. Falta un verso, necesario para mantener la asonancia. Tal vez falten varios. Fernández propone suplir con *señor, por ninguna parte,* ingenioso y conforme a la rima.

CATALINÓN.	Mesa de guinea es ésta,
	pues ¿no hay por allá quien lave?
DON GONZALO.	Siéntate.
CATALINÓN.	Con sillas
	vienen ya dos negros pajes.

(Entran dos enlutados con sillas.)

	¿También acá se usan lutos	2900
	y bayeticas de Flandes?	
DON GONZALO.	Siéntate [tú].	
CATALINÓN.	Yo, señor,	
	he merendado esta tarde.	
	Cena con tu convidado.	
DON GONZALO.	Ea pues, ¿he de enojarme?	2905
	No repliques.	
CATALINÓN.	No replico.	
	Dios en paz de esto me saque.	
	¿Qué plato es éste, señor?	
DON GONZALO.	Este plato es de alacranes	
	y víboras.	
CATALINÓN.	Gentil plato	2910
	para el que trae buena hambre.	
	¿Es bueno el vino, señor?	
DON GONZALO.	Pruébale.	
CATALINÓN.	Hiel y vinagre	
	es este vino.	
DON GONZALO.	Este vino	
	exprimen nuestros lagares.	2915
	¿No comes tú?	
DON JUAN.	Comeré	
	si me dieses áspid a áspid	
	cuantos el infierno tiene.	

2897. En *BS, mesa de guinen,* que todos los editores, desde las *abreviadas,* salvo Fray Luis Vázquez, han visto como errata típica.

2902. *bayeticas de Flandes*. La tela negra de bayeta es típica de lutos.

2903. En *BS, sientate. Cat. Yo, señor*. Falta una sílaba, que se puede rescatar fácilmente acudiendo a *TL*.

Don Gonzalo.	También quiero que te canten.

(Cantan:)

Adviertan los que de Dios 2920
juzgan los castigos tarde
que no hay plazo que no llegue
ni deuda que no se pague.

Catalinón.	Malo es esto, vive Cristo,
	que he entendido este romance 2925
	y que con nosotros habla.
Don Juan.	Un yelo el pecho me parte.

(Cantan.)

Mientras en el mundo viva
no es justo que diga nadie:
«¡qué largo me lo fiáis!» 2930
siendo tan breve el cobrarse.

Catalinón.	¿De qué es este guisadillo?
Don Gonzalo.	De uñas.
Catalinón.	De uñas de sastre
	será, si es guisado de uñas.
Don Juan.	Ya he cenado, haz que levanten 2935
	la mesa.
Don Gonzalo.	Dame esa mano,
	no temas, la mano dame.
Don Juan.	¿Eso dices? ¿Yo temor?
	¡Que me abraso! No me abrases
	con tu fuego.
Don Gonzalo.	Aqueste es poco 2940
	para el fuego que buscaste.
	Las maravillas de Dios
	son, Don Juan, investigables,
	y así quiere que tus culpas

2944. *investigables.* No es ningún error, como creía Castro. En la época, y por tradición clásica, equivale a «inescrutables». Según el *Diccionario de Autoridades:* «lo que no es capaz de ser averiguado».

	a manos de un muerto pagues;	2945
	y así pagas de esta suerte	
	las doncellas que burlaste.	
	Esta es justicia de Dios,	
	quien tal hace, que tal pague.	
Don Juan.	Que me abraso, no me aprietes.	2950
	Con la daga he de matarte,	
	mas ¡ay!, que me canso en vano	
	de tirar golpes al aire.	
	A tu hija no ofendí,	
	que vio mis engaños antes.	2955
Don Gonzalo.	No importa, que ya pusiste	
	tu intento.	
Don Juan.	Deja que llame	
	quien me confiese y absuelva.	
Don Gonzalo.	No hay lugar, ya acuerdas tarde.	
Don Juan.	Que me quemo, que me abraso.	2960
	Muerto soy. *(Cae muerto.)*	
Catalinón.	No hay quien se escape,	
	que aquí tengo de morir	
	también por acompañarte.	
Don Gonzalo.	Esta es justicia de Dios,	
	quien tal hace, que tal pague.	2965

(Húndese el sepulcro, con Don Juan *y* Don Gonzalo, *con mucho ruido, y sale* Catalinón, *arrastrando.)*

Catalinón.	¡Válgame Dios! ¿Qué es aquesto?	
	Toda la capilla se arde,	
	[yo] con el muerto he quedado	
	para que le vele y guarde.	
	Arrastrando como pueda	2970
	iré a avisar a su padre.	
	¡San Jorge, San Agnus Dei,	
	sacadme en paz a la calle!	

(Vase y sale el Rey, Tenorio *el Viejo y acompañamiento.)*

Tenorio.	Ya el Marqués, señor, espera	
	besar vuestros pies reales.	2975

Rey.	Entre luego, y avisad
al Conde, porque no aguarde.

(Salen Batricio *y* Gazeno.*)*

Batricio.	¿Dónde, señor, se permiten
desenvolturas tan grandes?
Que tus criados afrenten
a los hombres miserables.	2980
Rey.	¿Qué dices?	
Batricio.	Don Juan Tenorio,
alevoso y detestable,
la noche del casamiento,
antes que lo consumase,
a mi mujer me quitó.
Testigos tengo delante.	2985

(Salen Tisbea *y* Isabela, *y acompañamiento.)*

Tisbea.	Si Vuestra Alteza, señor,
de Don Juan Tenorio no hace
justicia, a Dios y a los hombres
mientras viva he de quejarme.
Derrotado le echó el mar,
dile vida y hospedaje,
y pagóme esta amistad
con mentirme y engañarme
con nombre de mi marido. | 2990

2995 |
| Rey. | ¿Qué dices? | |
| Isabela. | Dice verdades. | |

(Salen Arminta *y el* Duque Octavio.*)*

Arminta.	¿Adónde mi esposo está?
Rey.	¿Quién es?

2978. Este Conde es lógicamente Don Juan Tenorio, nuevo Conde Lebrija. El Rey está dispuesto a llevar a cabo su último modelo de bodas, ajeno a la trampa urdida por Octavio. Todo ello es innecesario debido a la intervención del Comendador.

ARMINTA.	¿Pues aún no lo sabe?	
	El señor Don Juan Tenorio	3000
	con quien vengo a desposarme,	
	porque me debe el honor,	
	y es noble, y no ha de negarme.	
	Manda que nos desposemos	
	[.. a-e]	3005

(Sale el MARQUÉS DE LA MOTA.*)*

MOTA.	Pues es tiempo, gran señor,	
	que a luz verdades se saquen,	
	sabrás que Don Juan Tenorio	
	la culpa que me imputaste	
	cometió, que con mi capa	3010
	pudo el cruel engañarme,	
	de que tengo dos testigos.	
REY.	¿Hay desvergüenza tan grande?	
	Prendedle y matadle luego.	
	[.. a-e]	3015
TENORIO.	En premio de mis servicios	
	haz que le prendan y pague	
	sus culpas, porque del Cielo	
	rayos contra mí no bajen,	
	siendo mi hijo tan malo.	3020
REY.	¿Esto mis privados hacen?	

(Sale CATALINÓN.*)*

CATALINÓN.	Escuchad, oíd, señores
	el suceso más notable

3005. Falta un verso para mantener la rima asonante. El pasaje correspondiente de *TL* presenta omisiones, con lo que no hay forma de rescatar esos versos. Lógicamente podría haber omisiones de más de un verso. Xavier A. Fernández ha propuesto una reordenación de todo el pasaje entero haciendo entrar antes o después a unos personajes o a otros. Mantenemos el orden de las entradas y anotamos las omisiones mínimas demostrables por la asonancia.

3022. En *BS,* de nuevo el verso es erróneo: *señores, escuchad, oyd,* en donde el verso oxítono es un eneasílabo. Fray Luis Vázquez lo mantiene, aun asumiendo que sobra una sílaba. La enmienda más natural es alterar el orden, dejando para final de verso la palabra llana: *señores.*

              que en el mundo ha sucedido,
              y en oyéndole, matadme.   3025
              Llegando Don Juan, mi amo
              a Sevilla, antiyer tarde,
              y entrándose a retraer
              en la iglesia, donde yace
              Don Gonzalo en el sepulcro   3030
              que el Rey mandó se labrase,
              después de haberle quitado
              las dos prendas que más valen,
              tirando al bulto de piedra
              la barba, por ultrajarle,   3035
              a cenar le convidó;
              y apenas pudo sentarse
              a cenar, cuando a la puerta
              llegó, y para que no os canse,
              después de cenar le dijo   3040
              que a su iglesia se llegase
              luego la noche siguiente,
              que él quería convidarle;
              fue Don Juan, que nunca fuera,
              pues sin poder escaparse,   3045
              asiéndole de la mano
              comenzó el muerto a apretarle
              diciendo: «Dios te castiga»,
              y le aprieta hasta quitarle
              la vida, diciendo; «Dios   3050
              me manda que así te mate
              castigando tus delitos:
              «Quien tal hace, que tal pague».
REY.   ¿Qué dices?
CATALINÓN.   Lo que es verdad;
              diciendo, antes que acabase,   3055

3028. En *BS, haciendo burla una tarde.* El verso es correcto, pero la alternativa de *TL* está confirmada por la cronología interna de la obra: dos días antes Don Juan invita a cenar a la estatua, que esa misma noche se presenta y procede a invitar a Don Juan al día siguiente a las diez. Por lo tanto los sucesos de esta última escena sitúan la invitación «anteayer».

	que a Doña Ana no debía	
	honor, que lo oyeron antes	
	del engaño.	
Mota.	Por las nuevas	
	mil albricias quiero darte.	
Rey.	Justo castigo del Cielo,	3060
	y ahora es bien que se casen	
	todos, pues [Don Juan] es muerto.	
	[causa] de tantos desastres.	
Octavio.	Pues ha enviudado Isabela,	
	quiero con ella casarme.	3065
	Yo con mi prima.	
Batricio.	Y nosotros	
	con las nuestras, porque acabe	
	«El convidado de piedra».	
Rey.	Y el sepulcro se traslade	
	[de aquí a San Julián de Toro]	3070
	para memoria más grande.	

Fin

3063-3064. En *BS, pues la causa es muerta / vida de tantos desastres*. El hecho de que esta réplica corresponda al Rey, personaje secundario, y los avatares de la transmisión, hacen que prefiramos el texto alternativo de *TL*, con garantías de ser obra del autor, y no de un refundidor tardío.

3070. Otro de los problemas textuales que el documento García Gómez permite resolver. En *BS*, como ya hemos visto, plagado de errores, se dice que el sepulcro se traslade a San Francisco en Madrid. En *TL*, a San Juan de Toro. Ya Daniel Rogers apuntó que el panteón familiar de los Ulloa está en Toro, lo que hace más fiable la versión de *TL*, pero sucede que en Toro no hay ninguna iglesia de San Juan. Sí, en cambio, San Julián de los Caballeros, llamada así por ser panteón de caballeros de Calatrava, como lo es Don Gonzalo de Ulloa. La confusión Julián > Juan parece natural en el paso de un manuscrito a un impreso.

Interlocutores

Bezón
Mujer 1.ª
Mujer 2.ª
Mujer 3.ª
Hombre 1.º
Hombre 2.º

Hombre 3.º
Luisa
Bernarda
Juliana
Ana María
Músicos

ENTREMÉS CANTADO «EL DOCTOR»

Luis Quiñones de Benavente
(Representóle Avendaño)

(Sale Bezón, *de doctor, y canta.)*

BEZÓN.
Un mal letrado, señores,
no tendrá en su vida un pan,
porque carece de ley,
como la necesidad;
mas un doctor, aunque tenga   5
las letras de ayer acá,
con dos guantes y una barba
empieza luego a ganar.
Yo no sé más que mi mula,
mas si veo un orinal,   10
diré lo que tiene dentro,
a veinte pasos y más.
Si muere, llegó su hora;
si vive, me hago inmortal.
¡Bien haya la ciencia, amén,   15
donde no se puede errar!

Título: Quiñones desarrolla aquí la burla sobre el personaje del Doctor, homólogo de *Il Dottore,* de la Comedia del Arte italiana. Otra vez es Juan Bezón el protagonista y es de suponer que Bernarda es Bernarda Ramírez, luego pareja célebre de Cosme Pérez en su papel de Juan Rana, y aquí todavía en la compañía de Cristóbal de Avendaño.

Mujer 1.ª.	*(Dentro.)*
	¡Ay!
Bezón.	Este «¡Ay!», es mi comida.
Mujer 2.ª.	¡Ay!
Bezón.	Y aqueste, mi caudal.
Mujer 3.ª.	¡Ay!
Bezón.	Haya, que para mí,

en faltando el ¡ay!, no hay.   20
Los doctores como yo
son como diablos, y más,
que andan siempre tras los malos,
tentándolos sin cesar.

(Descúbrense los enfermos, y cantan.)

Todos.	*Señor doctor, éste es* 25
	del Amor el Hospital,
	adonde todos tenemos,
	por querer, la enfermedad.
Bezón.	Con linda gente he topado,
	aquí aprenderé a curar, 30
	que mueren y resucitan,
	y en lo que erré, me dirán.
Todos.	¡Remedio!
Bezón.	Ya se le traigo.
Todos.	¡Medicinas!
Bezón.	Aquí están.
Todos.	Llegue, lléguese.
Bezón.	A placer; 35
	que para todos habrá.
	¿Qué tiene, buena mujer?
Mujer 1.ª.	Señor, una sed mortal
	de dineros y de galas,
	que no la puedo aplacar. 40
	Siempre estoy pensando en fuentes.
Bezón.	Si son de plata, hace mal;
	que no corren, como es tiempo
	de tan grande sequedad.
	Tráigase en la boca un «daca» 45

	como cuenta de cristal,
	que ya que la sed no quita,
	entretiene la que hay.
MUJER 1.ª.	Ya no tengo mal,

(Levántase y baila.)

50

que a la sed de dineros y galas
un «daca» perpetuo es remedio eficaz.

BEZÓN.	Vos, ¿qué tenéis?
HOMBRE 1.º.	Sarna hembruna,
	que me come mi caudal.
BEZÓN.	Pues no os rasquéis, que si os come,
	otro día os cenará. 55
HOMBRE 1.º.	¿Qué haré?
BEZÓN.	De un mozo ojitierno
	os dejad acompañar;
	que vos quedaréis sin sarna,
	y a él se le pegará.
HOMBRE 1.º.	Ya no tengo mal, 60

(Levántase y baila.)

que la sarna de amor se les pega
a los que al enfermo visitan más.

BEZÓN.	¿Qué tiene ella?
MUJER 2.ª.	Garrotillo
	de un flemón, broma o galán,
	que su asistencia me ahoga 65
	sin dejarme resollar.

---

56. *Ojitierno.* Formación léxica por composición de nombre + adjetivo.

63. *Garrotillo.* «Cierta enfermedad de sangre, que acude a la garganta y atrapa la respiración, como si diessen al tal paciente garrote», Covarrubias.

64. *Broma.* Es término doble, como apunta Covarrubias: «Llamamos comúnmente a la cosa que es pesada y de poco precio, y con propiedad el maçacote que se echa en los cimientos y enmedio de las paredes, para travar las piedras grandes del edificio; del verbo *braemo, aedifico*. Algunos le dan origen de *broma, -atos, broma, cibus,* por lo que apesga el vientre la mucha y grossera comida». Esta segunda acepción deja clara la dilogía del texto.

Bezón.	Enjuáguese con vecinas;
	haga gárgaras allá,
	y sángrese de él saliendo
	en achaque de comprar. 70
Mujer 2.ª.	Ya no tengo mal,

(Levántase y baila.)

	que en saliendo y habiendo vecinas,
	ni importa el cuidado, ni estorba el mirar.
Bezón.	¿Qué tiene?
Hombre 2.º.	Héme resfriado
	en querer cierta beldad. 75
Bezón.	Beba unos celos calientes
	a la noche, y sudará.
Hombre 2.º.	Ya no tengo mal,

(Levántase y baila.)

	porque son manzanilla los celos,
	que al pecho más frío le hace sudar. 80
Mujer 3.ª.	Casada soy.
Bezón.	Ya lo sé.
Mujer 3.ª.	Y estoy que quiero expirar.
Bezón.	(No seré yo tan dichoso.)
Mujer 3.ª.	Porque reviento.
Bezón.	(Ojalá.)
Mujer 3.ª.	En riñéndome mi esposo 85
	grandes desmayos me dan...
Bezón.	Dalla garrotes aprisa,
	y al momento volverá.
Mujer 3.ª.	Ya no tengo mal,

(Levántase y baila.)

	porque son milagrosos los palos, 90
	si a tiempo un marido los sabe pegar.
Hombre 3.º.	De sólo mirar la nieve
	de una femenina faz

	tal flujo me dio de bolsa	
	que hice mil cursos de a real.	95
Bezón.	Beba vusted damas tintas,	
	y si persevera el mal,	
	comer hígado es tenerle	
	para estreñirse en el dar.	
Hombre 3.º.	Ya no tengo mal,	100

(Levántase y baila.)

	que el mayor desconcierto de bolsa,	
	quien tiene [una] dieta, le sabe curar.	
Juliana.	Doctorcito de mala ventura,	
	¿a quién hierra más, a la mula o la cura?	
Bezón.	Bachillera en Madrid graduada,	105
	si yerro las curas, acierto las pagas.	
Juliana.	¡Muchachitas, a bureo,	
	que un bolsillo le brujuleo!	
Bezón.	*(Saca una bolsa y súbese en un banco.)*	
	En alto me veo,	
	bolsillo de oro tengo,	110
	hembras veo venir,	
	no puedo huir.	
Mujer 2.ª.	Pobres somos verdaderas.	
	¿Si piadoso nos escucha?	
Bezón.	Mienten, que hay distancia mucha	115
	de pobres a pordioseras.	
Luisa.	Dé limosna a dos mauleras	
Bernarda.	Que están sin desayunar.	
Bezón.	No traigo qué dar.	

---

107. *Bureo*. «Entraron en bureo si sería bueno sacarme las noches del agua», *Lazarillo* de Juan de Luna, cap. 4. Según Covarrubias: «la junta de los Mayordomos de la Casa Real, para gobierno della». Así pues, se trata de un término burlesco por comparación maliciosa.

108. *Brujuleo*. Término de hampa y juego de naipes. «Los jugadores de naypes, que muy despacio van descubriendo las cartas, y por sola la raya, antes que pinte el naype, discurren lo que puede ser, dizen que miran por brúxula, y que bruxulean», Covarrubias.

MUJER 3.ª.	Déme a mí por parroquiana.	120
BEZÓN.	Perdone, hermana.	
JULIANA.	Favorezcan esta fea.	
BEZÓN.	Dios la provea.	
ANA.	¿Qué hombre se vio cercar	
	que a partido no se dio?	125
BEZÓN.	Por los lomos lo esté yo	
	si me pudieren entrar.	
BERNARDA.	Ahora bien, yo he de trocar	
	por un bolsillo un buen talle.	
	¿Quieres, niño?	
BEZÓN.	No.	
BERNARDA.	Pues calle,	130
	que a fe que le ha de pesar.	
BEZÓN.	No se me entre de manga,	
	que es dura la ganga,	
	y pueblos en Francia querella pelar.	
ANA.	¿Por qué tiene retraída	135
	la moneda, doctor fiel?	
BEZÓN.	Por cada escudo cruel	
	a cargo tiene una vida.	
JULIANA.	Vaya el bolso a mi lugar,	
	que allí podrá aseguralle.	140
	¿Quiere, niño?	
BEZÓN.	No.	
JULIANA.	Pues calle,	
	que a fe que le ha de pesar.	
BEZÓN.	Empiece vusté a gastar	
	conmigo algún dinerillo,	
	porque pueda mi bolsillo	145
	tener algún ejemplar.	
	Quizá dará, viendo dar,	
	y quizá podrá quizalle.	
	¿Quieres, niña?	
BERNARDA.	No.	
BEZÓN.	Pues calle,	

---

148. *quizalle*. Otra formación léxica inventada por Quiñones. Muy brillante, en tanto que deriva un verbo a partir de un adverbio, cosa nada frecuente.

	que a fe que le ha de pesar.	150
JULIANA.	No se me entre de gorra,	
	que es el diablo la zorra,	
	y pueblos en Francia querella engañar.	